第三辑

国际儒学研究通讯

主　编　滕文生
执行主编　张西平　任大援　田辰山

学苑出版社

图书在版编目（CIP）数据

国际儒学研究通讯．第三辑／滕文生主编．-- 北京：学苑出版社，2018.10
  ISBN 978-7-5077-5571-8

Ⅰ．①国… Ⅱ．①滕… Ⅲ．①儒学—文集 Ⅳ．① B222.05-53

中国版本图书馆 CIP 数据核字（2018）第 238446 号

出 版 人：	孟　白
责任编辑：	李　媛
印制总监：	张　翔
出版发行：	学苑出版社
社　　址：	北京市丰台区南方庄 2 号院 1 号楼
邮政编码：	100079
网　　址：	www.book001.com
电子信箱：	xueyuanpress@163.com
联系电话：	010-67601101（销售部）、010-67603091（总编室）
印 刷 厂：	北京建宏印刷有限公司
开本尺寸：	787×1092　1/16
印　　张：	18
字　　数：	240 千字
版　　次：	2018 年 11 月第 1 版
印　　次：	2018 年 11 月第 1 次印刷
定　　价：	58.00 元

《国际儒学研究通讯》编辑委员会

学术顾问：张立文　牟钟鉴　安乐哲（Roger T. Ames）　成中英
主　　编：滕文生
执行主编：张西平　任大援　田辰山
通 讯 员：［埃及］阿齐兹（Abdel Aziz Hamdi）
　　　　　［芬兰］Anja Lantinen
　　　　　［比利时］巴德胜（Bart Dessein）
　　　　　［泰国］巴萍（Prapin Manomivibool）
　　　　　［蒙古］巴雅萨呼（Bayasakh Jamsran）
　　　　　［澳大利亚］戴理奥（Rosita Dellios）
　　　　　［印度］狄伯杰（B.R.Deepak）
　　　　　［德国］杜仑
　　　　　［葡萄牙］高埃及（Elisabetta Colla）
　　　　　［美国］顾林玉
　　　　　［俄罗斯］黄立良
　　　　　［土耳其］吉来（Giray Fidan）
　　　　　［意大利］李集雅（Tiziana Lippiello）
　　　　　［斯洛文尼亚］罗亚娜（Jana S. Rošker）
　　　　　［土耳其］欧凯（Bülent Okay）
　　　　　［日本］秦兆雄
　　　　　［越南］阮俊强（Nguyen Tuan Guong）
　　　　　［意大利］史华罗（Paolo Santangelo）
　　　　　［法国］王论跃（Wang Frédéric）
　　　　　［美国］魏雅博（Albert Welter）
　　　　　［瑞士］韦宁（Ralph Weber）
　　　　　［澳大利亚］伍晓明
　　　　　［加拿大］张志业
　　　　　［马来西亚］郑文泉（Tee Boon Chuan）
　　　　　（排名不分先后，以音序排列）

编 辑 部：罗　莹　孙　健　韩振华　张明明　郭景红
本期责编：罗　莹

目　录

学术研究

古代越南儒家经典的重构与诠释——范阮攸《论语愚按》研究
〔越南〕丁清孝（Đinh Thanh Hiếu）著　李建钢　译 / 3

郭店竹简
〔法国〕雷米·马修（Rémi Mathieu）著　卢梦雅　曹艳艳　译 / 39

典籍译介研究

哲学家与"印迹"——《孔夫子》与《天儒印》对"四书"的诠释
汪聂才 / 61

卫方济《中国六经》法语转译本前言
〔法国〕普鲁克（François-André-Andren Pluquet）著　伍昕瑶　译 / 79

《诗经》的国外传播与多维度研究
顾伟列 / 93

1900年以来《孟子》主要译本摭谈
韩振华 / 107

英国汉学家闵福德与《易经》英译
李伟荣 / 121

学者访谈

开辟与比较中西哲学相结合的新汉学新天地——田辰山教授访谈
黄田园 采访 / 139

国际儒学研究概览

当代欧洲儒学研究与传播（2000—2009）
张西平 孙 健 / 165

近20年来新加坡汉学研究之现状及特色——以新加坡国立大学中文系为例
杨 一 / 184

书 讯

《中国经学史》序及导言
〔美国〕韩大伟（David B. Honey）/ 201

多元共生时代的儒学发展：儒学在当代香港
方旭东 / 211

学术会议综述

"西学东渐与儒家经典翻译"国际学术会议综述
黄志鹏 杨 杰 / 223

儒学与欧洲文明的对话：国际儒学论坛威尼斯会议综述
杨慧玲 / 230

国外中国传统文化研究前沿目录

密歇根BAS数据库2000年—2014年相关儒教英文书目整理(一)
周 津 编译 / 241

《国际儒学研究通讯》征稿启事 / 270
《国际儒学研究通讯》撰稿体例 /272
《国际儒学研究通讯》目录撰稿体例 / 276

Contents

Academic Research

The Reconstruction and Interpretation of Ancient Vietnamese Confucian Classics:
A Study on Pham Nguyen Du's *Luan Ngu Ngu An*
          Đinh Thanh Hiếu Trans. Li Jiangang / 3

Bamboo Slips in Guodian Rémi Mathieu Trans. Lu Mengya Cao Yanyan / 39

The Overseas Translation of Chinese Classics

"Philosophus" or "Imprint": Two Interpretations of *The Four Books*,
Confucius Sinarum Philosophus and *Tian Ru Yin* Wang Niecai / 61

Introduction to the French Translation of *Sinensis Imperii Libri Classici Sex* by François Noël François-André-Adrien Pluquet Trans. Wu Xinyao / 79

International Diffusion and Multi-dimensional Studies of *The Book of Songs*
                     Gu Weilie / 93

An Introduction of Main Translations of *The Book of Mencius* since 1900s
in the West   Han Zhenhua / 107

The British Sinologist John Minford and His English Translation of *The Book of Change*   Li Weirong / 121

Interview with Scholars

A New Sinology as from Contrastive Interpretive Contexts Perspective

            Tian Chenshan Huang Tianyuan / 139

Overview of Overseas Confucian Studies

Research and Dissemination of Confucianism in Contemporary Europe
(2000—2009)   Zhang Xiping Sun Jian / 165

Singaporean Sinology's Current Situation and Characteristics in Recent
 Two Decades: Take the Department of Chinese Studies in National
 University of Singapore as an Example   Yang Yi / 184

Book News

Preface and Introduction to *The History of Chinese Classics* David B. Honey / 201

Confucianism Development in the Age of Multi-symbiosis: Confucianism in
 Contemporary Hong Kong   Fang Xudong / 211

Conference Report

Summary of the International Conference "Transmission of Western Learning
 into the East and Translation of Confucian Classics" Huang Zhipeng Yang Jie / 223

Dialogue between Confucianism and European Civilization: Summary of
 the Venice Conference of the International Confucian Forum Yang Huiling / 230

Annual Bibliography of Traditional Chinese Culture Studies

Collection and Translation of the Confucian English Books from Michigan
 BAS Database in 2000—2014 (Part 1)   Zhou Jin / 241

学术研究

古代越南儒家经典的重构与诠释

——范阮攸《论语愚按》研究

〔越南〕丁清孝（Đinh Thanh Hiếu）著

李建钢 译

摘要：范阮攸所著《论语愚按》一书出现于越南经学最鼎盛的18世纪。这是越南现存的第一部用自身的视角和见解去考察、诠释整部《论语》的著作。《论语愚按》属于经典义理诠释类著作，作者通过"为己"之学，试图究明圣贤经典义理，达到自修和开示后学的目的。

本文研究范阮攸《论语愚按》的诠释方式，主要集中讨论两项内容：篇、类的安排和义理的诠释。关于篇、类的安排问题，该书没有依照《论语》原典的面貌，而是将其归类、重订，共493章，分为《圣篇》《学篇》《仕篇》《政篇》4篇和19类。这样的安排是以"内圣外王"的模式进行的，旨在让后学者更深刻、更系统地领悟圣贤经典。关于义理的诠释问题，范阮攸立足于朱子《集注》，对每章都加以"愚按"。该书深受程朱理学的影响，但也饱含大量作者个人的印记，特别是作者将每章的关键义理加以提炼来训示为学者和为政者，体现出了学习经典的务实、求是精神。

关键词：《论语》 为己 圣 学 仕 政

一、作者与文本

《论语愚按》是后黎朝中兴时期范阮攸的经学著作。

范阮攸，原名范撝谦，字好德、养轩，号石洞，乂安镇真福县邓田村人（今乂安省宜禄县宜石乡）。生于1739年，卒于1786、1787年间。据《乂安记》[1]载，景兴三十六年（1775），因出身世家望族，范阮攸得以进朝为校讨、金差知刑藩[2]。40岁时，中会元，又中景兴四十年己亥盛科（1779）第二甲进士出身。《文学辞典》[3]记载，范阮攸曾任海阳道监察御史。郑主攻占阮主的顺安地区后，范阮攸被派前往接管顺安道。至端南王郑楷时仍任金差，曾上书郑主陈说四条但未获回音，不久又调补为乂安督同。后闻西山军占领富春并北上，范阮攸奔至清章、南坛等地招募军士守卫乂安，事未成而染病，不久身故。有关范阮攸的生平，现有材料存在某些不一致之处，但总体上说，他是一位在黎—郑朝廷中试、任官并得到恩宠的儒臣，他忠于朝廷，守住了臣节。

范阮攸著述颇丰，据初步统计，其主要著作有：《论语愚按》《朱训纂要》《南行记得集》《石洞诗抄》《石洞先生诗集》《石洞文抄》《读史痴想》《断肠录》等。其中，《论语愚按》是一部具有价值的经学著作，现该书保存在汉喃研究院，编号VHv.349/1-2。该版本为手抄本，共19卷，分为两册，尺寸28厘米×16厘米，共422页。第一册90张，180页，为卷一至卷八。第二册121张，242页，为卷九至卷十九。全书有小引、引、序、自序、跋、凡例、目录各一篇，正文18卷，分为4篇：《圣篇》《学篇》《仕篇》《政篇》。

《论语愚按》刻印于明命十三年（1832），但该版本现在已经佚

---

[1] 《乂安记》：黎朝末年乂安儒士裴阳沥（1758—1827）的地方志著作。《乂安记》共三部分：《天志》《地志》《人志》，记载了乂安之地的天文、气候、疆土、地理和人物。
[2] 尚未中进士而出任六部官员，越南称"进朝"。——译者注。
[3] 〔越〕杜德晓、阮惠芝、冯文酒、陈友佐主编：《文学辞典》，河内：世界出版社，2004年，第1361页。（Đỗ Đức Hiểu, Nguyễn Huệ Chi, Phùng Văn Tửu, Trần Hữu Tá（chủ biên）– *Từ điển văn học*, Nxb Thế giới, Hà Nội, 2004, trang 1361.）

失。目前汉喃研究院收藏的唯一版本是写在格子纸上的手抄本,每页平均分为9行,每行约22字。板心有"龙冈藏板"4个字,由此可知这个版本是从阮朝大臣高春育(1842—1923)家的龙冈书院而来的。龙冈书院是当时越南国内最大的私人书院。此版本可能由高春育先生抄写自刻印本,并存放于书院之中。

《越南汉喃遗产书目提要》一书第二册第229页中认为《论语愚按》的作者是范立斋,这个错谬令人遗憾。因为《论语愚按》中已经明确写明作者是"后学日南石洞范阮攸"。范立斋即华堂范贵适(1759—1825),景兴朝己亥科进士,与范阮攸同科。范阮攸编纂《论语愚按》时,范贵适亦知此事。范阮攸在乂安督同任上,范贵适曾"千里飞书索观者两次",范阮攸向其赠送了一本。在《论语愚按自序》中,也有"范立斋笔点"。该《书目提要》的编者似因此而混淆了该书的作者。

根据《序》《跋》《引》的内容,特别是作者撰写的《自序》,大略可知该书的形成和流传过程。据《自序》,范阮攸在39岁那年(1778)开始动笔撰写《论语愚按》。当时他读到《论语》中"四十五十而无闻焉"而猛然醒悟,决意放弃埋头文字章句的举子之学,而转而像孔子所说的"古之学者为己,今之学者为人"那样,以"求为己之学"而求学、著书。经过三年时间撰写,该书在庚子年末(1780)完成。因为写书志在"为己",因此他并没有立即将著作公开,而是仅"贮之奚囊,公暇私取玩诵,有未稳处辄复更换"(《自序》),"期以老乃敢问世"。

实际上,《论语愚按》在成书之后仍得以流传,只不过范围较小。在该书的《引》中,黎朝丁未科(1787)进士阮登础[1]写道:"甫年谊宝篆正进士副都陈公,曾受业于石洞先生之门,得睹先生《论语愚按》书,与甫言其大概,甫恨未得见也。"阮登础所言宝篆副都陈公为陈

---

[1] 阮登础(1754—?),昭统元年丁未科(1787)第二甲进士出身,在中兴黎朝短暂做官,后来在西山阮朝任吏部左侍郎,爵嘉定侯。

名案，黎朝丁未科（1787）进士[1]，与阮登础同科，曾是范阮攸的学生。这样，至少《论语愚按》得以在小范围内，主要是他的学生和朋友间流传。范阮攸于甲辰年（1784）自乂安赠范贵适《论语愚按》，这件事在作者的《跋》也有明确记载。可能自此《论语愚按》的流传范围更广了。

《论语愚按》正式刻印并公开于明命十三年壬辰（1832），功劳当归属范阮攸的小婿、乂安琼留县琼洞人胡尊（宗）士。庚寅年（1830），胡尊士来到京城（顺化），在学生范贵适处寻得该书原本。随后，他将书稿示于数人，请求协助付梓，这些人中包括黎朝进士阮登础。在《引》中，阮登础透露："壬辰年（1832）之孟夏，幸见琼留富厚胡尊士远访。尊士是范先生之小壻也，携得全书来示，欲登之梨枣以惠后学。在甫恨不得见者而今得见之，诚愿相与经营，早克完事。顾念甫年届八旬，筋力倦矣，惟凭斯道中人亦以斯文为己任，各矢恒心，乐为成就。壬辰年五月二十八日起功镌刻，经六月余而书本告成。"从此《论语愚按》才得以广泛流传。

可见，《论语愚按》自完成至公开刊行，经历了半个多世纪。相比于当时其他经学著作，可谓"问世"颇迟。

回到著作的成书背景问题。如前文所述，《自序》表明范阮攸1778年开始撰写，1780年完成，其缘起是由于读《论语》而"恍然如梦方觉徘徊如有所失"，决意放弃举子之学，专心探究圣贤精义，求"为己"之学。范阮攸自述十二三岁就学习《论语》，但却"为场屋所驱，专事章句文字之学以投时好，与《论语》相远几二十五六年"。换句话说，范阮攸认为，数十年潜心科举，日日"煮经炊史"，但却与圣贤精义渐行渐远，至此方才醒悟而开始研究真正的学问。这也证实了黎贵惇[2]、范

---

[1] 陈名案（1754—1794），昭统元年丁未科（1787）第二甲进士出身，守臣节，忠于中兴黎朝，反抗西山朝。
[2] 黎贵惇（1726—1784），越南黎朝文化学家、史学家。景兴壬申科（1752）第一甲进士及第第二名，在中兴黎朝历任要职，曾出使中国。黎贵惇是越南古代最渊博的学者之一，著作非常丰富，涉及经学、史学、地理、文学、典章等多个领域。

廷琥[1]、潘辉注[2]所记载的和现代研究成果所表明的后黎朝末年科举教育的颓败。

《论语愚按》成书于18世纪末,这一时期可被称作"乱世",名分颠倒,战乱连绵,道学、儒风士气衰颓……当时的儒家学者试图分析理解这种状况并寻求救世之道,他们认为,导致这种状况的部分原因是学风衰败,为学者只是鹦鹉学舌而不去探究圣贤义理,经典没有得到通彻的理解。这些科举教育的弊端使得人们逐渐远离了圣贤经传中所蕴藏的真正义理,导致儒风士气衰颓。东川居士在《论语愚按》的《序》中写道:"世之读书者莫不曰:'吾孔子之徒',考其学则大异乎孔子之所谓学焉。嗟夫!孔子往矣,今固不可得而亲炙矣,而其言行气象载在《论语》皆为万世师法者,皜皜乎江汉之濯之,秋阳之暴之也。学者之学孔子,舍是书奚求哉……而今日学者之读《论语》,仅摭诸家小注务为帖括,取便应举,经文、《集注》概略而弗讲,是为知学也耶?"而范阮攸自己也写道:"攸年十二三,家父使读《论语》,粗究其音义,而未能知味也。稍长,为场屋所驱,专事章句文字之学以投时好,与《论语》相远几二十五六年。时或执卷,不过勾择据拾,务为记忆,待访问拟资驰骋而已。圣贤旨义茫然洋若,久未能自悔,亦未有启发之者……"

因此,当时士大夫为挽回世道所做的努力其中之一就是主动重新深入探究圣贤经传的精义、正道,以振兴儒教,达到修身、经世的目的。

在越南,18世纪之前已经有了一些带有经学性质的著作,如朱文安的《四书说约》[3](已佚),胡季犛的《明道》《国语诗义》[4],冯克

---

[1] 范廷琥(1768—1839),黎末阮初时期儒家学者,曾任阮朝国子监祭酒,著有颇多编考和诗文作品。
[2] 潘辉注(1782—1840),丁卯科(1807)和己卯科(1819年)秀才,在阮朝仕官,曾出使中国。其所撰《历朝宪章类志》是一部记载越南典章制度的重要书籍。
[3] 朱文安(1292—1370),陈朝儒家学者,曾任国子监司业。其节操清高,颇有宋儒风采,培养出了许多名臣,著作有《四书说约》,现有证据表明这是越南最早的经学著作。去世后得以从祀文庙。
[4] 胡季犛(1336—1407),政治家,本为陈末大臣,后篡位建立胡朝,提出了许多改革措施。著作方面,曾撰写《明道》篇,有意拔高周公而使孔子居次,提出了《论语》中存在的疑点,轻视宋儒;又作《国语诗义》,序中多出己意,不从朱子《诗经集传》。

宽的《周易衍义》[1]（均已佚）等，但只是偶见。这些越南儒士主要是通过宋儒的注解去学习、接受儒家经典，其中影响最大的是明代的《大全》。他们视宋儒的注经本为圭臬，认为已经完全挖掘出了其中的微旨奥义，而自身的任务则是如何把这些内容学到家、悟到家。这里可以引用《大越史记全书》中吴士连[2]对胡季犛质疑经典、排斥宋儒这一行为的看法：

> 朱子生于宋末，承汉唐诸儒笺疏六经之后，沂流求源，得圣人之心于遗经，明圣人之道于训解，研精殚思，理与心融。其说也详，其指也远，所谓集诸儒之大成而为后学之矜式者也。况有程子倡之于前，而朱子补其未圆于后，则其义精矣。后之有作，恢廓而充大之，膏沃而光泽之。如斯而已。乌得而非议之哉？

吴士连的上述评论可以视作越南儒士对于学习、接受经典的普遍态度。

到范阮攸生活的时代，由于儒学的振兴、对儒家经典大义的"拨乱反正"、儒学和汉学知识的积累、儒士对理论问题的兴趣、书籍流通的兴盛以及中国"实学"思潮的影响等主客观多方面原因，越南经学在多个维度上都颇有发展，涌现出了黎贵惇、吴时任[3]、范阮攸、阮辉莹[4]、裴辉璧[5]等知名大学者。学者们撰写了各类经学著作，如义理诠释、撮节要、文本考证、经典喃字演文……其中义理诠释是该时期经学最具价

---

[1] 冯克宽（1528—1613），中兴黎朝儒臣。光兴三年庚辰科（1580）第二甲进士出身，历任要职，曾两次使华。作有许多诗文，经学著作有《周易衍义》。

[2] 吴士连，黎朝儒臣、史官，大宝三年壬戌科（1442）第三甲同进士出身。其编纂了《大越史记全书》（15卷），1479年完成。

[3] 吴时任（1476—1803），中兴黎朝和西山朝大臣，景兴三十六年乙未科（1775）第三甲同进士出身，在两朝均任要职，曾出使中国。在多个领域都有著述，其诠释《春秋》义理的《春秋管见》一书，是越南字数最多的经学著作。

[4] 阮辉莹（1713—？），中兴黎朝儒臣，景兴九年戊辰科（1765）第一甲进士及第，曾出使中国。有多篇诗文作品，经学著作有《五经纂要》。

[5] 裴辉璧（1744—1802），中兴黎朝儒臣，景兴三十年己丑科（1769）第二甲进士出身，在中兴黎朝历任要职。其撰写和编辑了多部诗文集，经学著作有《四书节要》《五经节要》《性理节要》。

值的领域,《论语愚按》就属于这类著作。作者使用"愚按"一词谦虚地提出自己对经典义理的见解。这类经学著作最能够清晰地阐发作者的思想。

当时经学著作的创作动机较为明确,但是并不完全相同。一些作者在自己的著作中体现出了明确的政治、经济目的,如黎贵惇的《书经衍义》意在"监得戒失,保盛防衰,亦可备人君经幄之览,为迪德施治之一助"。而《论语愚按》的首要目的却是"为己":"贮之奚囊,公暇私取玩诵……期以老乃敢问世"。范阮攸认为该书首先是一部自学之书,达到修德和为正的目的:"如必欲推寻圣训,潜思默契,体于躬,应于事物以求所以为己,则此书固石洞氏自学之书也"。尽管如此,更深远的目的在于开示后学,让为学者借此明圣贤真义,庶几修身、行道,无愧于士君子,甚至帮助天下回归道义。正如作者的女婿胡尊士在《小引》中所说:"朝夕每以自随,期已老乃敢问世,亦姑俟知我者取正焉。"

《论语愚按》诠释了整本《论语》,共493章,但没有依照《论语》原典的面貌,而是根据内容将其重新归类,分为4篇,每篇有若干类,每类下有若干章。每章先录原典正文,后是"愚按",即作者的诠释部分。每篇末有"总说",总括全篇内容和意义。全书18卷,目录1卷,共19卷。

具体结构如下:

1.圣篇(105章)

1.1.学问类(7章)

1.2.威仪类(7章)

1.3.居处服食类(9章)

1.4.应事范物类(30章)

1.5.处变类(7章)

1.6.取人类(26章)

1.7.说圣类（8章）

1.8.议圣类（10章）

附门人记群圣道统（1章）

圣篇总说

2.学篇（202章）

2.1.致知类上（28章）

2.2.致知类下（27章）

附门人言（3章）

2.3.力行类上（39章）

2.4.力行类中（39章）

2.5.力行类下（19章）

附门人言（19章）

附门人记（1章）

2.6.孝弟类（10章）

附门人言（5章）

2.7.交际类（6章）

附门人言（5章）

附门人记诸弟子（1章）

学篇总说

3.仕篇（45章）

3.1.上仕类（11章）

3.2.中仕类（18章）

附门人言（6章）

3.3.下仕类（8章）

附门人记（2章）

仕篇总说

4.政篇（141章）

4.1.正己类（25章）

4.2.观人类上（28章）

4.3.观人类下（28章）

附门人言（2章）

4.4.礼乐类（28章）

附门人言（2章）

4.5.临民类（27章）

附门人言并记（3章）

政篇总说

二、《论语愚按》的诠释方式

（一）篇、类安排的方式

《论语愚按》不是一部经典训释著作，而是带有较为浓重个人印记的经典诠释著作。该书所面向的不是普通的儒生举子，而是为自己自学以及求"为己之学"的同道中人。因此，《论语愚按》没有拘于平常的章句训诂方式，而是进行了归类，并在归类基础上加以"愚按"即义理诠释，体现了作者的个人感悟。作者通过努力究明圣贤经典的真正义理，力求引导后学者走入正道，不被迷惑，以期他们可以治平天下，让天下回归道义。

范阮攸将《论语》原文的20篇、482章归类、重订为《圣篇》《学篇》《仕篇》《政篇》，共493章。全书18卷，目录1卷，共19卷。

在章数方面，《乡党》篇一章15节被分为15个独立的章，《公冶长》篇和《泰伯》篇中各有一章被一分为二（《子谓南容》章和《子曰三分天下有其二》章）。这样的划分方式是根据《集注》中的见解进行的。范阮攸还将《论语》原文中6个重复出现的章节删去（"未见好德如好色……""主忠信……""三年无改于父之道……""博学于文……""不在其位不谋其政……""巧言令色……")。这样《论语愚按》中的总章数为493章。

在篇数方面，范阮攸将《论语》原文的20篇根据内容重新归类，分为《圣篇》《学篇》《仕篇》《政篇》4篇。但他仍然在引用原文时标明旧篇篇名，以"示不没旧"，便于查询。经典原文之后便是"愚按"，即"盖读书时偶有所得，触意即书"。每篇后均有"总说"，提挈全篇宗旨。在《凡例》中，范阮攸提到了分篇的基本原则：

> 《圣篇》撮取《乡党》及逐篇各章，凡序圣人盛德事实者，各从其类，为八类，九十八章，而以门人论圣人之德六章，与《尧曰》一章，共七章附焉，通并一百五章。
>
> 《学篇》撮取逐篇圣人之言最切学者，各从其类，为四类，一百六十八章。而以门人所记类此者共三十四章附焉，通并二百二章。
>
> 《仕篇》撮取逐篇圣人之言最切仕者，各从其类，为三类，三十七章，而以门人所说所记类此者共八章附焉，通并四十五章。
>
> 《政篇》撮取逐篇圣人所论政事，各从其类，为五类，一百三十六章，而以门人所说所记类此者共五章附焉，通并一百四十一章。

在文本方面，对于旧说未妥或尚有疑问之处，作者都慎重地提出了自己的意见，或根据程子、朱子的看法进行修改。将《公冶长》和《泰伯》中两章分为四章以及断定一些章节是或者不是孔子的言论，都属于这种情况。

对于自己独特的安排方式，范阮攸自我评价道："有统属，有法度，学者就篇求类，就类求章，就章求意，一览了然。"怀德甫在《序》中赞扬了这种篇章安排方式："纲领条理，灿然有章，喜其能拔出流俗,志乎圣人之道,其用意良勤,而其为说亦足以发,贤于人远矣。"

可以说,《论语愚按》在越南本就非常稀少的经学著作中具备其应有的地位。作者研究经典,是将其作为探究、精研、以期"躬行心得"的对象,而非利用经典作为"场屋之所"的"钓饭竿"和"拋门砖"。尽管如此,在撰写《论语愚按》的那段时光里,范阮攸仍然要在场屋中摸爬滚打,还考取了进士。

《论语愚按》的安排方式颇为特别,体现了作者对《论语》的个人解读和独特视角。范阮攸没有像绝大多数注经、解经著作一样保留原文顺序,而是按内容、根据"内圣外王"的观念将《论语》重新分为四章,从修到齐、治、平,从修己到治人,从明德到新民……这种安排方式与当时的经典诠释著作如《书经衍义》[1]《春秋管见》[2]不同,也与黎贵惇《圣谟贤范录》[3]的归类方式不同。在中国的《论语》诠释著作之中(参照《四库全书》之《经部》),也没有采用类似归类方式的著作。

这样的处理方式颠覆了被儒家学者神圣化的经典文本的顺序,作者对此也的确进行了慎重的思考。在《自序》中,范阮攸对这一问题的观点体现得较为清楚:

或曰:"《论语》圣人所记,壹部二十篇,子取而改篇定类,能不为辰论所罪欤?"则又曰:"朱晦翁固云,《论语》,孔子弟子尝杂记其言,而卒成其书者,曾子弟子乐正子春之徒也。每篇取

---

[1] 《书经衍义》:黎贵惇的经学著作,论讲《书经》义理,共3卷。在书中,黎贵惇依据《书经》58篇的顺序,论讲并进一步发挥了其所认为的经文重要之处,主要集中于《书经》的政治意义。
[2] 《春秋管见》:吴时任的经学著作,论讲《春秋经》义理。在书中,吴时任依据《春秋经》正文,并参照《三传》及《程传》《胡传》而写成《管见》,论讲《春秋经》的意义、笔法、事件、人物等。
[3] 《圣谟贤范录》:黎贵惇的著作,摘录经典、古籍,汇集成篇,包括12篇:《成忠》《立孝》《修道》《闲斜》《达理》《卫生》《官守》《从政》《谦慎》《酬接》《尊谊》《阃训》。

篇首两字为别，初无意义……况《论语》古十一篇，齐二十二篇，鲁乃有二十篇，何曾以篇数多寡拘也。今之读《论语》者，为必欲推寻圣训，潜思默契，体于躬，应于事物，以求所以为己者乎？为必欲按据篇章次第，就无意义中强求有意义，区区从事于其小者乎？如必欲推寻圣训，潜思默契，体于躬，应于事物，以求所以为己，则此书固石洞氏自学之书也。分篇、类，附己见而不为训释，何妨乎？"

由此可见，越南儒家学者关心的是经典中蕴含的政治、道德和思想等内容，而不是执典籍文本相论争。在《书经衍义》中，黎贵惇也曾提到："无论古文今文，体制句字之异，大抵同此道则治，反此道则乱，如此则兴，不如此则亡。"虽然《书经衍义》本身以及《春秋管见》《论语愚按》中同样存在论及文本问题之处，如异本比较、各家观点取舍的辩论、简选合乎己意之见等，但这些并不是主流，仅是为明晰内容意义服务而已。

（二）义理诠释的问题

在《自序》中，范阮攸已经清楚地说明，《论语愚按》不做章句训释，而是阐发自我感悟："分篇、类，附己见而不为训释，何妨乎？"虽说如此，细细考之，这部著作并非完全充斥着与先儒相比独树一帜的新奇见解。从根本上说，《论语愚按》对义理的诠释主要立足于朱子《集注》，以此扩展新意或就若干问题阐发个人感悟，进而论及先代后世，从而证明圣贤经典的正确性、申明儒教的作用和价值。因此，该书基本上没有远离朱子《集注》的见解。这也是当时经学著作的共同精神。在《论语愚按序》中，东川居士写道："寥寥千载，微言弗章，幸得晦庵朱子为之《集注》，发挥宗旨，后学于是乎折中，岂非大幸欤？"范阮攸也对自己的做法有明确的说明："其说宗《集注》以发正文,亦谨重之所为也。"这一精神也类似黎贵惇的《书经衍义》:"不敢执定注家一边而不细绎正文之意,亦不敢好为新奇议论,以背于伊川(指程颐)、考亭(指朱熹)之绪言也。"因此,探究圣贤经典义理的努力是为了洞悉经典、《集注》的真义,反对照抄照搬、寻章摘句的举子之学(虽然举子之学也奉朱子《集注》为正,但却不寻真实本意,而务熟背多记)。不像之前的胡季犛、后来的阮文超[1]和中国明代实学潮流中的经学家们那样,该书作者没有批判宋儒、反驳朱子的新奇探索和思考。当然,通过《论语愚按》的诠释方式,我们同样可以发现作者独到、富有个人印记的见解和认识。下面将逐篇探究《论语愚按》的义理诠释方式和内容。

1.《圣篇》

《圣篇》取自《论语》中《乡党》篇及其他一些篇,内容为记录"圣人盛德事实"和"门人论圣人之德事",共105章,分为8类:《学问类》《威仪类》《居处服食类》《应事范物类》《处变类》《取人类》《说圣类》《议圣类》。和《论语愚按》全书一样,作者的思想体现在两方面:章目的安排、选择方式和义理的理解、诠释。范阮攸将《论语愚按》分为《圣篇》《学篇》《仕篇》《政篇》,是按照"内圣外王"、从修己到治人、从道德到政治的模式进行的。将《圣篇》放在该书之首,体现了作者所向往和钦崇的终极模范和最高目标。在此篇中,范阮攸汇集了所有与圣人(孔子)直接相关的章节,从学问、威仪、到日常居处、制变、评人……塑造了一个圣人的形象。通过"愚按"的诠释,可以看出作者对圣人形象的体认,这也是人道的终极准则,应该被为学者所向往、仰望。

首先,范阮攸认为,圣人是天理的化身。圣人纯粹,浑然天理,与

---

[1] 阮文超(1799—1872),阮朝儒臣,中明命十九年戊戌科(1838)副榜,在阮朝历任官职,曾出使中国,在诗文、地理、编考等诸多领域著作颇丰。其作品《方亭随笔录》有许多对经学的讨论,在论讲《四书》《诗经》时多处表示不赞同朱子的解释方式。

天地融合为一体。由于圣人之心纯乎天理，因而达到了至诚的境界，从容与天地鬼神合道合德，能够以理制命，不论处于常境、变境，行事都能止于至善，自然而不勉强。

《论语·乡党》篇中记录孔子的日常行为和生活的章节，被范阮攸归入《威仪类》和《居处服食类》两类当中。因为此篇内容主要围绕日用常行，因此诠释起来颇有难度。朱子《集注》对于此篇仅以训释字义为主，只是在篇首引用尹子之言对全篇意旨进行了大体概括。但在《论语愚按》中，这一部分却正是《圣篇》的核心内容。范阮攸以较为一贯的精神对其进行了逐章的评讲和诠释：

> 圣人一身都是天理，触事随辰，动可为则。此一节有寝居之则者，有接见之则者，有行车之则者，有当馈之则者，有遭变之则者，从容礼度，不期而然，学者亦可以自省矣。（《寝不尸》）
>
> 圣人一饮一食，莫非天理，斯须必谨，毫厘不差，一点人欲之私不得以动之。（《食不厌精》）

之所以圣人纯理，是因为圣人能尽本然之性，穷尽本然之性才能发性情之正。这就是《中庸》所说的"至诚"之境。《中庸》认为，至诚就是尽其率性，而又有"天命之谓性"之说，因此至诚与天合为一体。与天合为一体就能安然中理，一动一静皆合中道，也即合乎"当然之准则"。圣人是"生知安行"者，自然而然，不须用工致力而仍合乎纯粹至善之天道。范阮攸对这一点似乎颇有心得，《圣篇》大部分的义理诠释内容都在就此意旨集中发挥。在诠释《吾十有五而志于学》一章时，范阮攸对朱子的理解表示赞同："独觉其进一段，朱子最发出圣人至诚处。""不怨天，不尤人，天道之遍覆也。下学而上达，天德之健运也。圣人无以异于人处，即圣人与天为一处。此意高弟尚未喻，况夫人哉？"（《子曰莫知我夫》）"诚者天之道，圣人与天无间，太公而至正,行所无事,顺其自然,有则有,无则无,可以对越上帝,又乌用由之行诈哉?"(《子疾病,子路使门人为臣》)……

由于浑然天理,圣人言行举止都合乎中庸之道。孔子将中庸视为至德,是所有思想和行动的准则。所谓随"时",即每一环境、条件、对象,都能做到居处适中,无太过也无不及,顺依礼义,避免极端,以达到和谐、均衡、平稳、适当、长久……后来《中庸》又将其内涵发挥,将"诚"视为实行中庸之道的根本,而至诚就是尽其率性,也即"至圣""配天"……在《圣篇》中,有11章范阮攸使用了"中"来诠释圣人。"圣人盛德,睟然见于言貌,随在各当其可。"(《子于乡党恂恂如也》)"此想见圣人全体,随辰呈露,可得形容者如此。所谓'致中和',即其一端也。"(《孔子燕居,申申如也,夭夭如也》)"圣人性情之正,哀乐未尝过中。独至于颜氏则恸而不自知。盖恸其可,恸亦中也。"(《颜渊死子哭之恸》)至诚、中庸则处常遇变皆安,安于义理。就算在匡地被围困、在宋国遭到加害,圣贤之心也不曾扰动,这在《论语》的一些章节里有所体现。范阮攸对此有更深入的理解:"有可必之理于天,匡人虽暴,安能以夺天理哉?'其如予何'四字,圣人只以天理断耳。天理未亡,圣人自存。"(《子畏于匡》)"小人之不能害圣人,此以理裁命也。常人论势不论理,圣人论理不论势。夫欲害之几在人,而不害之理在天。人几不足以敌天理,桓魋又乌足以害圣人哉?"(《子曰天生德于予》)既已纯理、至善、极诚,就是道德之体完备,仁、义、礼……皆能由纯善天理,随时而发。这就是圣人之所以成为圣人的原因。

包括《圣篇》在内,《论语愚按》的诠释内容可以分为两部分:第一部分是论讲、阐释经典义理,以显圣人全体大用,为后学者建立一个可以之为匡范的圣人典范形象。即"通经"。第二部分是从经典中提炼的意义,其中也包括作者自己了解而用力自修的内容,借此为学者服务。即"致用"。就本篇来看,作者为"学者"所提炼的内容主要有以下几点：

①圣人就是至诚，穷理尽性。尽性则配天，随时而发，合乎中道，止于至善。圣人就是道德的总和。学者欲学做圣人，全部精力必须放在"复性"上。圣人与常人在性上无二，能尽复其性者能为圣人。"义之尽，仁之至，此是天地涵育覆载气象，欲无一物之不复其性也。"（《孺悲欲见孔子》）

②要学圣人须下工夫。下工夫的着力点是"敬"和"诚"。这是儒学特别是宋代儒学中两个重要的范畴。它们是"涵养自修"的工夫（程子："涵养须用敬"）。敬是存心、养心的主要手段，以此能够达到与天道合一的诚，诚也是圣人的根本（周敦颐："诚者圣人之本"）。圣人正是敬和诚完美的化身，因而学者下工夫须由此处。"学者诚能深沉玩味，从敬字下工夫，涵养既熟，睟盎生焉。圣固不易及也，其不为君子乎？"（《子之燕居》）"唯圣人之心如天地之于万物，太虚浑然，一真自如，以我应人，不系人我，都自无意中来。然无意又当自诚入，故《大学》曰'诚意'。此正学者下工夫处。"（《子绝四》）

③要学圣人须立"为己"之心（为己而学，完善自我），坚持勉力至终，但学应该循序渐进，不能越级，也不能自作主张规划求进道路。这是范阮攸特别强调的一点，多次反复提及。学和修都要循序，《大学》"八条目"就是这一用工次序。"然反复中间十一字（'不怨天不尤人下学而上达'），学者要不出此。苟求知之切，俯仰戚戚，欲速成而不渐进，此等人难乎其有闻矣。"（《子曰莫知我夫》）

④可以通过这样的用工方式努力循序地践行中道。圣人纯理，可以用理制命；学者自修，可以顺理而安命、受命。圣人是"化"者，从容安然；学者要"拳拳服膺"，努力从士到君子、到仁、再到圣。圣人难以速达，"然以张横渠十五年学个'恭而安'二字不成，其可以易言哉？"（《子温而厉》）

综合来看，可以说《圣篇》提出了一个理想和准则上的道德模型。

从至圣之辈孔子身上，范阮攸提炼出了可为学者之范的教诲和意义。通过这里的分析可见，如果不说作者在篇中的诠释是对以朱子为代表的宋儒学者的论解所进行的阐发、"傅饰"，那也必须承认作者受到了宋儒较为深刻的影响。"天理"等范畴是宋儒的"特色"，"性""情""命""居敬""存诚"……本身也是在宋儒的论点上进行的发挥。在本篇中，范阮攸四次对朱子的解释表示了称颂和赞扬，引用了谢上蔡、张横渠、饶双峰等宋儒的言论，并未有任何观点与宋儒、《集注》相牴牾。

篇末的《圣篇总说》总摄全篇要旨：

> 此篇谨取《论语》中所记圣人盛德事实，凡一百五章，为四卷，欲读者端拜景仰，如圣人俨临乎前。望之而有所尊，即之而有所准，其心一于依归，其心一于向赴，如行者之有家，射者之有的，如群工之环视拱听乎大匠，如万物之齐瞻并戴乎天地日月，无别念妄意之敢萌，他岐异端之敢趋也。呜呼！生于数千载之后，求圣人之遗言，高者驰心玄妙，援儒而入于禅；卑者得志干禄，流于污下而不自觉。孰知圣人之道，其精则足以配无极太极之运，而其粗不出日用彝伦、礼乐刑政之具；其远则旁礴古今宇宙之不可穷际，而其近不出起居出入、动作饮食之间……其事上临下，忠厚仁爱之极其至，而其进退辞受之义，则千乘万钟，举天下之可欲者不足以动其心。其处己接物温和平易，而刚大直方之气，则非千钧万仞、雷霆斧钺之所能屈。听其言若无旦夕之效、目前之利，而天子用之可以齐家治国平天下，上配三皇五帝三王之盛，下贻国家生民千万世无穷之安。学者用之，进足以致君泽民，树立不朽；退足以修己教人，俯仰无怍。大哉道！备于圣人之身，而散见于圣人之书。圣远书存，然则见书亦犹见圣也。既见圣，亦弗克由圣，可不知所警勉哉？

2.《学篇》

如果《圣篇》是让学者"端拜景仰"、心有所准的"金科玉律",那么在《学篇》里,作者汇集的各章指明了用工之处,将具体的方式呈现给学者。学者可以通过此篇了解用工的顺序和进德修业的层级,以"守其所已得,求其所未能,磨濯吾心,周全人道,以庶几所谓正焉"(《学篇总说》)。在《论语愚按》中,《学篇》正是学者修身、成己的应下的工夫,以此达到"内圣"的目标。这是范阮攸将《学篇》放在《圣篇》之后的用意。

《学篇》是全书章数最多的一篇,总共202章,分4类:《致知类》《力行类》《孝弟类》《交际类》。其中,《致知类》和《力行类》由于章数过多,作者将前者分为上、下两部分,后者分为上、中、下三部分,因此实际总数为7类。在202章中有168章是孔子的言论,又附入34章门人的言论。其中绝大多数章节都在《致知类》和《力行类》当中(《致知类》58章、《力行类》117章、《孝弟类》仅15章、《交际类》仅11章)。总体上看,这种分类方式不完全对等,因为《致知类》和《力行类》内容为上层精神,《孝弟类》和《交际类》则是具体事情。但如果将《孝弟类》和《交际类》全部并入《致知类》和《力行类》也不是十分妥当。作者这种拆分方式,可能目的在于阐释某些特殊意义,因为孝悌是儒家学说中的重要内容,独立成类意在把它视为修己过程中的重要环节。

"致知"和"力行"是修身过程不可分割的两项工夫。修身工夫包括知和行两方面。这是认识与实践间的关系。儒家学者讨论"知行"主要是从道德认识和道德行为角度来进行。对于知—行的关系,先儒有多种理解。程朱理学认为,知和行是不可分的两项工夫,但需要循序,按先后顺序是"知先行后",按难易顺序是"知易行难"。王阳明的心学则提出"知行合一"……尽管见解略不相同,但在知行是修身成己之全功这点上,先儒观点是一致的。《书经》提出"惟经惟一",《大学》提出"格物、致知、诚意、正心、修身",《中庸》的"明善、诚身","博学、审问、慎思、明辨、笃行",都是知与行的具体步骤。"致知"是穷理、知性、明善的工夫,为的是能够发现和体认自身德行中的本然之善,能够辨别善恶和是非。"力行"是专心致志地持守、修养,能持善、能除恶,努力自修,达到为贤、为圣的境界。范阮攸汇集相关各章并归入《致知类》和《力行类》中,使之成为《学篇》的核心内容,其用意就在于此。

《致知类》的内容实质上就是明善和道德认识的工夫。通过各章的汇集方式和"愚按"中的诠释,可以发现对于这一问题范阮攸有着贯穿始终的思想脉络。

范阮攸首先强调道德是先天的,是心中所有固有的。天理在己,不在心外,不在身外。也即对道德的认识是固有的,但是被气禀和物欲所蔽,使其变得昏暗,因而人们认识不到心中本然之善和己所固有的至善天理——性。他写道:"民之秉彝,好是懿德。德者,在我者也。世之人为物欲所蔽,至于不知,岂非不学之病哉?"(《子曰由知德者鲜矣》)"《书》云:'惟皇上帝降衷于下民,若有恒性。所谓衷与恒,即中庸也,全所降而有之为天民。'"(《子曰中庸之为德也其至矣乎》)"夫子借逸诗思人之思为勉学者思理之思。学者诚知此理在我,反而求之于心,则安肯以为远乎哉?"(《诗云唐棣之华偏其反而》)圣人浑然而顺天理,知性尽性,因此是天理的化身。只有圣人方能生知安行,而圣人之下应当为学。为学是为了变化气质,减少物欲,以圣人为标而希望能成为圣人。常人和圣人禀受天理平等,但由于气质不同而分异。为学正是求圣的工夫,而求圣实质上只是气质的变化,使得本然天理能够充盈。这就是为学者应该做和可以做到的。在解读"性相近也,习相远也"一句时,范阮攸写道:

"性相近"之性与孟子"性善"之性不同。盖语其天赋者则一，而语其气质者不能一而但能近，近则未远矣，惟所习善而近者复为一，所习恶而近者遂转而远，可不谨哉？孟子只就源头说，或者至以尧舜桀纣为疑，不知尧舜桀纣发源不异，到稍转流处渐别，此气质也。气质有纯清纯驳之分，故下流遂大差殊。

人有四等气质，然均之秉彝好德之民，故困而学可以至于生知。变化气质，非学不能也。困而不学乃终于困……士之学尚无诿于气质焉。（《子曰生而知之者上也》）

如此可见，不论是谁，从理上讲都可成为圣人，而工夫在于学。为学被视作成为圣贤的唯一途径。甚至连资质高的人如果不学也不能达到全功："天资虽美，苟不学则无以进于圣人之奥，仅能为善人而已。学者可不知用力于学哉？"（《子张问善人之道》）学者立志为圣贤则须用力于学。为学在己，一切都在于是否甘愿用力，但也必须循序渐进，不能越级，也不能半途而废。这是全书一贯的观点。"夫道是天地古今公共之物，非有所限于人。人自知至乐，一层又一层，一级又一级，可不着力向前哉？"（《子曰知之者不如好之者》）

《大学》认为"致知在格物"，而程、朱认为格物实是穷理，即穷究透彻万事万物之理，目的是彰显心中之理，而不只是扩充"闻见之知"。穷理、格物就能致知，就会使"吾心之全体大用无不明"（朱熹《大学补传》）。有知方能行，即"知先行后"。范阮攸赞成这一观点，在著作中他写道："闻见寡固不足以致知，然不择不识则闻见虽多适足以为害。故闻须择，见须识，要之闻见有殊而可从不可从之理则一。穷理而后知所从。"（《子曰盖有不知而作》）

《力行类》是全书章数最多的一类，因此作者将其分为上、中、下三部分，此外还附有门人们的言论。程朱理学认为知先行后，知易行难。能够做到明善、穷理、知性，然后勉力在诚身、正心、全性上用工。这就是力行。

既已致知，则本就在己的性理得以彰显。而能否保全性理在于自己，学者要立志坚持行道。这也是为学应下的工夫，君子和小人之分也在于此。范阮攸写道："君子小人，其初皆具天理之性，保其理则上而为君子，失其理则下而为小人。毫厘一分，天壤自隔。"（《子曰君子上达小人下达》）"仁非自外至也，自然固有之良知也。未有用力而不足者也……苟未尝用一日之力，而徒以不足自解，是无志而非无力也。"（《子曰我未见好仁者》）

儒家认为每个人本身都有圣人的"素质"，"人皆可以为尧舜"（孟子），如果能够致力自修，都可能成为圣人。《中庸》引用孔子的话将人分为三等：生知，安行；学知，利行；困知，勉强行，但如果能够用力，达到了致知与成功的结果，那么就是一样的。这里，范阮攸多次强调为学者的自主性、积极性，劝勉为学者不应将问题归于气质和能力，而应懂得努力求进。"为山未成一篑，其至于山势甚易也，止之则不能成。平地覆一篑，其至于山势甚难也，进之则可以成。圣人揭出两吾字，所以责学者之身者切矣。学者诚以进止为吾责，惟日孜孜，进而不止则成德之功不在吾而谁哉？"（《子曰试如为山》）

在学道与行道的问题上，范阮攸表现出极为注重圣贤经典。他视"道"在圣人身上得以充分地体现，而圣贤之道又充分地载于经典中。为学者应该通过经典来求道。"然有道之人不数见，惟有道之书则幸存。苟不就有道之书以求当然之道，则是非无所折衷，虽能食无求饱，居无求安，敏于事慎于言，亦难乎其近道矣。"（《子曰君子食无求饱居无求安》）

范阮攸在这里借讨论经典义理的机会，还指出了学道者的弱点，他称之为"大病""大戒"，指崇文饰而不务实学，说的多做的少，好大喜功，务高远而轻事实。这是资质较高的人常见的弱点，如果不加以克服则难以"成己"。"大抵言有余而行不足，学者之大病。"（《子曰君子欲讷于言而敏于行》）"求知而不求能，务外而不务内，此学者之

大病也。"（《子曰不患人之不己知》）

《学篇》尚有"孝弟"和"交际"两类，汇集了与为子、为弟、结交朋友之道有关的各章，但总章数不多。如前所述，笔者认为该篇中的各类存在着不对等的问题。"致知"和"力行"涉及面较广，相当于《书经》中的"精"和"一"，《大学》中的"格、致"和"诚、正、修"，以及《中庸》的"择善、固执"与"明善、诚身"。"孝弟"和"交际"却是具体问题。可能范阮攸意在表达对某些重要内容的见解，因而单独列类以便诠释义理。

《孝弟类》共15章。考察《孝弟类》的"愚按"，可以看出相比于先儒旧说并没有什么新的启发，最多也只是在旁叶侧枝上加以补充。作者仍然从本然之性出发，重申了道德为己所固有，君子修身须复性，欲复性则须求仁，欲求仁须从孝弟开始。行心中本然之德应该从亲辈开始。"仁者原于人性之所固有，然人多为物欲所蔽，不能廓而充之，故君子必求仁以复其性，而行之自孝弟始。由亲以及民，由民以及物，而人道尽矣。"（《有子曰其为人也孝弟而好犯上者鲜矣》）。总体来说无甚新颖之处。

在诠释内容中，范阮攸就某些侧面问题提出的意见可被视为独到见解，或借经典原文而加以补充评论，意在劝勉为学者。例如，在诠释"三年无改于父之道"的时候，他写道："惟没辰又重在三年无改。三年之心，专在哀思，不容有别想也。急于行则忘亲而非孝矣。"这应是独到的见解，前人的注解并没有论及这一含义，如《集注》只说："然则三年无改者，孝子之心有所不忍故也。"作者还多次在诠释经典的时候，对为学者加以劝勉，如"为人子者不可不知此章之义"，"学者能推圣人之言意孝友之实廓而充之"……

《交际类》专论朋友之道，总数为11篇，主要从"以友辅仁"这一角度进行挖掘。修己之功在我，但是可以借着朋友之间的帮助获得更快的进步。但是范阮攸也强调，朋友不是"天伦"（如父子兄弟），因此我们完全有权进行选择，或结交，或绝交，因为交到损友是相当可怕的。这点是贯穿全类的内容："五伦之中，朋友以义合，其合惟以责善辅仁，此外无所求焉……故择益而不择损，其机在我，非如天属之不可一旦绝也。然世之人往往失之于始，得益常少，得损常多……"（《子曰益者三友》）

在诠释义理的同时，范阮攸多次就经典原文内容抒发自己的观点，既有赞同，也有反对。例如他评论道，"子夏之言未免有病"（《子夏曰大德不踰闲》），"子游之言固是不知循其序者，如子夏所言士，亦知习其事而未知求其理也"（《子游曰子夏之门人小子》）。他认为子夏的"四海皆兄弟""专以宽慰而不觉流入于墨"，建议学者"当求子夏之意，而不必拘子夏之辞"（《司马牛忧曰》）。范阮攸还赞成《集注》将孔子门人弟子不正确、不妥当之处加以匡纠的处理方式，例如在诠释《贤贤易色》一章时，他写道："《集注》'非生质必务学'二句，盖推广子夏之心以救其辞气抑扬太过之病，而勉学者之不可独恃资质也。盖美质亦必资于学问，而学问实不出于人伦。不务本，奚以为学哉？"

《学篇总说》总摄全篇要旨：

> 此篇谨取《论语》中论学处，凡二百二章，为六卷，间以致知、力行、孝弟、交际，随章意而类分之。诵斯言，想若与圣门高弟亲炙于江汉秋阳、太和元气前。省曾之三，克颜之四，守其所已得，求其所未能，磨濯吾心，周旋人道，以庶几所谓正焉。嗟乎！目前应物，无非彝伦日用之常；纸上余师，无非心得躬行之教。由希贤而希圣，自成己而成人，儒者之学无余蕴矣。

3.《仕篇》

《圣篇》是至高典范，《学篇》是修己、成己、进德的工夫。而

《仕篇》和《政篇》则包含了有关政治的内容,即儒学中所谓的"外王",或是《大学》"三纲领"中的"亲民"。儒家学者修身是为了致用,为了行道救世,即出仕。修己是为了治人,而治人必先修己。《仕篇》和《政篇》汇集了关于为政的各章。

《仕篇》汇集了讨论为官之事的各章,是总章数最少的一篇,总共45章,按其高下分为上、中、下三类。此处上、中、下的分法并不是像《致知类》和《力行类》一样进行单纯的文本分割,而是有着其内在意义。按范阮攸的说法,《仕篇》"谨取《论语》中圣人、贤人、小人之事,凡四十五章,分上、中、下类为三卷,以为仕者鉴戒"。

"上仕"是上等之仕,指的是圣人为仕,行道救世,发挥安上治民之功于大局,并能为万世之匡范。这一类汇集了有关古圣贤和孔子的各章。范阮攸认为,称得上是上仕者,应该理、欲分明,安于义理,而不论及命。要立志行道救世,而不能枉道从人。理、欲之处正是立志上仕者需要加以区分的。"常情以得不得为行藏,故中人犹畏命而不求,小人则强命而无耻。惟圣人直以义之安不安为行藏,两'则'字其理在我,更不问命。《集注》取尹氏之说曰'命不足道也',其开示后学最切。"(《子谓颜渊曰用之则行舍之则藏》)

范阮攸认为,上仕之人济世之心最为恳切,如果这类人的命达、得位,行道于天下,则可以至于大同。上仕之人的盛衰与世道关系密切。"圣人不衰,世运未衰;圣人之衰,世运之衰也……急于济世之心,亦安于臣节之心……圣人得位天下大同,何有(囿)于周公?"(《子曰甚矣吾衰也久矣吾不复梦见周公》)。他们必须保存名分、礼义秩序,维持大局,"天下有道则礼乐征伐自天子出"。

"中仕"是中等之仕,主要在于事君,竭尽全力为治平大业做出贡献。这类人必须"见道之明,志道之笃,进道之勇",应该笃力修养,加以为学工夫,特别要注重"敬"和"正"二字。俸禄不应该是做官的人所谋求的。这类人也应该"见几而作",如果不能做到,不仅不利于国家，反而会害己。

在本篇中，借诠释经典，范阮攸多与后世相联系，或征引历史事件、人物来警醒劝诫为学者。例如"古之仕以理决也，则可否之裁度常在己。今之仕为欲驱也，则得失之迟早每由人。学者思焉。"（《子使漆雕开仕》）"有志之士必也兼三子之长，加之以学问，学而优则仕。不然，且当为漆开之守，而无急急于仕与。"（《季康子问仲由可使从政》）"有不可夺之节，然后可以托六尺之孤……我越如苏宪诚，亦可以当之矣。"（《曾子曰可以托六尺之孤》）

"下仕"是下等之仕，主要讲家臣、僚属之道。范阮攸认为，这类人应该懂得持身、量才德而仕、明廉耻、守气节、勉力学习，避免急于求仕，能为上所用则诚心做事，不为塞责，遇宠不倚宠倚势……这样也可为尽职之臣，"仕者必存养讲贯有素，果能耻为具臣乃能不为贼臣。否则卒然大事变，大利害之临，鲜有不易其所守矣"。（《季子然问仲由冉求》）

《仕篇》分为三类，即三类为仕的层次，集中讨论为仕之人须必备的品质。上仕是社稷之臣，关乎礼制、世道和社稷、天下的安危盛衰，是圣人行道之处。中仕是中等之臣，需要自学、正己，帮助君王治国安民。下仕是小臣、僚属、家臣，需要尽心致力、明廉耻，担当起其分内之事。分成三个层次为的是让每类人在不同环境、职责中明白所应遵守的标准，以此努力上进至更高层级，庶几能以所学来助其所行、立身行道。

《仕篇总说》总摄全篇要旨：

> 此篇谨取《论语》中圣人、贤人、小人之事，凡四十五章，分上中下类为三卷，以为仕者鉴戒。夫仕字从士从人，盖非士非人，诚不足以言仕也。圣人以用行舍藏独与颜渊，当辰高弟如仲由乘桴之喜，子贡隐玉之疑，皆未足以语此。仕之准的，舍兹其何

适欤？至若子产有君子之道，管仲有仁者之功，史鱼之直，武子之愚，公叔之升家臣，雕开之见大意，凡此皆中人之勉进者，圣人亦有取焉。其余谓之具臣，谓之窃位，谓之鄙人，人臣闻此亦可以悚惕矣。

嗟夫！君臣大义原诸天地，本诸人心。士之未仕则学事君之道，既仕则行所学以事君。有志于上犹得其中，苟志于中不免为下。又况所志既下，其何以行臣义，合人道，俯仰于天地间哉！历历遗编，无非至训，求之则得，舍之则亡。愿以此望士大夫，亦所以自勉。

4.《政篇》

《政篇》汇集了《论语》中讨论政治内容的各章，是"外王"的核心，总共141章，分为4大类：《正己类》《观人类》《礼乐类》《临民类》。

《正己类》25章被看作是为政的根本。孔子曰："政者正也"，其意为政的根本在于正，而想要正，为政者先要正己。《中庸》写道："为政在人，取人以身。"《正己类》汇集了有关为政者正己的各章。

儒家认为，为政之本在于正己，为政者自身是否修养关系到政治的成败。此处范阮攸还强调，为政的难易在于为政者其身正与否。如果为政者先正己，则民能自正，这就是为民之主的根本，也是治人、教化人民的方式。"其所令反其所好而民不从。"（《大学》）人民只从为政者之行，而非从为政者之令。作者写道："为政者当着力在'帅以正'三字。正之外别无所谓政也。帅者其机在我而不在人也，知所以帅则先务正己而人自正。"（《季康子问政》）"政者正也。正则本诸身而已矣。"（《子路问政》）

万事都须着眼其根本，而为政之本在于正己。但如何才能正己？正己需要下怎样的工夫？在本类中可以找到答案。

本类中指出的正己工夫与《学篇》的内容有些近似，但与政治联系更为密切，换句话说它是为政的前提。与前面相似，范阮攸在这里所指出的进德修业的方式已经由宋儒进行了周详的论讲。欲正己需要循道，而道根源于性。因此正己需要通过抑情来复性。途径是"居敬、穷理"，以寻求天理之当然。"夫有道民之性也，无道乃其情之胜耳。欲善则性复于此，而民善则性复于彼，所谓'正己以正人'，其机甚速。"（《季康子问政》）"苟君臣各思克艰，则为君惟恐不尽其在君之礼，为臣惟恐其不尽其在臣之忠，上下懋勉，一由乎天理之当然。"（《定公问君使臣》）

《观人类》汇集了有关观人识人的各章。根据"为政在人，取人以身"（《中庸》）的精神，为政者必须能"取人"，而"观人"是其中一个重要方面。通过孔子及学生的论道、论人和作者的"愚按"，为政者可以从中了解用人、评价人的标准，这也是从政者所应具有的能力。总的来说，本类[1]内容过于繁杂、散漫，但从整体上看，主要集中于如下几个突出方面：

①需要明君子小人之辨。为政者的第一要务就是必须"进君子，退小人"，要想做到这一点则须能明辨君子和小人。范阮攸指出，君子和小人的区别在于"存心"。君子小人之分在于心之明或蔽，至善天理昭彰或昏昧。"盖天理之心明则了然于得丧利害之际，而此心平以舒，故有身困而心亨者矣；天理之心蔽则昏然于得丧利害之中，而此心常不乐，故有身亨而心困者矣。"（《子曰君子坦荡荡》）从这一点出发，君子和小人的具体区别就在于存心是公还是私，是善还是恶，是义还是利，而范阮攸认为最重要的，是为政者要存心公且大。

②为学者既知君子小人的区别，就应懂得自修、循理的方法，不与小人苟合，要立志循序渐进以臻大成，要务内、戒骄、寡欲，避免务

---

[1] 原文为"本章"，应为作者笔误。——译者注

外。特别是须学问、讲求义理。

③在才—德的关系中，根据儒家的观念，德居于首要位置。范阮攸非常强调这一点。他重视才与德的协调融合，如果只有才而没有德则是卑小之人。他写道："才德兼备，所以为大人。苟无其德而但有其才，则人小而已。故学者必当以理御气，使理胜而气平，则骄吝不生，而所谓才者，浑然于德之中，有德之实而无才之名矣。"（《子曰如有周公之才之美》）

④为政者要重用人才，"知人才难方能用人才"。应能认识人才，用其所长，避其所短，适其才，不违其才……"夫人才有所短必有所长，必须真见此人足以了此事而后用之，则在人无不了之事，在我无不用之人。不然，如孔明之于马谡，宜中之于世杰，贤愚殊而其失均耳。"（《子曰卫灵公之无道》）

在本类中，范阮攸引用了颇多历史人物和事件来支撑自己的论说。

《礼乐类》共30章，汇集了有关礼乐问题的各章。儒家思想中礼乐是政治的核心内容之一，旨在"复礼"，从而使天下有道。

范阮攸对本类内容进行的诠释主要是将先儒的礼乐观更加系统化和明晰化。他认为，礼乐应有本（根基），有文（形式），而实施礼乐应务本，务质，视节文为轻，视纲常名分为重、为礼乐的主要内容。礼乐如果没有本，则文只是虚饰，"礼有本有文，得其本则文在其中，失其本则文徒繁而不足观。圣人论本归之于俭戚，诚以质之不可无欤？为国以礼者不可不知"。（《林放问礼之本》）

在讨论仁、礼与治的关系时，范阮攸将仁视为礼乐之本，而礼乐是治之本。正如研究者们所论述的那样，将仁视为礼乐之本符合孔子的思想，但这一点先儒们却未有断论。我们对《人而不仁如礼何，人而不仁如乐何》章《集注》的评论和范阮攸的"愚按"加以比较，可以清楚地发现这一点。朱子的《集注》在讨论本句时引用游酢的话："人而不仁则人心亡矣，其如礼乐何哉？"程子则认为："仁者天下之正理，失正理则无序（礼）而不和（乐）。"到范阮攸这里则直截了当地给出了定论："礼乐者治之本，而仁又礼乐之本。噫！玉帛之会，韶护之音，不复见于后世。夫岂无所自哉！"

作者认为欲实施礼乐必须要学，但重要的是要存心正、循理而行。情未发时要加以存养，发时才能合节度，得中和，只有这样才合乎礼乐的精神。

在讨论礼乐对政治的作用时，作者认为，礼乐是政治的骨干，失礼则名分扰、纲常乱。礼乐是为了"维持防范"，使名分正，同时又因礼乐具有"禁未然之前"的作用，因此这里作者强调防微杜渐之义。在诠释《八佾舞于庭》《三家者以雍彻》《季氏旅于泰山》等章节时，他都强调这一点。"圣人制礼作乐本以维持防范，使上下之分截然，而后世权臣反僭其防范维持之具为僭踰陵偪之资。为政者尚无使至此哉。"（《子曰八佾舞于庭》）"为政者杜绝陵僭当谨其始……是故有国家不可不知防微杜渐之义。"（《子曰三家者以雍彻》）

本类内容颇为多样、散漫，因而"愚按"也是依章而论义理，但大体都围绕着为政者所能从中汲取经验教训的政治问题和意义。阅读著作时，可以经常看到这样的表述："为政者不可不知""治国者当以为戒"……

《临民类》讨论为政者"临民"、对待民众、治民的方式。

在本类中，范阮攸再次提到了"正己"的问题，将其视为"临民"的根基，但是与《正己类》的内容不同，这里主要是探讨"正己"与"临民"的关系。"为政当自正身始。"

他认为，为政者的正己之道是应立德。"北辰居其所而众星拱之"，立德而天下治。立德与"循理而行"无甚差异，想要循理则须穷理，在"反本"与"力行"上用工，而重点放在"恭""钦""敬"上。这是圣人的传心之要，也是君子达到圣人所需下的工夫。以此推之，在政治上循理治民、使民，上感下应亦是"当然之理"。如此国家、天下可治。"此章本领在敬字。敬也者，千圣传心之要。学者以之，始乎为成己之君子，终乎为成物之君子。圣人以之，达则为尧舜之事业，穷则为夫子之事业……敬立于我，达于人，极于无一人一物之不得其所，亦一理之所充廓尔。"（《子路问君子》）

从"循当然之理"的正己，到让民众自循当然之理的治民，必须教化、感发人民，将政、刑、德、礼圆融地结合，其中要以德、礼为根基。作者写道："治民当范其心，不当束其身。政、刑束其身也，德、礼范其心也……然则于政、刑之中必有德、礼以为之本，庶几可以为政矣。呜呼！政、刑、德、礼合而为一则天理也，分而为二则人欲也。合而为一则王也，分而为二则伯也。理欲之分则王伯之辨，可不慎哉？"（《子曰道之以政齐之以刑民免而无耻》）

《政篇总说》最集中、凝练地体现了作者有关政治问题的思想：

右《政篇》以圣人大训及门人所言所记，凡关于政者，共一百四十一章，各因章意，分正己、观人、礼乐、临民四类。推"政者正也"之意，则政之大无出此四者，而其本在乎正己。是以古先圣王惟精惟一，允执厥中，皆是正己底道理。事业着于一辰，法式垂于万世，宇宙赖以主宰扶持，以不入于禽兽。发辉于经传[1]而长存于日用常行间，无非一己之推。一己正则万目举，一己不正则万目败。执此以求古后盛衰治乱之迹，犹龟数烛照，了然在掌。为政者小用之一邑一郡，大用之国天下，都不外是。渊乎是哉！"

（三）《论语愚按》经典诠释方式的一些特点

如前所述，《论语愚按》成书于越南经学最鼎盛、经学著作涌现最多的历史阶段。在各类经典注释和诠释著作中，《论语愚按》属于脱离经典原文字句进行考察、诠释的著作，主要讨论义理和思想。

---

[1] 本文原作"发挥于经传"，据《论语愚按》原本改。——译者注

作者经历数十年科场浮沉却对圣贤义理仍旧迷茫，《论语愚按》是作者以"为己"精神主动努力认识经典这一历程的结晶。以"求为己之学"的精神，认识经典的真义理、真价值，其首要目的在于修身，同时开导后学者，使其明修身立身之途，归于正道。基于这样的目的，著作的研究方式得以确立。作者并不是去深入考证文本、辩论真伪、争论今文古文、紧抠篇章题目不放，而是重新布局，按儒学"内圣外王"的次序分篇、类。这一安排方式将方方面面的内容系统化，让读者更容易、更深刻地领悟到圣贤经典的义理。具体到诠释的内容，以下几点较为突出：

①范阮攸站在正统儒家学者的立场上，对《论语》的义理进行阐释发挥。对他而言，只有儒学是正统、正道。他以不倦的"卫道"精神排斥其他学说，达到尊正道的目的。在著作中，杨、墨、佛、老、申、韩……被作者屡次加以指责，特别是佛教。当时，佛道颇为兴盛，儒学自身也出现了三教融合的趋势。作为一位正统的儒学家，范阮攸激烈地反对所谓的"三教同源"，慨叹"高者驰心玄妙，援儒而入于禅"（《圣篇总说》）。他激烈地抨击"异端邪说"来维护正道，而抨击的矛头直指佛教。在讨论"攻乎异端斯害也已"一章时，古往今来有不少的理解方式，而范阮攸赞同《集注》的观点，认为异端"外于圣人之学"。《集注》将异端定论为"非圣人之道而别为一端"，程子评论道："佛氏之言，比于杨墨尤为近理，所以其害为尤甚。"因其脉络，范阮攸在"愚按"中写道："异端之害人尤甚，而溺人尤深，故圣人为戒尤切。今佛氏之说最盛，寺观僧尼几半天下。为政者能如韩昌黎所谓'人其人，卢其居，火其书，岂不快哉！'"他肯定儒家思想的作用，相信世道变而圣人之道永恒，写道："夫道之不息，犹水之不息。洙泗实浚羲、农、黄帝、尧、舜、禹、汤、文、武之源，以阐其流于万世。孔子没，杨、墨塞之，至孟子复浚之。孟子没，佛氏塞之，至韩子稍浚之，力不胜，俗儒塞之。至周、程、朱复浚之。然水未尝一日息，道何

尝一日息哉。"(《子在川上曰逝者如斯夫》)

②范阮攸受到以朱子为代表的宋儒的深刻影响。《论语愚按》的诠释内容可以说主要立足于朱子的思想来发挥经典义理,这在他撰写的《自序》中也有明确的表述:"其说宗《集注》以发正文,亦谨重之所为也。"他反对所谓的"帖括之学"和科举中专务记诵辞章,而不反对宋儒、不反对《集注》和朱子。他认为,朱子的观点仍应被为学者奉为圭臬。除《论语愚按》外,范阮攸还另写了一册《朱训纂要》,将朱子的教义进行了分类编略,这类似朱子在《近思录》中对唐代先儒的思想所进行的总结。可以将《朱训纂要》形容为精简版的《朱子语类》。范阮攸在诠释经典义理的时候,经常基于理、气、欲、居敬、穷理、复性、存心等观点进行论述,体现了典型的宋儒特征。在著作中范阮攸15次引用《集注》,对朱子的见解表示称颂和赞扬,14次引用宋代儒学者的观点阐明经义。在经文释义中,有94章使用了关于"天理"的观点,20章使用了关于"气质""气秉"的观点。而众所周知,"天理"论是宋儒的"特产"。

③从诠释的内容看,范阮攸没有像《集注》一样概括全章之义,而是表现得较为"即兴"。有时论讲宏观总旨,有时对意义加以拓展延伸,还有时从某一颇具心得的角度出发重新概括……在诠释中,他经常引经据典,使用历史事件和人物证明圣人教诲或自己诠释内容的正确性。据统计,整部著作有56处征引经典,45处征引史实进行论证,其中最多的是《易经》《书经》和"北史"[1]中的人物和事件,包括秦皇、汉武、齐桓、晋文、宋徽、管、晏、桓温、王猛、袁绍、田丰、诸葛亮、韩琦、富弼、范仲淹、王安石、张禹、孔光、冯道……唯一一次出自"南史"的引用是苏宪诚。这是儒家学者们的惯常做法,在当时的经学著作中也是常见的。

---

[1] "北史"指中国历史,下文"南史"指越南历史。——译者注

④作者撰写《论语愚按》旨在求"为己"之学,达到自修和开示后学的目的,因此在诠释过程中,除了阐发、讨论义理和引经据典之外,另一个重要的内容是为学者所能从经典义理中汲取的经验教训和道理。此即经典学习中"求实学"之意。著作中经常出现对为学者的劝诫,在讨论义理之后,他还常从中汲取经验教训以自勉和指导为学者,为的是得到实质的学问。著作中屡次出现作者的教诲,如"学者以是当……""此学者须……""此学者之全功""学者不可不知"等。全书四篇的前两篇《圣篇》和《学篇》集中讨论内圣问题和君子修德的方法,后两篇《仕篇》和《政篇》集中讨论外王问题、为官者所需具备的品质和为政之道。一些政治观点和经世的道理更多地集中在后两篇中。如果说在《圣篇》和《学篇》中所劝诫的对象是为学者,那么在《仕篇》和《政篇》中,所劝诫的对象则变成了为官者和为政者,诸如"后世之为人臣当……""仕者须……""有国者当……""为治者不可忽……""为政者不可不知……"的表述经常出现。在宽泛的论说之后,他常将关键处加以点睛,指出为学者、为官者、为政者所能汲取的经验教训。《论语愚按》全书有达139章使用这样的方式进行撰写。

⑤在诠释过程中,范阮攸常常从经典义理出发或借评论经史之机联系后世、现实,慨叹当时的道风衰颓。整部著作有31章表现出了作者对后世和当时的叹惜之情。亦可借此管窥当时的现实情况,如士大夫只热衷于空洞无物的辞章记诵之学,沉浸在浮华的文风中,争竞韵律的奇巧,却不留心实学,同时异端邪说泛起,为官者卑鄙、希图侥幸升官,为政者苟且度日……这些论述颇具特色,体现了范阮攸对经典的认识和理解,例如他指出了君子的"大病"、为官者的要领。如在讨论"浴沂风雩"的问题时,他有一段评论:"有兵财礼乐之实用,不可无'浴沂风咏'之襟怀。有'浴沂风咏'之襟怀,不可无兵财礼乐之实用。偏于点则失之高,偏于三子则失之卑。学者诚能存养其本,尝置此心于天理之中。讲求其末,不驰此心于事物之外,庶几不悖圣人之道矣。"又如

他利用谈论《诗经》的时机，用一段较长的文字表明自己对文艺的看法："观圣人以事父事君为读诗之大法，则学者之于诗，其无求之篇什声韵而已欤？夫自三百篇之教远，诗流为骚，屈庶于怨，此后世之近可者。六朝浮薄，世运攸系，惟陶于君臣父子之际正矣。唐人精于律，杜甫之作庶几忧。至白居易、元稹已失之。宋程、邵、朱虽不以诗名，其感慨由理义之发。余何暇论哉！欲言诗不可不思。"（《子曰小子何莫学夫诗》）"后世之为诗，争奇竞巧，放荡淫僻，连篇累什，何补于心身哉？"（《子曰诗三百一言以蔽之》）。单从这一点即可看出作者受到了宋儒的深刻影响。

⑥就文本而言，《论语愚按》是讨论义理、思想的著作，而不注重文本考证、同异问题、词句训诂，这是因为作者在开篇就已经确定本书依据的是《集注》的见解。按内容安排篇、类的做法也是期望以最系统和最集中的方式把握经典的思想和义理。尽管如此，著作中个别地方也涉及文本问题，但只是为了让内容更加明晰和准确而已。例如他完全删去了6个重复出现的章节，按《集注》的见解重新划分章节，明确孔子的言论为正文、门人弟子的言论为附……这样的安排目的在于让文本脉络贯通、更加系统，更有助于经典义理的探究。在"愚按"中，他注重各章义理之间的联系，如"……宜与……章并读""……宜与……章参照"。有几处他还就作者、出处发表了自己的观点，例如《柴也愚参也鲁》章，《集注》疑章首缺"子曰"二字，先儒和中国近、现代诸译本均认为乃孔子所说，范阮攸也写道"此章先儒以为圣人之言"，但在他看来应该是门人言论的记载，因而将其单列为"附门人记诸弟子"，体现了其个人的观点和慎重的思考。尽管如此，有关文本讨论的内容对全书影响不大。本书之旨趣不在于文本，但是通过文本的安排方式和相关讨论，我们可以看出越南儒士努力主动探究圣贤真正义理的精神，他们的思维能力和大胆阐发自身观点的勇气。他们并不是一味被动接受先儒们的注疏。

三、结论

《论语愚按》的诞生，源于作者努力主动探究经典义理的精神。它首先是一部自学之书，而后作者期待能够通过自身的"为己"精神提携、开示后学者，达到振兴儒学的目的，为治平大业贡献绵薄的力量。从这一宗旨出发，该书根据"内圣外王"模式进行了文本的归类安排、义理的诠释阐发等一系列工作，从圣贤经典的真义中提炼出修己、治人之训。

作者使用"愚按"的方式，谦虚地提出了个人对经典的认识和独立思考。作者在著作中，不拘泥于文本问题和章句训诂的形式，而是从义理思想层面进行诠释。著作中的义理诠释内容主要是将宋儒的论说进一步深入、扩展，具体来讲，是以朱子为中心，以程朱理学为根本立场进行解读。在程朱理学的根本框架内，著作在诠释义理时还向道德、政治、社会等方面进行延伸，引经据典并使用历史人物和事件证明经义和自身论说的正确性，使诠释的内容更添深刻、生动和丰富。从经典义理出发，作者的诠释还提及了后世和当时的现实问题，怀着"今不如昔"的看法叹惜世道衰落，当时现实情况亦可见一斑：异端泛起，道学衰落，儒士只务记诵辞章，为官者钻营取巧，利欲熏心……

《论语愚按》虽然本质上没有超越程朱理学的范畴，但也留下了不少作者个人的印记，体现了一位越南儒士对经典的认识和独立的思考。若干与先儒见解不同之处，或是对经典文字有着独到的心得体会时，作者会提出自己的意见以供探讨。特别是作者将每章中的关键内涵提炼出来引导为学者、为政者，体现了学习经典的务实、求是的精神。

作者的写作方式，相比于当时的其他经学著作既有相同点，又有特色之处。"愚按"这种发表议论的方式在其他经学著作中并不少见（"管见""略论""肤说""蠡测"），但本书是越南儒学史上首次由一位儒士对《论语》全篇进行评论、讲解。不仅如此，为了让方方面面的内容更加系统化，作者将文本进行了重新安排、归类来发挥义理。这一处理方式在越南经学著作中是前无古人的。这也体现了该书的又一特色，即作者根据自身的感悟主动认识经义，并对自己的能力充满着信心。《论语愚按》为越南儒学的成就再添硕果，表明到这一时期，越南儒学仍然继续向前发展。尽管仍然处在受到宋儒影响、确立宋儒学说的范畴内，但越南儒士在接受经典的过程中不再处于一味被动接受的状况，而是对理论论讲产生了兴趣，对圣贤经典有了独立的见解，且他们有能力做到这一点。即从学习和掌握经典，深入到了运用经典于修身、经世之中。

经学著作的研究工作可以从多方面开展。本文我们只是初步探索了一部著作中经典诠释的问题，为的是弄清一个特定历史时期一位越南儒士对经典的接受和理解，以期为越南儒学成就的研究做出贡献。越南经学著作还有其他多种类型，如训释、文本考证、撮节要、衍义、喃文译本……这些为进一步研究开辟了方向。如能系统化地开展研究，越南儒学领域的许多问题将会迎刃而解。

（作者单位：越南河内国家大学文学系

译者单位：中国现代国际关系研究院南亚东南亚与大洋洲研究所）

郭店竹简[*]

〔法国〕雷米·马修（Rémi Mathieu）著　卢梦雅　曹艳艳　译

译者按：雷米·马修（Rémi Mathieu，1948年生于法国厄尔省，法国国家科学研究院（CNRS）东亚文化研究中心（CRCAO）前主任、名誉研究员，曾获第十一届"中国图书特殊贡献奖"，当代法国著名汉学家，主要研究领域包括中国神话、古典诗学、古典文学、儒学和儒家思想等，共出版了近20部著作，包括《山海经》《楚辞》《淮南子》《搜神记》《孔子》等儒家、道家、神话传说研究方面的著作和翻译，发表论文近80篇，在法国汉学界具有很大的影响力。本文系2015年11月份Rémi Mathieu教授应山东大学国际汉学中心邀请，在国家社科基金重大委托项目"《子海》整理与研究"研讨会上的发言稿之一，文章详细介绍了郭店及其出土竹简形制、篇目、楚国文字特点情况，并不时与"清华简"和"上博简"进行比对，进而阐释郭店简与传本所示的儒家思想之不同，最后作者概述了当代海外汉学家对郭店简的研究。本文体现了法国汉学在儒家思想方面的最新研究成果，也展示了当代西方汉学界对郭店竹简的研究动态。

---

[*] 本研究为国家社科基金重大项目"法国国家图书馆所藏中文古籍的编目、复制与整理研究"（17ZDA267）的阶段性成果。

堪比《死海古卷》的湖北郭店竹简之发掘，颠覆了我们对中国古代思想的认识。这些竹简证明了相关典籍及在中国通过传统渠道获知的古代思想之古老性，这也是20世纪初古史辨学派顾颉刚、罗根泽、吕思勉等人的怀疑之处。正如李学勤多次指出的，自1992年起，近些年来的考古发现如郭店简及之后2001—2004年间发掘的上博简，有可能将重新书写中国思想史。

湖北郭店一号墓中发掘的731枚有字简，重新阐释了先秦哲学思想的起源和发展。这些纵向竹简的墨迹，展示了古代中国两大学派儒家学派与道家学派的思想。其中儒家典籍较多，共计14篇，道家典籍有《老子》和《太一生水》。这些文献的发掘毫无争议地证明了其入土年代，以及两种学派理论如何相互呈现、相互争论。郭店竹简出土的另一意义在于，展现了楚国对各家思想的解读，让我们能重新认识楚国文化的特点。另外楚国文字的特殊性也带来了辨认上的巨大困难，随之而来的是释读和翻译上的难度。

郭店竹简的更大价值在于，其中篇目多半是未为人知的佚籍，在与其他可信版本（传世本或马王堆、上博等其他出土简帛）相互印证之后，我们可以更好地研究先秦思想的历时演变情况，以及战国时期至公元前四世纪的各家思想体系之形成过程。

一、郭店及其出土竹简

（一）郭店墓地

1993年10月，湖北省荆门市沙洋区四方乡郭店村一号墓被发掘。该墓穴有铜像、铜器、漆器、骨器和玉器，包括七弦琴和瑟，以及楚国王室的死者。该墓大概能够追溯到公元前4世纪到公元前278年之间（期间楚国都城为秦国所占，被强迫推行秦国文字和有形文化），通常认为是公元前4世纪末到公元前3世纪初,即公元前300年左右。其实推定年代是次要的,因为属于公元前300年左右死者的文本,可能写于其死前几年甚至几十年。因此,我们有理由认为这些篇目是为公元前4世纪楚国文人生活确凿的和有代表性的见证。

郭店一号墓主应该是一位年长的楚国贵族,可能是王室成员,因为通过丰富的陪葬品我们可以推测墓主应是一位极为富有的人,并且其墓穴中的艺术品之精致说明墓主具有渊博的学识,可能是一位文化官员,与楚国王储的教育有关。此种地位或许能够解释难以接近的陪葬物品之重要性。

(二)竹简简片

郭店楚墓发掘出的竹简保存较好,几乎均可辨认,整体上没有被破坏,然而由于潮湿和微生物侵蚀,竹简尤其是墨迹仍然有部分被损坏。岁月造成编线的腐朽,因此竹简散乱无序,我们无法保证能够按照原有的正确顺序去解读,于是这些脆弱的竹简带来了更加棘手的文字解读问题。自出土以来,人们对这些简片的顺序问题一直争论不休,也不会有结论,因为现在的阅读方式不同于过去,甚至与未来也不尽相同,解读工作的起点经常就是错误的,难以实现突破。而在古汉语中,恰是词序决定了所在句子的意思及其所要表达的观点。

就长度而论,竹简可以分作三类:一类长度在32.5厘米左右,一类长26.5至30.6厘米,第三类仅长15至17.5厘米。关键问题是简片的长度是否与之重要性对应。这几乎是无法证实的,至少无法使用确凿的方法来证实。

(三)郭店楚简篇目

郭店楚简的整理者将16篇编排了一个标准序列,依次是:
《老子》:由甲、乙、丙三组构成,呈现了今天我们所见《老子》

的三个版本。 总体来说，这三组文本对应了今本百分之四十的章节，简本《老子》分见于81章传本《老子》的31章。简本《老子》的主要思想是"无为"及"知足"，这是有其政治背景的。这些残篇的性质问题今天仍然有争议。简本《老子》是该著作的最初版本，还是我们现在看到的传本的摘录（我们知道传本有81章），又或者是一种草稿性质的文本，在长度和形态上尚未形成后来完整的篇章？

《太一生水》：郭店楚简道家典籍的第二个篇目。该篇与简本《老子》丙组字体相同，似乎是丙组的续篇。该短篇论述了神话的和哲学的本质，分为两部分，探讨了宇宙论。因此与简本《老子》丙组尽管形制一致，但内容大不相同。

《缁衣》：内容与传本《礼记·缁衣》大体相合。据《诗经》第75首诗歌，"缁衣"指朝廷官员的衣服。该篇内容基本上是孔子关于《诗经》和《书经》一些内容的论断，或者记述孔子为论述君臣之间信任关系而关于治国和伦理道德之言。我们可以看出上博简与郭店简的《缁衣》在编排和阅览上都胜《礼记》一筹，因为前两者出土简帛与今本的章序不同。

《鲁穆公问子思》：是一篇简短的政治论文，在子思的话语中提出大臣的道德特征，子思不仅是孔子的主要弟子之一，还是其孙子。

《穷达以时》：强调了中国思想中极为重要的一个概念：际遇，即"时"。《荀子》中有更多相关阐释。

《五行》：该篇亦有马王堆帛书本，内容是讲述中国传统宇宙观的五行与五种行为的关系。同样被认为是子思学派的著述。

《唐虞之道》：大胆提出了一个古代中国的论题：依据德行来选拔继位皇子的方式损害了中国传统的世袭制。这种利于选拔贤能的君主禅让制在当时几乎是革命性的理论，在尧舜时期已经采用，而尧舜的别名正是唐虞。

《忠信之道》：是一篇讲述政治伦理的文章，从儒家观点阐述大臣和谋士需要具备的两个基本道德：忠与信。该篇认为忠信之德乃宇宙之本，自然也属于人类本性，且应当秉持并在实践中发扬光大。

《成之》：主题是因"修"（己）而"成"（人和事）。由于形制与字体相同，此篇可能与后面几篇同出于一卷。

《尊德义》：与前一篇类似，阐述了儒家思想中另外两个基本要义——传统上一并提出的"德"与"义"。此篇的主题和形制与上一篇相同。不仅意在讨论人性，且具有社会政治上的诉求。

《性自命出》：可能是郭店楚简中最有趣味、论证最为丰富的篇目之一，讨论了人性之源和人性之德，其观点介乎于孟子（认为人性本善）和荀子（认为人性本恶）之间。此篇还呈现了与上博简相同的篇目《性情论》。此篇观点与今本《礼记》中的《中庸》近似。

《六德》：阐述了六种德行，乃儒家伦理所提倡的修身之道。与前几篇一样，倡导这些德行同样意在建立和谐的、可教化的社会关系。

《语丛一》：是一些难以按照一定阅读逻辑来分类的格言语句，内容上是道德的、哲学及政治方面的。这些残篇未见流传过。

《语丛二》：同上篇情况类似，不易找出各简片之间合理的编排顺序，但主题与《性自命出》近似，论有人性方面的感性问题。

《语丛四》：与前两篇性质相同。内容是与《论语》中类似的传统的儒家思想（孝道、友情等）。比较特别的是该篇包含写有两行字的简片，这是诸篇中仅有的情况。

《语丛四》：是最为难以分类的一些无关联的格言语句。特别的是语句从头至尾都是押韵的，且不明显属于某学派思想，仅传达一些智慧的真理。

《残片》：如其名所指，是一组形制极不规则的分散的残片简，内容难以与墓中其他篇目联系起来，且有些内容极为简短，除非找出其上下文否则难以解读其中意义。

（四）关于上博简和清华简

上海博物馆藏竹简于1994年春天出现于香港文物市场，须予以抢购以防流入私人买家手中。李零及其他一些简牍文字专家对竹简做了释读工作，从中整理出版了《上海博物馆藏战国楚竹书》8册（注：现在是9册），2001—2004年间第一次出版了3册。内容多为儒家思想著述，最为重要的是《孔子诗论》和《性情论》。其中《缁衣》一篇与郭店简相近但不同于传本《礼记》的版本，还发现了《周易》的一个版本。

同一时期还有另一批"清华大学藏战国竹简"收藏于2008年，竹简年代可推至公元前305年，共计2388枚，其中1700枚写满文字，字体与郭店简近似，基本为历史性内容。第一辑出版于2010年，2011年出版了第二辑。在李学勤的组织下，清华简还在不断出版。

（五）楚国文字

阅读郭店简的首要困难在于对其字体的辨认。竹简呈现的字体是秦国占领楚国、统一文字之前典型的楚国文字。借助其他近似文本语句中相同字词的书写，这些文字得以解读。例如郭店简《老子》中的"道"写作"衍"[1]。这些字体总体反映了战国时期楚系文字写法，承袭了华南出土的上古青铜器上的铭文字形。然而与楚国标准文字书写仍然偶有差异。简文里我们可以看到一些明显的错误书写，另外，简文显示同一字往往有两种甚至几种写法，说明是书写者的书写习惯而非遵循系统的规则，而我们也因此无法断定究竟哪种写法是标准的。明显有一字两形的情况，我们无法得知哪种是"正统"写法，以及哪种是相对错误的写法，至少到现在仍然是未知的。将郭店简本与其他版本（尤其是上博简和清华简）的比较是十分有意义的，特别是对于大致相同的那些篇目。

---

[1] 李学勤：《说郭店简"道"字》，载《简帛研究》1998年第3期，第40-43页，转引自顾史考：《郭店楚简全译和研究》（S.Cook, *The Bamboo Texts of Guodian. A Study & Complete Translation*, I, p.29, n.54.）

人们不断探讨这些文字的古老性，因为可以从文字的起源形态来找出最初的意思。这种楚文字的主要特点是，根据上下文一些字可以有不同理解，说明后世截然不同的文字在当时是不作区分的。例如简本《老子》中"季—設"字有时意为"学"，有时意为"教"。当然这种文字还反映出其他现象，如同一篇目中相同文字的偏旁部首有各种不同的变化，但是声旁保持不变（如：祆，訹，妖……），当然直至秦朝统一文字之前，各种文本中都普遍存在这种现象。如果这种文字的古老性被证实，那么这些文字从哲学观点来看是极具教学意义的（如"仁"当时写作上"身"下"心"）。相反，我们发现一些两至三个并非同义词的同音字却只有一种写法（同形异义）。如"圣"与意思不同的"声""听"在当时是同音的。另外还有一个字是两字合写而成的情况。

　　郭店楚简的其他书写特点，诸如简片两面书写的做法，还有可能需要横向阅读而非习惯上的纵向阅读的情况，甚至可能在同一简片上读到双行字（见《语丛三》）。

　　郭店简呈现出几种字体，如今我们主要辨认出五种。第一种字体分见于《老子》（甲、乙、丙组）、《太一生水》、《鲁穆公问子思》、《穷达以时》和《语丛四》；第二种字体见于《缁衣》和《五行》；第三种字体见于《唐虞之道》和《忠信之道》，字体与齐国文字相近；第四种字体又可分为三类，一类见于《成之》、一类见于《尊德义》，第三类见于《性自命出》和《六德》；第五种字体是最有特色的，每枚简片上的八个字间距一致，近似于齐国和鲁国的风格，也分为两类，一类见于《语丛一》和《语丛二》，一类见于《语丛三》。这种类型划分是李零和周凤五的意见，当然仍待商榷也存有争议（见陈伟的意见），但是整体来说还是对这些不同字体进行了较好地分类。

　　郭店简本的第二大困难在于简片的顺序。尽管有逻辑的排序工作付出了大量努力，但直到现在学界也无法确凿地给出准确顺序。排序结论不断有变动，因为这项工作取决于上述其他简帛（马王堆、上博、清华等）的释读工作，而同样无法确凿其他简帛的正确解读。

排序的标准不一，包括按照文字学分析（一组文字排在另一组具有相关词汇的文字后面较为合理）、按照哲学内容分析（论证某一观点的句子置于另一阐释相同概念的句子后面较为妥善）、字形分析（一种具有这样或那样的特征的写法放在具有相同特征的字体之前或者之后）、与见诸其他古书的篇目进行比较分析（郭店简本中某些上下相连的意思，在另一文献版本中以各种形式同样出现了这样连贯的意思）等等。工作还会因为简片的断裂不全或字迹磨损而更加复杂。这种情况下，我们无法根据数量有限的几个字来重现整句的原始意思。在几篇《语丛》中情况十分明显，尤其是《语丛四》。

不容忽视的是简片中有标点式的元素可以帮助我们的阅读——之所以说是元素，因为其没有系统性。当时在各种文献包括在同一文献内部，出现了各种不同的标点使用，说明标点的使用在当时毫无系统可言。有人甚至认为一些标点应该是后人加上有助于理解文本的。我们可以分辨出短横 — 用来充当句号或分号（注：句读）；黑方块（墨钉）■用作标识章号；粗短横 ▃ 用来标识一个段落的结束；钩形 √ 或 └ 用作篇号或者标识重要段落的结束。另外还用两横 = 作重文号，用来标记重复的两个字。最后短横–还可用来标识补入缺字。

（六）楚简释文

解读竹简首先需要将上面的文字誊写为古代中国的标准文字，即汉代楷书之前的秦隶。然后，需要一一对应现今的中国汉字以进行现代汉语的翻译工作。比如先将简片上某个意为"永远"的字体誊写为"亙"，再读作"恒"，然后在这个基础上根据上下文来解读。再如，意为"道路"的字，先誊写为"衍"，再读作"道"，最后按照"道"的意思来翻译。

本文依据的主要是最初的一些相关研究，如陈伟和彭浩的著述，以及美国汉学家顾史考自20世纪90年代末至2012年著名的批判研究。使用的文字索引是四川大学出版社出版的张显成主编的《楚简帛逐字索引（三）》（之楚简逐字索引［七］）。对相关著述参阅之后，作为译者这里仅对我的个人观点进行一些解释。

解读楚简的困难之一在于，由于使用通假字，在译为标准汉语时，字的选择与校对者个人见解有很大关系。这样做的前提是假设所校字的古音是确定的，然而我们无法确定情况复杂的古音与后来的发音相同。但是尽管大多数郭店简的篇目中并无押韵，我们仍然可以借助一些篇目中得韵脚来确定发音情况，如《老子》《语丛四》和《尊德义》的一些段落。最常用的方法是参考同一时期的简帛篇目中的文字。美国汉学家柯马丁曾经将传本《诗经》与近年出土的各种手抄版本进行对比研究。他指出，借音现象在各个版本中都存在，在三五个同音异体字之间确认一个理想结论几乎是不可能的。[1]在传本和简帛本之间也总是存在不可调和的问题，究竟是简本有误还是传本作伪，不得而知。应当进一步探究这种"错误"的本质究竟是文字学问题还是哲学问题。当然人们更倾向于认为传本更为正确。那么对传本中一直以来视为正统的用语和观点，我们应当给予特殊地位还是与其他版本同等对待？人们不由自主地会认可已知版本，因为出土版本的真实性需要通过其他文献来验证。在中国，人们喜欢权威意见，然而有什么充分理由让人们只局限于已知传本而不去面对其他异文？可能由于书写不清晰，只要一个笔画就往往定乾坤了，比如"天"可校读为"夫""大""而"。阅读者喜欢读到悦己而非扰己的内容，几千年前庄子就已经发现这点了。而优先采纳显而易见的较为简单的版本，就好像不确定性与困难可以顺理成章地成为议题，却抛开意思内容于不顾。[2]要指出的是，一些字形上的接近是非常偶

---

[1] 参见 M. Kern, "The *Odes* and the Excavated Manuscripts", in *Text and Ritual in Early China*, M. Kern, éd., Seattle & London, University of Washington Press, 2005, p. 149-193.
[2] 参见顾史考（S. Cook, *op. cit.*, I, p. 73, n. 167.）

然和主观的。因此简牍专家常常惊讶，甚至困惑于察觉一些文字的诸多变化。这些变化有时给现代读者带来多种推断，但往往站不住脚。我们应该从这些推断中找到一个能够解读篇目作者的真实意图，即"言志"的途径来。因此在以科学论证的过程中，主观性方面是很重要的。在不确定的发音与谜一般的字体之间，选择往往十分困难，当然也不是说不可能。为了避免误解，我要强调到目前为止，我们只能推论至此，并在此基础上进行法语的翻译工作。

二、郭店楚简中的儒家思想

（一）公元前4世纪时郭店地区的儒家学派

研究不同的出土简帛可以重现孔子去世以后，正在形成中的儒家思想。从中我们可以看到孔子死后，其学派随着弟子们的意见分歧而分裂。法家思想家韩非子认为孔子死后儒家思想分成8个派别[1]。

我们不要忘记，这些篇目——无论其来源如何——均是在楚国统治末期写下并置于墓中的，此时正是战国百家争鸣时期。这是一个各家思想交锋的时代，根植于公元前4世纪孔子创建的学派内部也出现了不同观点的较量。这种较量体现在郭店简本中，这个版本还未形成连贯的意识体系。在这里出土的简本可能并非来自于死者意欲保存一个儒家教学的图书馆，而是为了展示死者的研究和阅读偏好：证据是三组《老子》和《太一生水》的一个版本，这些篇目与其他篇目的思想体系不一致（《语丛四》的学派归属尚未得知）。

并且不是所有篇目都有异本，相当一些篇目未在其他各种著作中提到过，也未见诸于当时及后来的参考文献中或被引用过。唯有一个例

---

[1] 《韩非子·显学》言："儒分为八"，"分"这个术语在这里显然十分重要。

外：如上所述，《缁衣》也见于《礼记》以及上博简中。一些句段（罕见整段）与已知版本相合，诸如《孟子》《荀子》《论语》，这些典籍同时也印证了竹简的版本。但是没有整篇的相合，只是在统一思想体系的不同版本中出现了一些相同之处，这也是正常情况。尽管如此，仍然难以确定各版本之间相互影响的先后顺序，谁抄袭谁以及什么时期抄袭的。然而我们可以注意到，郭店简本与后世尊为经典的版本之间的变异，这些变化很好地反映了来自同一河流的各个支流之间存在的一致和分歧。

比如关于"仁"或者"义""礼"等构成孔子及其弟子思想主要内容（见《尊德义》），各版本有不同之处。对此，有人认为应当区分治国与治家[1]。而当时儒家思想正在形成，且似乎受到所谓非正统思想的影响。有人进一步指出，思想史上的某一时期，尽管道家思想尚未成系统，却正在蓬勃发展，很有可能对儒家思想影响很大。这是部分中国学者的观点，如李零注意到了《庄子》对儒家思想可能产生影响，至少当时庄子思想已经存在。确实，这一时期百家争鸣反倒有利于各派思想相互影响。因为各派思想家秉持兼容并蓄的观念，只要其他学派思想有益或者恰当，都会引为所用。孔子在《论语·卫灵公篇》中也赞许了帝舜以"无为"为本的理想之治。

正如李学勤指出，公元前4世纪末的思想研究绕不过孟子。孟子大概死于公元前301或305年，正是郭店楚墓盖棺之时。孟子的著述应该是墓中死者入土后不久完成的，但是当时还未在中国南部地区传播开来。这样说来，郭店诸篇肯定编写于其入土之前，且吸收了直接继承孔子的孟子思想，当然尚未受到所有孟子著述的影响。

可以说，是思孟学派构成了郭店简本哲学思想的主要来源。《荀子》六章第60篇大概第一次将思、孟联系在一起。子思被认为是孔子的

---

[1] 详见顾史考"唐虞之道"（S. Cook, *op. cit.*, I, p. 103）。

孙子以及23章后来命名为《子思子》一书的作者，《中庸》和《缁衣》亦均被认为系子思所作。上述《鲁穆公问子思》表现了臣子对君王的关切，即便不出自其笔，也明显为其学派所著。还有《五行》一篇，无论是马王堆版还是郭店版，都属于子思学派。该学派作为正宗孔子思想遗产的一个分支，现如今被当代中国文献学者全面研究，尽管古代学者已经将思孟思想独树一派[1]。

然而受到儒家思想影响的郭店简作者并未囿于这一学派或者道家学者的思想。有人认为还有几个人物与郭店简篇目的写作有关。例如曾子（公元前505—436），孔子的爱徒，应该也是《大学》《孝经》的作者，《论语》最初的编者，他出现在《大戴礼记》的十章内容中（关于孝道）。子游（公元前506—445），有人认为是《礼记·檀弓下》《性自命出》（甚至《礼记·礼运》）的作者，他在《荀子·卫灵公篇》中多次与孔子一同出现。还有被认定为与《礼记·乐记》有关的公孙尼子（公元前4世纪），很可能影响了《性自命出》的成篇。有人推断《礼记·缁衣》也是公孙尼子或子思所作。我们还应注意到出现在《孟子·公孙丑上》和《孟子·告子》中的两个告子（公元前420—350），在人性论方面调和了孟子的立场；以及楚国陈良，出现在《孟子·滕文公上》中，在郭店简儒家典籍中却影响不大。应当对比这些推断的权重，因为我们完全或者几乎不知道当时各篇目的传播情况。认定哪个作者是哪篇论述纯属假设，永远无法对此论断证实或将其推翻。而直接还是间接的影响作品写作的问题仍然只能被推测，没有确凿证据来证明。

（二）郭店简中出现的经书

郭店简中的儒家篇目与春秋战国时期的其他儒家经典一样，为当时人们所掌握的经书提供了一个参照。我们在其中两篇《六德》第

---

[1] 参见顾史考提及梁涛在该类研究中的成果（S. Cook, *op. cit.*, I, 118, n. 283）。

二十四、二十五和《语丛一》第三十六至四十四中[1]，发现了当时的一些经书。对当时的经典有两种说法，五经或者六经，郭店简中显示有六经。分别是"诗、书、礼、乐、易、春秋"，即《诗经》《尚书》《礼记》《乐》《周易》和《（鲁国）春秋》。战国末期秦朝初期（由于这一时期书籍窜伪频繁难以划定这两时期的年份），《庄子》和《礼记》[2]中也出现了此六经。而《荀子》中则出现了五经，没有《易经》[3]。可见，总体来说郭店简与庄子学派和《礼记》（其中一些篇目被认为写于汉代）该章作者是同一思想体系的。而郭店简《性自命出》第十五、十六中采纳的是四经，不见《易经》和《春秋》，实际上四经被认为是古代思想的核心。这些不同提法，即使在同一文献中，让我们看到各种经典的价值在战国末期同一学派中也仍有争论。值得注意的是，这些经典的抄写归功于一些"有识之士"，而并非后世的儒家神话中所说的均为孔子编写。这些经典的引文主要来自《书经》和《诗经》（《诗经》中的引用多于《书经》），并且所引《诗经》与传本相合，说明远在汉代以前《诗经》就已经相当成形了。另外，还可以读到《礼记》中的很多段落，并且不是以引文形式出现的，可以推测这是对一些通用的仪式规定的记载。这些相合段落对于研究《礼记》的成书历史是十分有意义的，尽管没有被冠以"经典"头衔，却与经书具有同等地位。《礼记·缁衣》在简本里也有相应篇目。所有注疏者都认为，这种并行本无疑说明传本《礼记》或《大戴礼记》自公元前4世纪，甚至更早时间就已经零碎出现了，但是到了汉代才成书（这一时期不同抄写者导致文本略有不同是正常的），美国汉学家夏含夷（E. L. Shaughnessy）在其关于古书的抄袭和推定年代问题的一系列研究中，详细分析了这个重要问题。[4]

---

[1] 参见此二篇竹简的引论及相应注释。
[2] 参见《庄子·天运》《天下》和《礼记·经解》。
[3] 参见《荀子·劝学》和《儒教》。
[4] 参见夏含夷关于"缁衣"的讨论（Edward L. Shaughnessy, *Rewriting Early Chinese Texts*, Albany, SUNY Press, 2006, p. 92-93）。

如果关于《诗经》《书经》和《礼记》的成书问题能够妥善处理的话，对于其他三经（易经、乐、春秋）来说处理起来会更简单。相反，上博简的《易经》尽管只是出现了一部分，但是与传本基本相合，能够说明曾被认为经过汉代的重编的《易经》已经相当稳固了。[1]

（三）郭店简儒家典籍的哲学思想

在郭店简本中出现了与儒家其他典籍相同的观点，也出现了一些新的思想，反映了战国末期百家争鸣的局面。

郭店简中最为著名的一篇是论述人性的《性自命出》。该篇论点最为引人瞩目，阐释了人性来自天命，而天命不能决定人的伦理取向（同样讨论人性的《语丛二》中未见该观点）。这种中立的观点与孟子人性本善或荀子人性本恶的立场都是相对立的。亦不同于《孟子·告子》中孟子认为人随着形势变化时善时恶[2]。《性自命出》的作者认为，无论人性善还是恶，是所处环境、所接触事物决定了人的情感和行为变化。简本中（第九枚）强调了教育的作用，可以指导这种灵活的本性朝向这样或那样的感受以及做出道德或精神选择。这个观点有两种意义：一是如《中庸》所示，上天决定人性（以及物性），二是指出人性只是用来聚合接触外界所获得的感受。灵魂，是人性的一部分，应当保持与上天的感应，没有先验的指导，却能与周遭环境产生共鸣。可以看出，这种观点与上面提到的孟子与荀子之争无关，与其说是儒家姿态不如说是展现了一种道家立场，强调了际遇而非伦理的修养。[3]郭店简本中与孟子思想最为接近的是《五行》第一至五，善是人道最好的表现。但是该篇并未明确指出这种"善"来自于人的本性，大抵是一种出于自我选择的伦理

---

[1] 参见夏含夷关于《易经》的研究（E. Shaughnessy, dans "A First Reading of the Shanghai Museum Bamboo-Strip Manuscript of the Zhou Yi", *Early China*, 30, 2005—2006, p. 1-24）。
[2] 参见上文此篇介绍。
[3] 我们可以在此篇中看到"性命"（自然命运来自上天安排）的表达，同样在《庄子》《淮南子》中出现多次，郭店竹简《唐虞之道》中也使用了这个词。

取向。[1]

　　简本中还反映出孔子学派的另一重要思想：修身。相对于观察别人的缺陷，首先要反省自身的不足。这一说法最初见于《论语·卫灵公篇》，成为君子的标志，在简本《成之》第十中又明确提出。这种自我修养只是一种个人目标，但是当这种修养对他人有利，对天下百姓有益时，便会被强行要求。因此，《尊德义》第九中说："知己所以知人，知人所以知命，知命而后知道，知道而后知行。"这既是一种哲学观点，也是一种社会政治观点（《语丛一》第二十六和三十种也有该句，变化不大）。因为中国的哲学思想归根结底都有其治国安天下之目的。《论语·宪问》第四十二与《中庸》第十和十一中也对此有论述。.我们注意到，郭店简中使用的是"修身"，《论语》中是"修己"，而《荀子》和当代人们都使用"修身"这一说法[2]。这种对自身的关注，可以用西方现代说法"意识的自检"来比喻，在《大学》《中庸》《荀子·不苟》中都可见此概念。《五行》中可见这种做法的施行条件。这种对己以及自行的完善，只是与己有关，正如这些文章所述，与某种心理学上的东西无关，而是出于道德角度。这种检验不停重复升级终至个人的圆满，因为这种"修"必然会导致这种"成"，正如《成之》所述。

　　自我教育首先从教育他人开始，特别是在"教"的过程中，而"教"也构成了所有人的学习过程，包括他人和自己的学习。这种教育视角被大众所接受，即便本来是用于王室的教育方式。关于这点，参见《成之》第四、《尊德义》第十二、《唐虞之道》第三及《性自命出》第九、十八、二十八。在其他问题上，郭店简本与《论语》《大学》《中庸》也有类似观点，在教育过程中把"德"放在首位，同时从政治视角进行阐释。我们可以看到郭店简本对"德"在教育中的特别运用，

---

[1] 关于该段详见顾史考（S. Cook, op. cit., I, p. 144）。
[2] 很难得出结论，"修身"应该是后来的说法，常见于公元3、4世纪的文本，在《中庸》《大学》《礼记》《荀子》《孟子》以及这一时期的道教著作中常见。在郭店竹简中不多见，仅见于《六德》《性自命出》（《老子》中也有）。

而荀子提倡的宝贵方法是使用约束、惩罚，后来也见于法家，但是儒家学者对此反感，见《成之》。这种儒家的态度对于建立在劝说、伦理、模范而不是法律和惩戒为基础的教育有极大意义，当然我们不能太理想化，强制在所有教育中都很重要，甚至是儒家中，尤其是牵扯到百姓时。要注意"教"与"学"在不同文本中的意思[1]。二字的混淆实际上相当有意义。"教"，主要是针对君王和臣子，授以上述典籍关于礼、乐、射、御、书、数的"六艺"知识，郭店简本没有明确提出"六艺"，但这些内容是得到认可的[2]。这种对己的关注是对世界的关注，特别是对"时机"的审视（审时度势）这是成功之道，也是《穷达以时》中的重要教育内容。该篇强调在天命之内，选择为或不为是君子个人的责任。

另一方面，家庭关系构成了哲学探索的要点之一，可借鉴父子关系来处理君臣关系，但毕竟是家庭之外的情况。正如《语丛三》中指出，"忠"与"孝"是有明显区分的。《六德》中也出现了对该问题的思考，家庭内部的关系构成了该儒家篇目的重要主题。因为家庭不仅是道德和政治典范核心，也是宗教崇拜的中心。可以在儒家典籍中普遍看到这一观念，但是一般都处理为将父子和君臣关系等同起来[3]。但是郭店简本增加了君臣和父子关系的区分，是由于处在战国的特殊时期，需要更加强调忠君的观念，而对父亲的忠诚本来就是毋庸置疑的。像《忠信之道》这篇，就是将忠诚作为君臣之间的中心问题来阐述的，并且对于君子来说，与人相处也应遵守此道（《缁衣》中也对此讲了很多）。无论是儒家还是其他学派，如墨家，都不断探讨家庭关系之上的问题，因为父子关系实质上就是君臣的关系问题。而《唐虞之道》中以尧舜为例，

---

[1] 比如在《唐虞之道》3及注释17以及许多其他因为保留相同字形而带来语义模糊的情况。
[2] "六艺"的说法出现较晚，因为仅见于《荀子·大略》《史记·孔子世家》，即可以追溯至汉初的作品。《周礼·大司徒》中的"六艺"很可能是杜撰的。
[3] 有很多例子，比如《礼记》之《丧服四制》。在郭店竹简《六德》中可以看到家庭内外关于亲情和尊重的问题。

明确回答了内部关系胜于外部关系：爱亲比尊贤更加重要。该篇更为引人注目的是其中另一内容：以禅让制代替世袭制。这一点反映了我们前一个观点：君王并非本身就受人爱戴，应当恪尽其责。这种情况不同于父亲生来就是应该被尊敬崇拜的对象。可能禅让的政治思想来源于战国末期，思想家们在纷争的年代比以往更需要探索出最好的政权更替形式。他们发现仅让儿子接替老子的王位是不够的，更适合接替王位的是有能之士。我们可以清楚看到，这个问题是如何带来更大的问题，即祖先崇拜与君臣关系的复杂联系。同样，为后世建立一种能力至上的思想有利于帝国统一后的强大。伴随这种政治观点还有一层道德评价含义：应当让出本属于你的东西，这样才是一个有能耐的人。另外还反映出儒家的一种理想的政治伦理观：让智者来肩负国家重任。

郭店简的各篇不断出现儒家学派的政治道德思想：尊敬圣贤，给予其相应的地位，以保证仁政的施行，并对人民进行道德教育。如《成之》第26—28、21中，尽管圣人也是凡人一个，但是与凡人不同的是不倦地做对他人和国家有好处的事。而"不倦"这是孔子在教导子弟时常谈的话题（见《论语》第七）。选拔智德兼备的贤能是最基本的用人原则，这也是臣子政治行为的基础，才能可以成其晋升之所愿。在《语丛四》第十二、《荀子》第二十四及其他儒家典籍如《论语》第十三中均可见此阐述。这与《老子》第三中的立场是截然相反的，《淮南子·齐俗训》中亦云："'不上贤'者，言不致鱼于木，沉鸟于渊！"

那么这里的"智"是指什么？一定是指一种和谐的生活状态，并且得益于以德来修身的长期和复杂的过程，如同愉悦一样，却能带来自我的至臻至善而不仅仅是幸福。在圣人眼中，仁德之爱对于智者的吸引可与美人媲美[1]！ 在儒家观念里，愉悦的作用对于君子来说十分重要。愉悦感可以提升心灵的和谐度，可以促进人与事物之间的和谐和相互理

---

[1] 参见《论语》之《子罕篇》和《卫灵公篇》。有否美德的诱惑？当然肯定不是来自感官上的！

解。《性自命出》第28—30讲述了这种和谐的产生条件，那就是乐。音乐在这方面的功用与儒家思想反复强调的乐的教育功能是一致的。该篇强调了乐作为情感表达的重要性，还可作为调节情绪的方式，甚至感受事物的教育方法（第22—23 和26—27）。此观点与《荀子·乐论》如出一辙。适度的乐，只要不是郑国或卫国那种，可以成为愉悦的途径，本身也是对善行教育的工具及世界和谐的表达[1]。

三、结语

看似不规则的郭店简各篇可以追溯到同一时代且出现于同一地点。尽管如此，各篇分属两大思想体系，后世认为两大学派虽不至于敌对，却不可相容。但是当时情况并非如此，两派分歧虽然明显，却不影响相互借鉴。在郭店，呈现出了以三组《老子》和《太一生水》[2]为代表的道家学派及其他诸篇为代表的儒家学派。儒家各篇较为有代表性，但内容也不完全贴合儒家立场。从中可以看到孔子思想主干中分化出来的各种思想潮流，可以说这些篇章同处于一个屋檐下，却不一定在同一间屋里！因此当时的思想处在一个探索的时代，在孔子的思想统领下却有各种不同，这些争论直到秦朝统一之时仍然存在，尽管秦始皇出于政治原因企图统一各派思想，却也枉然。

本文不能详数中国目前众多关于郭店简本的研究，只特别指出庞朴和李学勤[3]的著述，还有1999年以来李零对郭店简在思想和考据方面做出的卓越的大量的研究[4]。其他还有：廖明春关于简本《老子》的著述，周

---

[1] 见《语丛三》。在该处和其他篇目中，我们也发现了《礼记·乐记》在音乐教育方面的思想。这些郑国和卫国的音乐在《荀子》中命名，在《礼记》中"乐记"出现了三次。在古代文学中对这些乐曲的负面评价出现较晚。

[2] 甚至可以说，《太一生水》不仅表达了"道家"思想（这个词应当使用），也呈现我们在《天问》及其他先秦神话叙事文献中所看到的神话视角。

[3] 在这方面的诸多研究中，庞朴对《语丛》《五行》《太一生水》均有分析，李学勤的相关著述更多。

[4] 李零无论在出版还是研究郭店竹简的工作中贡献卓著，我们对他的研究十分关注。

凤五、刘钊和陈伟出版的简本的全部译注及各种研究。一些相关中文出版物不断问世，但是笔者还没能阅读到[1]。

西方关于郭店简特别是关于《老子》的最早研究应该是艾兰（Sarah Allan）与魏克彬（Crispin Williams）[2]于1998年出版的。而最重要的著作是夏含夷（Edward L. Shaughnessy）的大作《重写中国古代文献》（*Rewriting Early Chinese Texts*），广泛讨论了古代中国文献传播和成书方面的问题，在西方汉学史上具有重大意义。韩禄伯（Robert G. Henricks）在与其传本《老子》和马王堆《老子》的翻译基础上，对郭店《老子》进行了漂亮的翻译。当然该书没有参考1999年以后中国的相关研究[3]，也未对简本儒家十五篇典籍进行翻译。我们还应注意到郝乐为（Kenneth Holloway）和麦笛（Dirk Meyer）分别在2009年[4]和2012年[5]出版的著作，对中国文献历史有更广泛的研究，尤锐（Yuri Pines）2009年[6]也在论著中研究了这个问题。最后，2004年出版了一部就中国近年出土简帛文献为主题的研讨会英文论文集[7]。当然在汉学或哲学刊物上，主要是美国汉学家，也发表了大量高质量的论文[8]。顾史考（Scott Cook）的《郭店竹简全译暨研究》（*The Bamboo Texts of Guodian. A Study &*

---

[1] 如裘锡圭、刘笑敢等。
[2] Sarah Allan, Crispin Williams ed., *The Guodian Laozi*: *Proceedings of the International Conference*, Dartmouth College, May 1998, Berkeley, Society for the Study of Early China and Institute of East Asian Studies, University of California, Berkeley, 2000.
[3] Robert G. Henricks, *Lao Tzu's Tao Te Ching, A Translation of the Starting New Documents Found at Guodian*, New York, Columbia University Press, 2000.
[4] Kenneth Holloway, *Guodian*: *The Newly Discovered Seeds of Chinese Religious and Political Philosophy*, New York, Oxford University Press, 2009.
[5] Dirk Meyer, *Philosophy on Bamboo*: *Text and the Production of Meaning in Early China*, Leiden & Boston, Brill, 2012.
[6] Yuri Pines, *Envisioning Eternal Empire*: *Chinese Political Thought of the Warring States Era*, Honolulu, University of Hawaii Press, 2009. 该作被译为法文，参见 Damien Chaussende, *L'Invention de la Chine éternelle. Comment les maîtres-penseurs des Royaumes combattants ont construit l'empire le plus long de l'histoire* (Ve-IIIe siècles av. J.-C.), Paris, Les Belles Lettres, 2013.
[7] Xing Wen ed., *Rethinking Confucianism*: *Selected Papers from the Third International Conference on Excavated Chinese Manuscripts Mount Holyoke College April 2004*, in International Research on Bamboo and Silk Documents: Newsletter, 5-2, San Antonio, Trinity University, 2006.
[8] 例如 W. Boltz, C. Defoort, P. Goldin, D. Harper, M. Kern, M. Puett等人的研究或翻译。

Complete Translation）是美国汉学界最为引人注目的著作。

法国汉学在郭店简的研究上，至少到目前为止贡献寥寥[1]。笔者于2008年出版了郭店、马王堆和王弼三个版本比较基础之上的《老子》新译[2]，目前受巴黎Belles Lettres出版社邀请对郭店儒家篇目进行翻译，将以双语对照形式出版。这就是笔者目前所做的工作，并在此向大家做出以上报告。

（译者单位：山东大学外国语学院）

---

[1] 在这一领域很多法国学者关注，如Olivier Venture：《战国两汉 "于" "於"字用法与古书的传写习惯》，"L'Utilisation des particules grammaticales 'yu' et 'yu' et les habitudes de copie des livres anciens des Royaumes combattants aux deux dynasties Han"，*Jianbo* 简帛，n° 2, 2007, Shanghai, Shanghai guji chubanshe, p. 81-95. 但对于郭店竹简尚未有专门研究发表。

[2] Rémi Mathieu, *Lao tseu. Le Daode jing*, "*Classique de la voie et de son efficience*", *Nouvelle traduction d'après les trois versions complètes*：Wang Bi, Mawangdui, Guodian, Paris, Entrelacs, 2008, 283 p.

典籍译介研究

哲学家与"印迹"

——《孔夫子》与《天儒印》对"四书"的诠释*

汪聂才

摘要：清初在中国的传教士分别在中国和欧洲出版了两本翻译或诠释"四书"的著作：耶稣会士的《中国哲学家孔夫子》和方济各会士的《天儒印》。本文在对观这两个文本的基础上，梳理和探讨传教士们对待儒家经典的态度，并试图分析其背后的原因，为理解他们在礼仪之争中的不同立场提供一个新的视角。

关键词：柏应理　利安当　"四书"诠释

1687年比利时耶稣会士柏应理（Philippe Couplet，1622—1693）在巴黎出版了一部"巨著"——《中国哲学家孔夫子》（*Confucius Sinarum philosophus*）[1]，这部被称为"利玛窦适应政策的巅峰"[2]的作品，翻译并注解了儒学"四书"中的三书：《大学》《中庸》《论语》，第一次比较系统地将儒家经典介绍给欧洲。该书历几十年之久经几代耶稣会士之功而成，书中对待儒家经典的态度延续了利玛窦的适应策略。特别是

---

*　本文为教育部人文社会科学研究规划基金项目"柏应理《中国哲学家孔夫子》（1687年）的翻译与研究"［14YJA720005］的阶段性成果。
[1]　该书全名：*Confucius Sinarum philosophus, sive Scientia Sinesis Latine Exposita*，"中国哲学家孔夫子，抑或用拉丁文阐明的中国知识"，以下简称为《孔夫子》。
[2]　〔美〕孟德卫著，陈怡译：《奇异的国度：耶稣会适应政策及汉学的起源》，郑州：大象出版社，2010年，267页。

在"广州会议"（1667年12月—1668年1月）之后，由几位耶稣会士在原有译文基础上重新翻译"四书"原文，加上注释，最后再做了修订，使得该书在当时具有很高的学术价值，在今天也具有历史文献方面的价值。另外，该书出版之时，"礼仪之争"开始从中国波及欧洲，可以想见，柏应理此时出版《孔夫子》当有试图影响欧洲人对中国礼仪的看法的想法。

而在20多年前的1664年，掀起"礼仪之争"的主要人物之一西班牙方济各会士利安当（Antonio a Santa Maria Caballero，1602—1669，又译"李安堂"）在济南也出版过一本关于"四书"的"小册子"——《天儒印》。与鸿篇巨著《孔夫子》相比，《天儒印》只是一本小书，全文约1万字，分4个部分，分别征引《大学》《中庸》《论语》和《孟子》的字句，而后以天主教之教理、教义来加以"印正"。

本文拟对观"礼仪之争"最初的争论双方对于儒家经典的翻译或诠释——《孔夫子》和《天儒印》，梳理和探讨传教士们对待儒家经典的态度，并试图分析其背后的原因，为理解他们在礼仪之争中的不同立场提供一个新的视角。[1]

一、形式：译介与臆解

耶稣会士为了教新来华的传教士学习中文，早在罗明坚（Michele Ruggieri，1543—1607）、利玛窦（Matteo Ricci，1552—1610）时期，就

---

[1] 关于《孔夫子》的版本，请参阅罗莹：《〈中国哲学家孔子〉成书过程刍议》（载《北京行政学院学报》2012年第1期，123-128页）。关于《孔夫子》的成书背景和过程，请参阅梅谦立：《〈孔夫子〉最初西文翻译的儒家经典》（载《中山大学学报（社会科学版）》2008年第2期，131-209页）及罗莹前文。关于《天儒印》的版本请参阅〔美〕孟德卫：《灵与肉：山东的天主教，1650—1785》（潘琳译，张西平校，郑州：大象出版社，2009年）38页注释11。本文所引《孔夫子》版本采用罗马国家图书馆所藏印刷本（Collazione：13.11.F.27）：Philippe Couplet, *Confucius Sinarum philosophus*, Paris，1687；《天儒印》版本采用梵蒂冈图书馆的汉籍藏书（BAV）Borg. Cineses 334.9°（重印本）：〔西〕利安当：《天儒印》，济南西堂，1664年。

已经开始翻译儒家经典，作为学习汉语的教材。1594年，利玛窦重新翻译了"四书"的重要章节，教新来华传教士中文。这部译文被认为是后来《孔夫子》的底本，可惜后来遗失了。[1]但耶稣会士们此后一直以儒家经典作为学习中文的教材。直到广州会议之前，耶稣会士们都只是通过翻译儒家经典来学习语言，了解并借用儒家的一些概念来阐释天主教教义教理。

广州会议期间，甫一至华就对中国天主教徒参与祀孔祭祖礼仪提出质疑的方济各会士利安当、多明我会士闵明我（Domingo Fernández Navarrete，1610—1689）和其他4位耶稣会士，[2]反对利玛窦为耶稣会士制定的文化适应政策和他们对儒家经典的理解。传教士们就中国礼仪和如何对待儒家经典的问题展开了激烈的争论。[3]于是，耶稣会士们"试图回到儒家经典，以孔子的思想为标准来定义中国礼仪，以判断中国礼仪是否属于迷信"。[4]在广州会议之后，3位耶稣会士——恩理格（Chritian Wolfgang Henriques Herdtrich，1625—1684）、鲁日满（François de Rougemont，162—1676）和柏应理在殷铎泽（Prospero Intorcetta，1626—1696）的组织下继续翻译，开始了"学术性的翻译工作"。他们花了将近3年的时间，对原来只是作为语言教材的"四书"译文重新校对，并补充了很多学术性的注释内容。

当耶稣会士们选择"四书"为学习汉语的教材时，其实也意味着他们已经选择将儒家与基督教结合的适应策略，在中国尤其是在文人士大

---

[1] 德礼贤（Pasquale D'Elia, S.J.）、孟德卫皆持此看法。参罗莹前引文，124页，注释3。
[2] 这4位耶稣会士是：意大利人陆安德（Andre Lubelli，1611—1686），法国人聂仲迁（A. Greslon，1618—1696），葡萄牙人张玛诺（Emmanuel Jorge，1621—1677）和法国人汪儒望（Jean Valat, c.1614—1696）。参见李天纲《中国礼仪之争——历史、文献和意义》，上海古籍出版社，1998年，第44页。
[3] 早在1623年刚刚接替利玛窦在华耶稣会的领导职务的龙华民（Niccolo Longobardo，1565—1654），用葡萄牙文写了一份报告 Reposta Breve（《简单回答》，即后来的《关于中国宗教的几个问题》（1701）），批评利玛窦的适应政策。这篇报道在广州会议上再次被拿出来，引起激烈争论。
[4] 梅谦立：《耶稣会士与儒家经典：翻译者，抑或背叛者？》，载《现代哲学》2014年第6期，第68页。

夫之间来宣教。广州会议之后，礼仪之争已经在在华传教士们之间引发争论，这时候重新校对和注释"四书"译文，实际上是为耶稣会的文化适应政策和中国礼仪做辩护，希望欧洲人能够通过耶稣会士们的视角来了解儒家经典和孔子的思想，从而理解中国礼仪。1687年在《孔夫子》出版之前，礼仪之争已在欧洲掀起波澜，罗马教廷分别于1645年和1654年下达了两份内容相互矛盾的文件。在柏应理之前，卫匡国（Martino Martini，1614—1661）、殷铎泽都曾从中国回到罗马，向教廷解释耶稣会的文化适应政策和中国礼仪。柏应理在"罗马学院"发现他们所翻译的"四书"译文之后，对其再一次进行了修订工作才予出版。这些修订和编辑工作也还是为了文化适应政策和中国礼仪辩护。[1]

中国的经典都有着悠久的注疏传统，耶稣会士们要翻译、注释"四书"的内容，他们就不得不选择一个中国的诠释版本。梅谦立教授在其研究中指出，虽然《孔夫子》推崇先秦儒家而排斥宋明理学，但他们还是采用了张居正和朱熹的注释。只是，他们隐藏了对朱熹的引用，反而批判他为唯物主义和无神论者；倒是对于张居正，他们给予很高的评价，宣称绝大部分的注释是跟随他的。[2]

利安当的《天儒印》则于1664年在济南的西堂付梓，但早在1653年之前，他就完成了这本书的初稿。利安当在1653年11月写给方济各会新任教区长的信中称他已经完成了3本中文著作，其中的第一本"是从一些中文书中概括出来的基本原则，目的是认清造物主、上帝是我们应当崇拜的唯一神，其他任何崇拜都是不应该的"[3]。这本书就是《天儒印》的

---

[1] 柏应理的编辑工作，后来引起耶稣会文化适应政策的批评者们的批评，参见孟德卫《奇异的国度：耶稣会士适应政策及汉学的起源》，320页以下。孟德卫并不认为《孔夫子》是为耶稣会文化适应政策辩护的，理由是认为礼仪之争在1687年远没有1700年之后那么激烈。但是笔者认为从《孔夫子》漫长而复杂的成书过程，尤其是广州会议之后耶稣会士们为其所做的重译和注释工作，以及他们精心选择的注释版本，可以看出耶稣会士们向欧洲人正面地介绍儒家经典和思想背后，有着为耶稣会文化适应政策和中国礼仪辩护的意图。
[2] 关于《孔夫子》对于朱熹与张居正注释的采用和隐藏，参考梅谦立《耶稣会士与儒家经典：翻译者，抑或背叛者？》。《孔夫子》当中《论语》译文的结尾指出"几乎全部的注释都仅仅来自于张阁老（即张居正——引者注），所有的观点都属于他"。
[3] 《中国方济各会志》第二卷，第427页。参见孟德卫《灵与肉》，第35页。

初稿。由此可见利安当的写作意图，乃是宣扬崇拜天主教的造物主才是唯一的崇拜，而拒绝中国的祭祖敬孔礼仪。

因为早在1634年利安当刚到中国开始学汉语的时候，"一次偶然地询问教书的先生，'祭'有什么意思，教书的先生为使利安当容易懂得，便说'祭'字在中国古代，就如天主教的弥撒"[1]。利安当因而认为祭祖敬孔是宗教礼仪或者是迷信，他震惊于耶稣会士竟然允许教徒们奉行异端，由此提出反对中国礼仪并为之不懈努力，引发礼仪之争。

1664年《天儒印》刻印之时，文人尚祜卿为其润色并做了一篇序《天儒印说》。孟德卫认为"天儒印"的书名当是尚祜卿所取。[2]

尚祜卿[3]在序言中，将天主创世比为印章在纸上盖印，万事万物及其理皆是天主的印迹，儒家之理也一样是出自天主，乃天主之印迹。即便作为儒家典范的孔子，其德也是来自天主所授。他自述在读了《天儒印》的初稿之后，为之兴奋："吾侪类言天儒一理，若师所言，理庸不一。偿溺于章句而不深究其指，之南而以为之北，奚一焉！今而后，谓四子之书即原印之印迹也可。"[4]这里所说"章句"指的是朱熹的《四书章句集注》，也就是说尚祜卿赞同利安当的看法，认为朱熹的解释并没有理解"四书"的本意。所以，尚祜卿取书名《天儒印》。在《中国方济各会志》（*Sinica Franciscana*）第二卷所载利安当传中，将书名译为拉丁文"*Concordantia legis divinae cum quatuor libris Sinicis*"（"天主教与中国四书比照"）。[5]

若干年后，尚祜卿之子尚王弼重刻《天儒印》名之为《天儒印正》，

---

[1] 罗光：《教廷与中国使节史》，台湾：传记文学出版社，1969年，转自李天纲《中国礼仪之争——历史、文献和意义》，第34-35页。但李天纲的解释与罗光有别，李认为教书先生不知道"祭"字的意思，才作了类比说"如天主教的弥撒"。参见李著36页。
[2] 〔美〕孟德卫：《灵与肉》，第38页。
[3] 尚祜卿，1619年生于淮安，约25岁时由耶稣会士毕方济受洗归信天主教，顺治十六年（1659）举人，同年被任命为山东莱州府潍县县令，不到一年因失职被罢免，后来到济南。参考孟德卫《灵与肉》，第36-37页。
[4] 尚祜卿：《天儒印说》，收利安当《天儒印》，第992页。
[5] 方豪：《影印天儒印序》，参考吴相湘编《天主教东传文献续编》，台北：台湾学生书局，1966年，第37页。

并为之作跋,将该书归为其父名下而非利安当。在华传教士把天学或西学区分为"因性"(naturalis)及"超性"(supernaturalis)两种学。因此,在跋文中尚王弼将儒学称为"因性之理",将天学称为"超性之业"。"因性之理,如子事父则言孝,臣事君则言忠,惟人伦日用之宜然,皆性而固也,特因而利导之耳。超性之业,独在认吾大君大父而钦崇之,不孝父可为子,不忠君可为臣乎?不孝大父,不忠大君,可为人乎?"并引孔子语,"下学而上达,知我者,其天乎",以表明从因性可以达于超性,可谓"天儒合轨"。[1]

正如尚祜卿在序言里所引利安当之言,"远人不解儒,略摘其合于天学者而臆解之如此"[2],利安当完全以天主教教义和神学来诠释他所摘录的"四书"字句,而无视字句原文的语境和近两千年的注释传统。这在一般的儒士看来不仅难以理解,甚至会无法接受。尚祜卿阅之却为之振奋,乃因为尚祜卿是一位天主教徒,曾由耶稣会士毕方济施洗。1659年被免官职之后来到济南,与当时在济南的利安当以及耶稣会士汪儒望讨论天主教教义。他自己正试图辨别天主教与儒家的异同,并希望调和天主教与儒家,以"天学"来补儒学,后写有《正学镠石》(1698)与《补儒文告》(1664)两书。[3]《天儒印》的另一位序言作者魏学渠[4],因受其堂兄魏学濂影响,对西学感兴趣,也对传教士非常友善,才会写了一篇赞誉的序言。

然而,利安当在济南及附近的教区里并没有一个文人教徒,这些教徒几乎全是社会底层的劳动者,这当然与方济各会向底层人员传教的传

---

[1] 引自徐宗泽:《明清间耶稣会士译著提要》,上海:世纪出版集团,2010年,第97页。徐宗泽记尚氏父子的名字为"尚祜卿""闵王弼",或徐氏之误或编辑之误。
[2] 尚祜卿:《天儒印说》,见利安当《天儒印》,991-992页。
[3] 尚王弼的跋中提及,孟德卫也持此观点,并在其著《灵与肉》第42-62页对这两本书以及尚祜卿的思想有详细的介绍。通常,《正学镠石》被认为是利安当的作品,参见吴相湘编《天主教东传文献三编》(台北:台湾学生书局,1984年),第93页。徐宗泽的《明清间耶稣会士译著提要》将《补儒文告》归为不著名的耶稣会士作品。
[4] 魏学渠,字子存,号甫城,浙江嘉善人。顺治五年(1648)举人,官湖西道。魏氏乃当时有名的词人,明天启五年(1645)"东林六君子"之一魏大中之侄,魏学镰乃魏大中之子。

统有关。利安当的教徒后来发展至5000人，但仍都是底层劳动者。曾经有一位文人帮他撰写了3本中文著作的大纲，还是付了4两银子的。[1]而尚祜卿则是耶稣会士施洗的教徒。因而可以说，利安当没有像耶稣会士们那样经常与文人士大夫交友、谈论学术，从而对儒家经典知之不深。

由此可见，《孔夫子》是耶稣会士们向欧洲人用拉丁文翻译和介绍儒家经典，并提供一些注释，同时也有着为利玛窦文化适应政策和中国礼仪辩护的意图。而利安当的《天儒印》则是用中文撰写的天主教教理，虽然它形式上是对"四书"字句的诠释，实则以天主教神学与教义臆解"四书"字句，对"四书"原意不求甚解；因为利安当只是想要证明，在儒家经典中可以寻找到天主的"印迹"。

二、方法："哲学家"与"印迹"

耶稣会士们延续了利玛窦对待中国宗教，特别是对待儒家的态度：区分先儒和后儒（指宋明理学家），批判后儒而推崇先儒。[2]这先儒就是孔子及其门徒，耶稣会士们甚至将孔子与儒家等同起来，称儒家为"孔夫子学派（schola confuciana）"。因此，耶稣会士们将他们的巨著取名为"中国哲学家孔夫子，抑或用拉丁文阐明的中国知识"，提供了"四书"当中《大学》《中庸》和《论语》的译文与注释——由于《孟子》篇幅较长，他们还没来得及翻译。[3]在殷铎泽和柏应理撰写的《前言》结尾附有一份孔子传，其中将孔子的身份定位为"哲学家"，而不是宗教创立者；而且，他们力图证明孔子既没有想要创立一种宗教，也没有成

---

[1]〔美〕孟德卫：《灵与肉》，第36页。
[2] 关于利玛窦对于中国各宗教派别的看法，参见利玛窦：《耶稣会与天主教进入中国史》（文铮译，梅欧金校，北京：商务印书馆，2014年）第一卷第十章。殷铎泽为《孔夫子》所写的前言第一部分，即是在利玛窦这一章节基础之上更细致、系统的描述了中国的儒释道三个教派。
[3] 1711年，法国耶稣会士卫方济（François Noël，1651—1729）出版了《中国帝国六经》（*Sinensis Imperii Libri Classici Sex*），提供了完整的"四书"和《孝经》《小学》的拉丁译文。

为偶像崇拜的对象，更没有陷入无神论。[1]因此，耶稣会士们意图借用孔子来向欧洲人（其实也包括中国人）说明天主教在中国的合理性，借用孔子及其书籍，"证明基督教的真理"，"如同我们所知的过去外邦人的使徒圣保禄在雅典人中采用希腊诗人的权威一样"。[2]

相对《孔夫子》而言，《天儒印》则分别选取了《大学》5处、《中庸》14处、《论语》14处和《孟子》4处的字句，从中寻找天主的"印迹"。下文我们将两书涉及的共同内容作对照，以更直观的方式了解两者诠释方法的差异。

《大学》

《大学》被朱熹列在"四书"之首，《孔夫子》的《中国知识第一册》即是对《大学》的翻译与诠释。在译文之前有段简介，按照朱熹的说法，认为"此书就如同是通往智慧的开端、美德的圣所的入口和大门"[3]《大学》首句，"大学之道，在明明德，在亲民，在止于至善"。朱熹指出，"此三者，大学之纲领也"[4]。我们且来对观《孔夫子》和《天儒印》对这一句的诠释。

《孔夫子》的翻译如下：

> 君子学习伟大典籍的目的在于澄明并发挥来自上天的理性本性，抹去邪恶欲望的污垢，得以回复其如至明之镜般明澈的本真。

---

[1] 关于对耶稣会士17世纪几部关于中国经典译文中孔子传的考察，请参考梅谦立：《东方的"哲学之父"——论最早的西文孔子传记的撰写过程》（《北京行政学院学报》2013年第5期，第111-121页），作者详细考察了耶稣会士于1662年、1669年和1687年出版的译文中提供的孔子传，并附有1687年《孔夫子》当中孔子传的译文。

[2] Couplet, *Confucius, Confucii vita*, cxxiv.此处参考梅谦立：《东方的"哲学之父"——论最早的西文孔子传记的撰写过程》所附《中国哲学之父孔子的传记》的译文，略有改动。

[3] Couplet, *Confucius, Scientiae Sinicae Liber Primus*, p.1: Estque incipientium tum ad sapientiae, tum virtutis adyta quoddam quasi ostium ac primum limen.这句话见于朱熹的注，却未见于张居正的注。事实上，朱熹此句得自程颐"大学，孔氏之遗书，而初学入德之门也。"（朱熹：《四书章句集注》，中华书局，2003年，第3页）但《孔夫子》在接下来的注释中，将后文的注释都归于张居正，而不提朱熹。

[4] 朱熹：《四书章句集注》，第3页。

接着，就要持守以自身为典范并劝诫他人，进行对人民的革新与复兴。最终，达到稳固地止于至善，或者说坚守至善。诠释者们想借此让我们明白一切行为完全符合正当理性。书的余下部分，皆可被归结为这三者。[1]

《孔夫子》采用朱熹的注释，用抽象的理性主义概念"理性本性（rationalis natura）"来翻译"明德"，并借用朱熹的诠释指出这一"理性本性""来自上天"，[2]同时还借用了张居正的镜子比喻。"亲民"则翻译为"革新与复兴人民"。另外，他们用经院哲学的概念"至善（summum bonum）"来翻译儒家"至善"，并解释为"一切行为完全符合正当理性"。在译文的下面，耶稣会士们提供了一个注释，强调"亲"解释者们都认为读为"新"，但他们自己为了将其与天主教"爱人如己"的诫条联系起来更倾向于"亲"自身的意义，指出"亲""表示对父母与邻人的爱，如果在这里如此理解它，你就不会败坏作者的文意，相反能最大限度发挥基督教的影响"[3]。

在《天儒印》中，利安当将朱熹"人之所得乎天"的"天"诠释为"天主""盖言吾人之灵明，不能自有，而为天主所畀也"。[4]后文的"至善"，耶稣会士以经院哲学的概念翻译，意指天主的属性，而利安当将其同样做"天主"解。

---

[1] Couplet, Confucius, *Scientiae Sinicae Liber Primus*, p.1: Magnum adeóque virorum Principum, sciendi institutum consistit in expoliendo, seu excolendo rationalem naturam à coelo inditam; ut scilicet haec, ceu limpidissimum speculum, abstersis pravorum appetituum maculis, ad pristinam claritatem suam redire possit. Constitit deinde in renovando seu reparando populum, suo ipsius scilicet exemplo & adhortatione. Constitit demùm in sistendo firmiter, seu perseverando in summo bono; per quod hîc Interpretes intelligi volunt summam actionum omnium cum rectâ ratione conformitatem. Atque haec tria sunt, ad quae reliqua hujus libri reducuntur.
[2] "明德者，人之所以得乎天，而虚灵不昧，以具众理而应万事也。"朱熹《四书章句集注》，第3页。
[3] Couplet, *Confucius*, *Scientiae Sinicae Liber Primus*, p.2: Nam proprie çin dicitur, amare parentes, propinquos, significat; quo sensu, si et hoc loco eam accipias, Authoris textum adeo non vitiabis, ut contra maxime Christianum effecturus sis.
[4] 〔西〕利安当：《天儒印》，第993页。

《大学》云："在止于至善。"超性学论，惟天主可云至善，则至善即天主也。其曰止于至善者，谓得见天主之至善，而息止安所也。[1]

　　显而易见，利安当的诠释不限于"因性学"的范围，而涉及到"超性学"。因而，"四书"之中含有本原、终极、本体意味的词汇，都被利安当作"天主"诠释。例如，他将"物有本末"之"本"与《中庸》"立天下之大本"之"本"都解为"天主"。"其谓本者，又即所云诚者自成，而道自道之义。盖未有天地之先，自立常在者之体，所谓本也。"可见，利安当将"至善""本""大本"皆做"天主"解，同时将"自成""自道"解为天主的属性。后文的"汤之盘铭"句，利安当将这里的道德修养之义与天主教圣事礼仪结合起来，解释为天主教的洗礼圣事和告解圣事。

　　《大学》云："汤之盘铭曰：苟日新，日日新，又日新。"天学定初入门者，有领圣洗之礼。以圣水洗额，用盘承之，外涤其形，内涤其神。盖令人洁己求进，去旧以归新也。独以铭沐浴之盘者，若於领圣洗之礼有默符焉。至于日新又新之说，是又天学悔解之义。凡领洗以涤除原罪也。此后又有本罪，或思或言或行，义士一日七落，恒人能免无过。倘不知解悔，则愆尤业积，所谓自作孽，不可活矣。是以天学复有告解之礼。盖学者既欲洗涤己罪，必当日日定志，日日省察，日日克治，谦抑自下，吁主祈宥，敏策神功，补赎前愆，必诣于纯德后已，断不敢一日苟安，姑待之明日也。信能日新又新如是，吾主圣训所谓"活水溢于其腹"是也，可望沾圣宠获常生矣。洗解二规，圣教旷恩，缺一不可。有志洗心

---

[1]〔西〕利安当：《天儒印》，第994页。

者,或亦读盘铭而兴起也乎。[1]

儒家用于表达时时反省自己、洗涤内心之恶的道德修养的句子,在利安当看来中国文人都理解错了,只能用"超性"的天学才能理解其真意:沐浴之盘实乃与天主教的洗礼圣事"有默符焉";这沐浴的盘子实际上是天主教进行洗礼圣事的盘子;而"日日新,又日新"乃是洗礼涤除原罪之后每日反省,以告解之礼洗涤思言行上的本罪。因而,利安当完全从天主教教义和神学启示的视角去诠释这一句,这确实有些过度发挥。[2]相较而言,《孔夫子》则延续了儒家的本意,做了道德修养和自我革新的翻译,并补充注释来解释盘上刻铭这一习俗。由此可见,"四书"中同样的字句,《孔夫子》则从道德伦理的角度做哲学的解读,《天儒印》则从天主教教义的角度做神学的解读。

《中庸》

《中庸》是子思"忧道学之失传而作"[3],乃"孔门传授心法"[4]。首句"天命之谓性,率性之谓道,修道之谓教",《孔夫子》译为:

上天赋予人的东西,被称为理性的本性。符合这一本性并追随它,这被称为准则,或者说是符合理性。在这个过程中不断修复这个准则并通过它来调整自己,这被称为教导,或者说是美德的训练。[5]

---

[1] 〔西〕利安当:《天儒印》,第996—998页。
[2] 孟德卫将《孔夫子》与《天儒印》对于"汤之盘铭"句做了比较,而后感慨"如此过度发挥在耶稣会士的翻译中是没有的"。第398页。
[3] 朱熹:《四书章句集注》,第14页。
[4] 同上,第17页。
[5] Couplet, *Confucius, Scientiae Sinicae Liber Secundus*, p.40:Id quod à caelo est homini inditum dicitur natura rationalis:quod huic conformatur natura & eam consequitur, dicitur regula, seu consentaneum rationi, restaurare quoad exercitium hanc regulam se suaque per eam moderando, dicitur institutio, seu disciplina virtutum."

《孔夫子》继续用理性主义的方法来翻译和诠释《中庸》。他们将原本可以用"natura（天性、本性、自然）"来翻译的"性"，再一次翻译为"理性的本性（natura rationalis）"。"道"则翻译为"regula"，有"规则、式样、范例"之意，其意义与中文的"规"很相似，都有着机械的意义，而缺少了中文"道"的自然生长的意义。在后面的"道也者"句中，他们进一步将"道"解释为"存在于理性的本性之中的准则"，[1]这与他们在这里的补充"符合理性"一样。孟德卫也注意到"regula"这个词在几何学上的含义要多过自然的含义，并指出耶稣会士们对于《中庸》的理性化处理。[2]不过，对于"教"的翻译，他们多少还是把握到了儒家对于道德培养的重视，因而翻译为"美德的训练"。

　　如果说耶稣会士们对于《中庸》"性、道、教"的诠释有着浓厚的理性色彩，那么利安当的诠释则完全是天主教神学的色彩。利安当在《天儒印》中只选取了"天命之谓性"一句来阐述。

　　　《中庸》云"天命之谓性"，此"天"字与本章"天地位焉"之"天"不同。彼指苍苍者言，此指无形之天，即天主是也。所谓性者，言天主生成万物，各赋以所当有之性。如草木则赋之以生性，禽兽则赋之以觉且生之性，人类则赋之以灵而且觉、生之性焉。天主初命人性时，即以十诫道理铭刻人之性中。而人各有生之初，莫不各有当然之则，所谓性教也。以故趋善避恶，不虑而知，岂非秉彝同然哉！人能率循性教，可无违道之讥。奈性久沦晦，人难率循。于是又有书教，以十诫规条，刊列于石，令中古圣人以宣示之，俾人率性而行，遵如大路，所谓道也。迨世风日下，人欲横流，书教又不足以胜之。及至天主降生赎世，亲立身教，阐扬大

---

[1] Couplet, *Confucius, Scientiae Sinicae Liber Secundus*, p.40：Dicta Regula cùm sit naturae rationali intrinseca...

[2] 〔美〕孟德卫：《奇异的国度：耶稣会适应政策及汉学的起源》，第310页。

道，普拯群生，使天下人皆得性教原本，而教术始咸正无缺矣。夫合性书二教，而为身教，此属吾主宠教，恩施于此尤挚。迄今圣教彰明，天命实式临之，敢曰不钦若承之哉？[1]

利安当在这里的诠释可谓"总领天主教基本要旨"。[2]首先指出"天"并非物质性的天空，而是天主。其次，"性"乃是天主创造万物并赋予它们的本性，这里他按托马斯的神学体系，分为"生性""觉性"和"灵性"。最后对于"教"的诠释则完全抛开儒家道德培养和精神修炼的含义，而做了天主教发展阶段的诠释：亚当时代为性教，天主将十诫铭刻在人心之中；摩西时代为书教，天主向摩西启示十诫，后圣贤们著书宣示；耶稣降世之后为身教，即天主降生为人，以身立教，救赎众人，也称之为"宠教"。

在耶稣会士的中文著述中，也有谈及"三教"的论述。艾儒略（Giulio Aleni，1582—1649）在《口铎日抄》中也谈及"天主之教有三"，即"性教""书教""宠教"。[3]可见，耶稣会士们了解"三教"说，但在他们的《中庸》译文中并没有将其中的"教"字做过多的天主教神学的阐述，而是相对遵循原文之意。而利安当则脱离《中庸》原意和文本语境，做了神学的发挥。他将"宠教"称为"身教"，当因儒家也有"身教"之说，他想以儒家的"身教"概念使得读者更容易接受"三教"说。

《论语》

《论语》的篇幅远远超过《大学》和《中庸》，但利安当选取的句

---

[1] 〔西〕利安当：《天儒印》，第998-1000页。
[2] 吴莉苇：《天理与上帝——诠释学视角下的中西文化交流》，北京：宗教文化出版社，2014年，第63页。
[3] 〔意〕艾儒略：《口铎日抄》，载郑安德主编《明末清初耶稣会思想文献汇编》，第一卷，北京大学宗教研究所内部出版，2003年，第456页。

子并不多，主要可分三类：一类是关于"天"和"道"的论述，但《论语》中并不多；第二类是关于道德修行的句子，利安当将之与天主教的修行联系起来；第三类是与天主教某些教义相似并可以引申到这些教义的句子。[1]

《论语·八佾》中有"获罪于天，无所祷也"。利安当指出这里的"天"既不是物质的有形天，也不是如朱熹所言"天者理也"，"获罪于天"乃"得罪于天主也，岂祷于奥灶所能免其罪哉？"这样，"天"与"祷"，正好被利安当用于解释天主教的祈祷。联系到《论语·述而》文"丘之祷久矣"，利安当说"孔子之所祷，盖在天矣"，"孔子未尝不以天祷为兢兢也"。[2]

这一句在《孔夫子》的译文中，同样否定和批评了朱熹的解释，没有将"天"解释为"理"，但也没有直接翻译成"天主（Deus）"，而是用"coelus"，与前文所引《大学》《中庸》译文中的"天"所用的拉丁文一样。当然，《孔夫子》用"coelus"并非指物质的形天，而是采用了张居正的诠释。在译文之后，耶稣会士们加上了长长的注释，其中有：

> 我们的阁老（张居正）对孔夫子这句话作了丰富而清晰的解释，他说：只有天应该获得最高的崇敬，而没有其他的神可以获得这样平等的地位。善良之人自天而得顺意，不善之人则得违愿，丝毫不爽。谁服从理性，好运将定然会一直与他相伴。而如果与之作对，而得罪于天，那么谁又真的能逃脱天道的复仇呢？或者，又怎么能通过向奥神和灶神祷告来将这过错抹除呢？从这里可以看出，

---

[1] 吴莉苇：前揭，第67页。
[2] 〔西〕利安当：《天儒印》，第1019-1020页。

人必须服从理性,并服务于天,而非服从其他什么神灵或人。[1]

按梅谦立教授的研究,张居正虽然受到了理学的影响,但其思想中也有着中国古人的"敬天"思想。他更强调"天"的地位高于"理",是拥有认识能力、意志与感情,能影响人的生活的"天"。在耶稣会士们看来,张居正的诠释当中有着更多宗教情感,而朱熹的理学思想则有着无神论和唯物主义的倾向。这也就是为什么耶稣会士们在译文与注释中不断提到张居正,而批判他们偷偷采纳其诠释的朱熹。[2]

就两书对《大学》《中庸》和《论语》的翻译与诠释的比较可见,《孔夫子》基本上是忠于原文以欧洲人比较能接受、熟悉的概念术语来翻译"四书",当然因为他们所受的"经院哲学"的训练,在翻译与诠释中难免过于理性主义,因此他们虽然隐蔽地采用了朱熹的诠释,但更强调注重宗教情感的张居正的诠释,以突显中国古代的信仰与天主教之间的相似之处。正如其所采用的书名——"中国哲学家孔夫子"——那样,耶稣会士们认为"在孔子身上,宗教与哲学是和谐一致的"[3],因而可以将天主教与儒家思想结合起来以便在中国传播福音。而《天儒印》从"四书"当中选取了,或可以直接引申至"天主"及其属性的"天""道""大本""自成""自道"等字句,或与天主教徒德行相似的字句,或与部分天主教教义相似的字句,并以天主教神学论证之,以之为藏于儒家经典当中的天主的印迹,从而证明天主教教理也存在于

---

[1] Couplet, *Confucius*, *Scientiae Sinicae Liber Tertius*, p.7: Uberius autem clariùsque noster Colaus, qui Confucii sententiam explanans, unum, inquit, est coelum, quod summè colendum est, et cui nihil aequale. Ab hoc et probis obveniunt prospera, et improbis adversa, tam certò, tamque exactè, ut ne minimo quidem errori sit locus. Quisquis ita res agit, ut obsequetur rationi, hunc utique beata fors manet; quisquis autem repugnat, hoc ipso peccat in coelum. Immissas verò calamitates ab coelo vindice ecquis tandem effugiat? Aut quomodo implorata Ngáo et cáo spirituum ope declinare queat? Ex quibus perspicuum sit, oportere hominem parere rationi, et servire coelo; et ne ipsis quidam spiritibus (nedum hominibus) adulari.
[2] 详见梅谦立:《耶稣会士与儒家经典:翻译者,抑或叛逆者?》,第70-71页。
[3] 同上,第78页。

儒家经典之中。[1]因而,从传教士对待和诠释异质文化的方面来说,前者承认异质文化的自然理性和宗教情感,寄望其在理性和信仰上能有所超越而与天主教相结合;后者无视或者并非真正了解异质文化的语境与义理,仅借用其字句来臆解,而实际上更多的是勉强加在其上的天主教神学发挥。[2]

三、结语:传统与神学

何以同是对于儒家经典"四书"的诠释,《孔夫子》与《天儒印》在诠释方法上会有如此明显的巨大差异?笔者认为,《孔夫子》和《天儒印》对待儒家经典的态度与传教士们对待中国礼仪问题的态度是一致的。利安当反对教徒尊孔祭祖,认为儒家经典的真义在于其中隐藏的天主教神学和教义,他比中国人自己更正确地理解"四书"字句的真义。《天儒印》可以说是对利玛窦基于儒家诠释传统来解释儒家经典的方法、对利玛窦的适应策略的一个回应;而《孔夫子》则又是耶稣会士们对于反对尊孔祭祖和利玛窦政策的一个回应。另外,这样的差异还与不同修会的传统、所用诠释方法背后的神学理论不同有关。

耶稣会创于1540年,在创立之初就有着与其他各修会不同之处,"即注重运用世俗的知识为传教的手段"[3]。因而,他们非常重视教育和学术,一开始在欧洲后来在世界各地创办了很多人文中学和大学。而且,他们把"工作重点放在上层社会以及那些对信仰的选择起决定作用的阶层"。[4]在会祖罗耀拉时期,耶稣会既已向亚、非、美洲传教,并且

---

[1] 利安当的诠释方法与后来的索隐派(Figurism)相比,可谓有过之而无不及。关于利安当与索隐派课参考刘耘华:《全市的圆环——明末清初传教士对儒家经典的解释及其本土回应》(北京大学出版社,2006年),第293-294页。
[2] 利安当跨文化的神学诠释自然有一定的肯定意义,请参考吴莉苇前引书第80-86页。
[3] 〔美〕孟德卫:《奇异的国度》,第267页。
[4] 〔德〕彼得·克劳斯·哈德曼著,谷裕译:《耶稣会简史》,北京:宗教文化出版社,2003年,第24页。

都采用灵活的适应方法传教。所以，在罗明坚、利玛窦到达中国之后，当他们了解了中国的状况特别是中国人对孔子的尊崇之后，他们最终做出了文化适应的传教策略。而《孔夫子》即是耶稣会适应政策在结合儒学与天主教上的成果与巅峰之作。

方济各会则是古老的修会，创于1209年，要求修士们麻衣赤足，过贫穷生活。利安当在山东传教时，将中国人分为三类：第一类是文人，第二类是劳动者、士兵和衙门差役，第三类是商人和技术工人。利安当所收的信徒绝大部分是第二类，"这些人生活贫困，思想闭塞，利安当认为他们更容易归信基督教"。对于文人们，利安当认为"他们学识丰富"，然而"野心和耽于享乐却阻碍了他们的救赎之路"。[1]因此，利安当也就不需要深入研究儒学，也不需要像耶稣会士们那样从学理上去论证儒学与天主教的结合，他只需要借用儒家经典中的字句和概念来阐述天主教教义教理，让教徒崇拜唯一的真神，而不做其他的偶像崇拜——即祭祖敬孔。这对于思想闭塞的劳动者们就足够了，因为他们不会寻根究底，也不会去在学理上来思考这些教义。

诠释方法有别也与两修会所重视的神学理论不同有关。从艾儒略的《西学凡》中可以看出，耶稣会注重人文主义思想与阿奎那神学的结合，强调理性的论证方法。[2]他们深入研究了儒家"四书"，肯定孔子的"哲学家"身份，肯定儒家在道德伦理上的自然理性，但也指出其缺乏启示理性从而需要"天学"的补充。因而，儒学与天主教的结合，以"天学"的"超性"学说来补充儒学是可行的。利安当所在的方济各会，在神学上更多地受奥古斯丁主义影响的波那文都拉（Bonaventura）

---

[1] 参考〔美〕孟德卫：《灵与肉》，第19-20页。
[2] 艾儒略在《西学凡》中介绍的西学科目：文科"勒铎理加"（Rhetorica，修辞学），理科"斐录所费亚"（Philosophia，哲学），医科"默第济纳"（Medicina，医学），法科"勒义斯"（Leges，法学），教科"加诺搦斯"（Canonis，法典），道科"陡禄日亚"（Theologia，神学）。

和敦司·思高（Duns Scotus）神学影响，"特别阐扬天主爱的奥迹"[1]，"爱是万物之始，人必在爱内，而非在理智内才能找到真福"[2]。因此，虽然抱着同样的宣教目的，且都从"补儒"的角度出发，利安当则不会去研究儒家思想的义理，而只是借用"四书"中的字句来直接发挥天主教教义与神学，从而证明儒家"四书"之中比比皆是天主教的启示真理，而"四书"就是天主的印迹之一。从其对待儒家经典的态度和诠释方法中，可以看出其对待士大夫、儒学以及中国礼仪的态度，也就可以与其在礼仪之争中的立场联系起来。

（作者单位：肇庆学院政法学院、中山大学广州与中外文化交流研究中心）

---

[1] 《基督宗教外语汉语神学辞典》在线版：http://www.chinacath.com/book/html/162/9647.html 2015年10月15日查阅。
[2] 辅仁神学著编译会编：《神学辞典》，台北：光启文化事业，2012年增修版，第576页。

卫方济《中国六经》法语转译本前言

〔法国〕普鲁克(François-André-Andren Pluquet)著

伍昕瑶 译

译者按：卫方济(François Noël)是西方汉学的重要人物之一，其拉丁语译本《中国六经》(*Sinensis imperii libri classici sex*)是"四书"首部西文完整译本，于1711年在布拉格出版发行，在"儒学西传"历史上具有重要地位。问世70多年后，为方便中国古代典籍在欧洲的传播，法国人普鲁克(François-André-Adrien Pluquet)将该书转译为法文，于1784—1786年间在巴黎分7卷出版，是较早用法文书写的中国典籍译本之一，在儒学传播史上也具有一定地位。此篇译文为普鲁克为其各卷法语转译本所做的前言，简单评述了孔子及儒家学说的形成过程、典籍的成书过程和基本内容，为读者理解译文文本做了铺垫。

评卫方济《中国六经》

在中国社会流传着两种类型的古典经书：一种称为"经"，即第一类经书；另一种称为"四书"，即第二类经书。

现存五部"经"：即《易经》《书经》《诗经》《春秋》《礼记》。《易经》的书写要上溯到中华帝国的远古时期；人们通常认为，伏羲完成了《易经》绝大部分的书写工作：在这部著作中，伏羲用各种符号来解释，或者说来呈现远古时期的知识，包括自然界的各种活动，人类生活的不同状态，善恶之分，幸福与不幸，等等。例如，伏羲用地表下的山峰来表示谦逊，并用其绵延相连的不同脊线来代表此美德的作用。[1]

《书经》记述了早期帝王的历史，相对更侧重于其道德及政策；或者说，这就是一本早期帝王道德原则及执政政策的合辑。

《诗经》是一部诗歌总集，成书于西周时期。在这些诗歌中，人们描写了道德、习俗，以及受制于帝王的地方诸侯的行为准则。[2]

《春秋》，即春天和秋天。在这部作品中，作者向人们呈现：在明智且正直的君王的统治下，帝国得以延续，这某种程度上，就如同春天万物复苏，大地一片绿色，枝头吐出了新芽；相反，在堕落且无能的君王的统治下，帝国会江河日下、走向没落，这就如同秋天，树叶枯萎，花瓣凋零，只留下光秃秃的树干。[3]

《礼记》是一部记录礼仪和祭祀活动的合辑。在这部作品中，简单介绍了古老的统治阶层，真实展示了先贤的道德。[4]

由中华帝国的历史，我们可以看出，"经"书的教义在于，它是自帝国成立之初以来的道德和政策；而现如今，旨在强调帝王与臣民之间、父亲与孩子之间、夫妇之间以及朋友之间的相互义务；与过去一样，现如今所有的城市、乡镇和村庄都在遵守这一道德。

起初，这些教义存在于箴言、告诫和格言警句中，抑或是存在于先生们用于教育弟子的例子中：根据不同时间、不同地点，弟子的聪慧或愚钝及其品行好坏，先生们选择合适的例子。比如我在上文中提到的《易经》，用各种符号来解释美德与恶习。又如《书经》，我们应将其

---

[1] 原书注：刘应：《易经概说》，位于《书经》卷末。
[2] 〔法〕杜赫德：《中华帝国全志》，第二卷，第208页（Du Halde, t. 2, p. 208）。
[3] 〔法〕杜赫德：《中华帝国全志》，同上，第318页（Du Halde, ibid, p.318）。
[4] 刘应：《易经概说》，《中国历史》，第四卷，第6页。

看作一篇道德论文或是一件历史文物，所有的教诲、知识都应回溯到历史事件的情境当中去。

从前，为了很好地领会中国的道德原则，需要花费大量的时间和精力；在学习和实践中稍有停顿，或者稍有怠慢，就会在理解要义上有所欠缺，人们也就不能充分认识到遵从这些箴言、告诫和格言警句中所含教义的必要性。

当在位的君王不像立法者一样明智和善良，并且并未像立法者一样，意识到在帝国学习和理解这些经典的必要性时，就会出现以下状况。

自此刻起，疏忽大意和懈怠将发展为愚昧和堕落，并进入宫廷，在要人、王室高级官员和其他官员中蔓延开来；这时，就会产生冲突，一方是古老的习俗、美德和道德原则，另一方则是新出现的习俗、恶习及道德原则；同时，也会在正直的人和腐败的人之间产生冲突，在法律面前人人平等和部分官员蔑视法律之间产生冲突；这种冲突会挑起战火：几个世纪以来，正是对原始政府的遵从或蔑视造成了朝代的更迭。

然而，频繁的战火中断了道德教育的发展进程。战火造就了更多的勇士和士兵，而不是市民、壮年男子和智者；政权在前者的手中更迭，而后者再也不能用智慧和道德来抵抗暴力和邪恶，野蛮不能掩盖智慧和道德，但却使其黯淡无光。

自此之后，持续不断的大规模的战火又给道德教育和知识教学带来新一轮的伤害，而这两者正是帝国人民提高道德修养和公民意识的主要来源。这些古书还是在战争中幸存了下来。但是，由于这些书由各类符号和象征意义组成，且书写无序、缺乏条理，在长期大规模的战争环境下，任何阶层的人都不可能为了学习这些经典而付出大量时间，更不可能迫使他们相信其生活的幸福是建立在遵从这些古书经典所包含的格言警句之上的。

在尚未扫除蒙昧的国家，道德会日益腐化；而蒙昧无法扫除又使这些旨在提高道德修养的书被社会遗忘。由此，愚昧无知和社会无序则互为因果，相互影响。

在19岁的时候，孔子意识到了给国家带来损害的源头，并制定计划，以阻止继续腐化的进程，同时，重塑远古时期教义的精神。

当时的中国人并不具有足够的专注力和必需的聪慧来理解这些古书，更不用提能将书中的古老教义与生活的幸福联系起来；他们只是习惯性或是偶尔翻一翻这些书：激情，或是最微小的利益引诱，就能使他们无视甚至违犯法律。孔子认为，为了重塑古老的道德，使人们重新开始行善积德，就必须使这些经典更加通俗易懂：可以使书中所包含的教义更加明晰并使之符合人的智力水平，或使这些教义更加有序、更有条理、联系更加紧密，抑或明晰或简化这些古老经典中的教义，使其在所有人可理解的范围之内，只要具有一般智力水平和通识性的知识，就可以同最聪明的人一样，理解这些教义的含义。

人们对早期帝王统治时期社会安定和幸福生活的追忆在现在的帝国仍然存在，战后政府重建之后人民都长舒了一口气。人们争先恐后地去听孔子授课，尽管那时的孔子还很年轻，却精通所有教义，他能使最无能的人变得聪明，并将所有美德都以鲜活的事例作为例证。

由于孔子在地方讲学的成功，他的名气一直传到了鲁国一位国君那里。[1] 这位国君招其任乘田（负责畜牧），为其提供了维持生计的方法。孔子一直任此官职，直到在鲁国遇到各种麻烦，他离开了鲁国，许多年之后又回来了，但是没有再被授以官职。在他重新整理了古书经典之后，一大批学生追随他；出于他的名气，鲁国王子再次招其任大司寇（负责司法裁定）。任职期间，孔子的才干、正义和大公无私赢得了广泛称赞，后被升任鲁国摄相事。

刚一上任，孔子就下令逮捕并诛杀了扰乱朝廷的少正卯。学生们惊诧于老师的严酷，孔子对他们解释道："世上有五种恶行使人比拦路抢

---

[1] 即鲁国三桓之一季氏家族。——译者注

劫的盗贼更加罪恶：虚伪的心、奸诈的行径、谎话连篇、以恶为喜、对邪恶的自然偏向。[1]当一位大人物触犯以上恶行之一时，就应被处死，不应该被智者免除处罚。然而，在少正卯身上，这五种恶行都存在，难道我应该让他活下来吗？"[2]

对这位作恶士大夫的惩罚深深影响了鲁国的各位当政者和人民：鲁国道德风化的提高使齐国国君（齐景公）大为不悦，他决定侵害鲁国国君（鲁定公）的道德以遏制鲁国全国道德风化提高的进程。齐景公以与鲁定公重修友谊为借口，给他送去了80位饶有姿色、声线曼妙的歌女。鲁定公欣然接受了这80名歌女，并从此不理朝政。于是，孔子离开鲁国，去了卫国。

当时的卫国国君卫灵公，在与夫人出行途中遇见了孔子，遂邀其同坐马车。没过一会，他们就遇到一群人在农闲时等待一出剧。"啊"，孔子大声说道，"时至今日，我还从未看见过一个发自内心崇尚美德的人喜欢与只懂得玩乐的人待在一起"。

孔子随即下车，来到了曹国。他在曹国并未找到愿意接受其教义的地方，也无法落脚安身；于是，孔子又携一众弟子来到了宋国。

有一天，孔子在讲学时，宋国大司马[3]手持军刀扑向孔子。孔子避开了袭击，面无惧色。他的学生劝其躲起来，孔子却说："如果我足够善良，就能得到上天的庇护，那么，敌人还能对我造成什么伤害呢？"

孔子继续周游列国，受到大多数国君的欢迎，却经常遭到野心勃勃的和腐败官员的质疑和烦扰，也被当时形形色色只知享乐的人愚弄和嘲笑，这些人充斥在愚昧无知又骄奢淫逸的朝廷中。

楚国的国君去世后，民间创作了一首讽刺民歌，其中唱到："为什

---

[1] 即孔子谓，"心达而险"（知识渊博而用心险恶）；"行辟而坚"（行为邪僻而不知悔改）；"言伪而变"（强词夺理且善于狡辩）；"记丑而博"（刻意关注社会的阴暗面）；"顺非而泽"不纠正错误言行且加以修饰维护）。——译者注
[2] 原书注：〔法〕冯秉正：《中国通史》，第一卷，第209页。
[3] 即桓魋。——译者注

么你丧失了道德？如果追悔过去毫无用处，就请至少为未来做好准备；别再幻想伟大的计划，现今的政府已太危险。"[1]

然而，出于孔子的名气，偶尔会有国君或士大夫召见孔子，但大多是出于满足好奇的尊重，而非出于孔子的智慧心的想法。孔子感到，在朝中宣讲道义毫无用处，遂全身心投入重修和整理古书经典的事业中；同时，将其中道义教授给他的学生，并编写教科书以向全国人民传授。

孔子从不企图取悦朝臣或是肤浅的、游手好闲的、令人厌烦的富人，而是计划重建古老帝国社会安定时期执政者的教义；他认为，应该用一种更通俗易懂、更清晰明了的方式向人们阐释这些教义，如此一来即使是天资平庸和行动力差的人也能理解。

孔子不想只给他的国家带来短暂的幸福；如果可能的话，他希望能够带来早期帝王统治时期享有的稳定的、持久的幸福。因此，他希望自己讲授的道义能给人们留下深刻的印象，如果可能的话，他希望能给所有听过其授课的学生留下经久不变的记忆。

孔子非常重视人文精神，他认为，只要经常向一个人讲授道义，用不同或相同的形式向其阐释道义，并通过各种实据和例子让他感受到道义的作用和必要性，这个人就能建立起对真理和原则扎实可靠且持久的认识。因此，他希望，道义的阐释既要明晰，又要时刻与其基本原则及具有说服力的实据和例子结合起来。

孔子丝毫不否认文笔的优雅、华丽，抑或有趣；但却拒绝为此牺牲明晰：他尽可能给予自己的作品和解释精炼的表达，但有时也会重复一些原则和观点；大多数情况下，重复并不是明晰的表达所必需，而是为了更有效、更深刻地加深印象。

这就是为什么在孔子及其学生的作品中，尽管已经极尽精炼，一些原则和观点或多或少仍然会重复出现。正因如此，在这些作品中，语言

---

[1] 原书注：〔法〕冯秉正：《中国通史》，第二卷。

极为精简，观点表达极有条理，但同时，由于例证较多，表面上看略显杂乱；在表达观点时不加修饰，但在解释观点和书写过程中，文笔添加了自然的修饰，丝毫不做作、不矫情、不夸张、不烦琐。

总之，在孔子的作品和阐释中，我们看到了一位致力于育人这一伟大事业的哲学家，而非为了那些幼稚的企图，类似为了赢得人们的称赞和惊讶的目光，为了娱乐大众，为了哗众取宠，抑或为了引起大众的掌声或笑声的那类人。

以上就是孔子的一生，也是孔子为了祖国的幸福安定所付出的心血。孔子于75岁时去世。在他生前，至少3000名弟子聆听过他的教导。孔子教会了他们教学的艺术，激发了他们于腐败的朝廷中传授道义的勇气，及在最恶俗的环境中教授道义的欲望。

他们的教学和热情使全国上下都弥漫着智慧的光芒，也在全国范围内掀起了学习孔子学说的热潮。正是在这种环境下，居心叵测的奸臣颠覆朝廷的活动变成徒劳，有作为的君王也开始意识到道德修养、美德及向全国人民传授孔子学说的必要性。

中国第五个朝代[1]的奠基者，同时也是中国历史上最负盛名的皇帝之一——高皇帝（汉高祖）曾祭拜孔子，对其致以与历代帝王同等的敬意：此开后世帝王祭孔之先河。[2]

继任者延续了这个传统，还修建了各式各样的学校、学堂和书院，并相应地配备了老师和学者。直到东汉时期，汉章帝下令修建了一所寺庙，里面供奉着孔子像及其72弟子像；在盛大节日或举行盛大仪式时，皇帝会带着声势浩大的队伍来向孔子致以学生的敬意[3]。

学者选自全国各地的孔庙，由他们带领人们向孔子像致礼、祭拜，这些礼节一直沿用至今；人们每年祭拜两次孔子，分别是在新月和满月

---

[1] 文中指汉朝。——译者注
[2] 原书注：〔法〕冯秉正：《中国通史》，第二卷，第518页。
[3] 〔法〕冯秉正：《中国通史》，第三卷，第386页。

时；人们认为，孔子的精神被寄托在一个被称为"灵位"的精美的匾额上，上面用金色的大字写下孔子的名字；为向孔子表示敬意，人们献上粮食、水果、丝绸和香料，此外还有专为祭祀准备的酒和牲畜。[1]

确实，孔子是中国的大学者：全国各地随处可见祭拜孔子的场所；正是出于人们的崇拜，孔子学说的权威性不容置疑，也保证了其在整个帝国的永恒性。

在帝国动乱、骚乱和内战时期，孔庙就是其精神和学说的神圣的避难所：中国人在遭遇不幸时，都会看一看孔子像，看一看寄托孔子精神的灵位，这就是帝国人们在遭遇不幸时的慰藉：当皇帝被废黜或朝代没落时，孔子就是帝国的指挥者和人民的立法者；继任皇帝，或者新朝代的奠基人，必须向这位先哲致敬，必须承认他的弟子，也必须使各项执政原则同孔子的学说相适应。

以上就是由孔子及其弟子创立的儒家学说的权威性的由来，这些学说包含在卫方济所译的6本古代经典中：孔子及其弟子著成了"四书"，以及两本经书，共6本：即《大学》《中庸》《论语》《孟子》《孝经》和《小学》。

第二类经书同样包含"五经"中教义，但是其叙述和阐释方式更有条理，也更有序；并不像更早的古书一样晦涩难懂，其理论也更通俗易懂。

在今天的中国，这些书就是学校里教学的教材，所有的中国人都要背诵并学习；只有认真学习，并通过大量的考试，才能博学或者获得官职。[2]

这第二类经书实际上是帝国的古籍经典，其中包含着支撑帝国3000年，并且在今天的帝国仍然存在的道德和政治哲学。

我认为，这些作家令人尊敬，他们一直致力于古代经典的整理工作，并收集到了一起；但令我稍感遗憾的是，这些作家仅仅将这些古书

---

[1]〔法〕冯秉正：《中国通史》，第二卷，第301页。
[2] 卫方济为其拉丁文译本《中华帝国六经》所著前言。

中的一部分零散地收集到了一起；然而，通过这些零散的观点，我们不能完整地认识帝国的道德和政治哲学及其立法制度。

通过《中国哲学家孔子的道德观》（*Morale de Confucius*）这本书，我们也不能更好地认识这一道德系统。这本书1688年在阿姆斯特丹出版，并于今年再版。

而杜赫德，可以说，也只是给出了部分章节的题目。

因此，我想，这些中国经书的法语翻译将会非常受用，尤其是对于不懂拉丁语的和没有卫方济神父译本的人来说，因为其译本非常少见。卫方济神父绝对可以称得上是位哲学家，他在学习了20年中文之后，才着手翻译了这些经书。

在此卷中，包含我的《大学》和《中庸》的法语翻译。

《大学》，或称《成人之学》，是孔子的著作，并由其学生曾子整理、作注。这对师徒编纂此书的目的在于，引导人们学会规范德行的方法，并最终养成良好品德；一个人的良好品行会影响到整个家庭；一个家庭的良好品行会影响到各个诸侯国；各个诸侯国的良好品行则会影响到整个帝国的人民；个人、家庭、各诸侯国和整个帝国之间相互影响的关系的核心，就是个人幸福和集体幸福的关系。

因此，根据孔子的观点，政治问题可以通过道德问题来解决，即重建人的"本善"状态；也就是说，在个人身上重建正直、理性等人一出生就具有的善良品性；因为，理性和人一出生就具有的善良品性可以导向和平、团结、与同胞和谐相处和幸福；以上这些正是孔子在《大学》中所追求的哲学，也是政治目标。

《中庸》是孔子的孙子——子思的著作。此书旨在证明一项人一生中必须严格遵循的法则。孔子考察了人的激情、爱好和欲望，并最终发现，在人的内心中，存在一项造物主已经赋予的法则以指导人的内心活动，同时在人遇到情绪波动时，将人控制在一种中庸的状态。

这项指导人内心活动和控制情绪的法则就是理性：孔子一直追溯到

它的来源；他考察了所有本性的相互作用；最终回到一个智者的内心，仔细思考它的情绪活动，考察其如何保持在中庸状态。

不少书写中国科技史的作家翻译，或者更确切地说，是意译了这些经书；在他们眼中，与其说孔子是一位哲学家，不如说孔子是一位雄辩家。很多学者在阅读了其母语译本后，都会有相同的感受；也正因如此，有人将卫方济的译本与柏应理和殷铎泽的译本相比较；而比较的内容，也就是接下来在本书第一卷中所译的经书，第一卷的名字叫《〈大学〉〈中庸〉法译本》。

《论语》法语转译本前言

这本书是一本合辑，其中包含：孔子与学生的对话、其与帝王、大臣和百姓的问答、其对人的精神和心灵的思考结果及其对当时所处时代、社会环境和社会实践的反思。

这些问答和反思旨在塑造道德原则，并最终使人养成美德。

从《大学》和《中庸》中，我们不难看出，孔子希望以此建立帝国的道德和政治基础，使公民意识和思想道德达到更高的水平；他在这两本书中教导人们"人性本善"，任何阶层的市民都可以达到"性善"；也只有践行这些德行，生活才能幸福。

在《大学》和《中庸》中，这位中国的哲学家可以说将书中的道德和政治原则捧上了天。他认为，这些道德原则可以引导智者、指导市民、管理国家，并最终带来和平，使整个大地笼罩在幸福之中。

在《论语》中，孔子将对这些道德原则的高深的哲学思考回归于其在日常生活细节中的应用；他将这些格言警句（所表达的思想）融入日常行为中，同时应用于帝国的日常管理。孔子对这些道德原则稍作调整，使之与当时的社会环境相适应，也与不同人的身份相符合；通过这些细节，孔子向人们教授如何践行这些道德原则，并预见到在践行的过程中可能会产生的恶习，以根据不同身份和不同环境加以预防。

除了我刚才提到的，《论语》还十分忠实于中华帝国的风尚和政府。针对这一点，孔子向他的学生解释道：这本书展现了腐化与善良，智慧与愚昧之间有趣的冲突。

愚昧、疏忽和邪恶总是不乏追随者，而美德和善良却鲜有信徒；但同时，不幸、麻烦和混乱与愚昧、疏忽和邪恶相伴相生。孔子在周游列国时，每到一处，都会培养弟子，希望他们能向各诸侯和臣民指出他们做犯错误的原因和改正方法。与以往常被仇视或饱受质疑不同，他们却非常被尊敬，随处传播美德的观点，并使人们认识到遵循这些道德原则以生活幸福和和平执政的必要性：他们随处散播因行善而生活幸福的人的故事。

因此，《论语》是一本兼具格言警句和实例的合辑；它既强调只有行善才能生活幸福，同时展示了其可行性。

在《论语》中，同其他中国经典和古代哲学著作相仿，道德被与政治相连。这是因为，在中国哲学中，人类总被看作公民，一个公民往往又是一个幸福家庭的成员，而为了保持家庭幸福，人们需要不停地劳动；如果一个人不了解治理国家的原则和规律，他就不能胜任职位。在中国，政治不是神秘的传说，也不是尘封在部长办公室和指挥室里的神奇的艺术。在中国，执政是一种大家长式的管理，因此，人们认为，每个人都需要接受教育。

我认为，《论语》具有三大特点：简练、有深度、大众化。即使是天资最浅薄的人也可以理解，而聪明的人则可以通过思考，找到人生中尚未发现的真理：几乎每一条格言警句都隐含着深刻的道德哲理。正是由于这一点，人们会觉得读《论语》十分有趣，无论他处于怎样的社会环境，也无论他生活在哪个朝代。

这些格言警句都烙上了孔子灵魂的烙印：通篇语言精炼，毫不矫揉造作；文笔考究，不骄傲、不夸张；执着但不固执，坚定不移但不华丽奢华；语言精确、朴实，毫不迂腐、拖沓；表意仁慈、宽大，不微弱、不懈怠；最重要的是，孔子在《论语》中，将智慧与人的情感相连，对每种精神的阐释都直触内心。

《论语》共分20章，每章之间并无联系。这样的章节安排，看起来正是为了给读者留有思考的空间。但是，卫方济神父对每章都加以分析和评论，我也将这些保留在我的译文中，但这些分析和评论并不包含在中文原著中。

《孟子》法语转译本前言

孟子出生于山东邹县，远祖曾是鲁国的显赫贵族：他的老师是孔子的孙子——子思，而孟子也是他的学生中最优秀的一位。

当时的中国被几任野心勃勃而又好逸恶劳的帝王统治，他们只顾不断结盟以扩大领土，在邻国国力屡弱或遭遇不幸时乘虚而入、掠夺财富，大力发展艺术和商业，苦思冥想各种苛捐杂税以发财致富。

不同派别的诡辩家各为其主，并教授其哲学思想，企图为这些混乱做辩护；就好像只要奢华占据统治地位，一切混乱都将回归正常。

孟子游历各国，向各位帝王、朝臣和官员阐述执政和道德修养的真正原则；他同时也向普通百姓授课：英勇地反驳当时社会上的各位诡辩家。

这本书是孟子与帝王和官员及其他人对谈的合辑，也是中华帝国"四书"的第四本。

从这些对话中，人们不难看出，有一些原则孟子不止一次重复。我在翻译中删去了这些单纯重复的部分；同时，我也删去了在《论语》中已经出现的内容；此外，还有一些针对个别只有中国人感兴趣的事件的讨论，我也删去了。

孟子的学说是孔子学说的一部分，但孟子将其发展得更具智慧，也更深刻，达到了以往任何学生都未能达到的高度；很多一流学者普遍认为，绝大部分孔子的学生与孟子相差甚远；有人甚至提出，对于中国来说，孟子的教学似乎比孔子的更有益处。

孟子一直致力于证明正义和善良是所有人类与生俱来的品质，并试图将所有道德修养和政治问题的解决方式归结为正义和善良的重建。

孟子于公元前450年教授他的学说。

当我们将孟子的学说与当下在欧洲盛行的享乐主义政治、马基雅维利式统治、重商主义政治和金融政治等制度做比较时，我们怎么有权利轻视中国人？而在几个世纪中，欧洲人又怎能将无数演说家引以为傲的启蒙时代的优越感归功于自己？

这里必须提及的是，孟子的著作中收录了不少新奇、有趣的小故事。在它们当中，有些涉及中国早期历任帝王统治时期的政治经济；有些则是关于帝国长期延习的封建统治。这些很可能可以帮助人们弄明白罗马帝国灭亡之后欧洲大陆上未开化时期的历代统治。

《孝经》《小学》法语转译本前言

第七卷包含两本经书，即《孝经》《小学》。

《孝经》，汉语读Hiao-king，是孔子与其学生曾子关于孝心的问答的合辑。这本书的语言简练，内容深刻；孔子通过这本书，阐释了"孝"的所有义务，并向人们指明"孝"与父子（女）融洽、国家繁荣和维护社会纲常联系密切。

《小学》，汉语读Siao-hio，由朱熹著成。朱熹生活在宋朝，也就是大约公元1150年。

这本书关注各种事物的自然本性，及支配自然界运行的内在规律；人们还可以从这本书中发现关于中国家庭教育和公共教育的有趣的细节。

作者的目的在于延续这些教育传统，激发年轻人对美德的喜好，及抵抗恶行和暴力的勇气。在一个国家中，上至国家帝王，下至普通百姓，每个人都有需要履行的普遍义务和个人义务；因此，朱熹在这本书中收录了大量古往今来最受尊重的贤哲的格言警句，并通过讲述美德的精彩段落，告诉人们，所有人都能学会先哲的学说。

  我认为，在这卷译本中，应该删除前几卷中出现过的单纯重复的部分；同样，我还自作主张删去了其他内容，这些内容仅涉及在中国非常特殊的习俗和事件，且与道德和政治无关，并不能引起外国读者对中国的兴趣。

（译者单位：法国巴黎高等社会科学研究院）

《诗经》的国外传播与多维度研究

顾伟列

摘要：《诗经》作为儒家经典之一，有着悠久的国际传播史，本文对《诗经》东传和西播的历史作了简要梳理。文中以法国汉学家葛兰言（Marcel Granet）、日本汉学家白川静、美国汉学家宇文所安（Stephen Owen）的《诗经》研究成果为再研究个案，探讨其《诗经》研究中运用文化人类学、比较文学、民俗学及阐释学等不同方法，对《诗经》所做的多维度探究和富有新意的经典阐释，揭示国际"诗经学"研究的方法论意义。

关键词：《诗经》 葛兰言 白川静 宇文所安 研究方法

《诗经》是中国最早的诗歌总集，也是认识中国早期历史文化的经典文献，因其真实反映了殷周文化，特别是对西周初至春秋中叶政治、经济、宗教和民俗作了较全面的展示，历来受到国外学者关注，译著丰富，研究成果令人瞩目。国外学者对《诗经》多维度的探究和富有新意的经典阐释，体现了国际"诗经学"的意义和价值。本文拟概述20世纪《诗经》的国外传播，并选取三个研究个案，略述国外学者《诗经》研究的方法论意义。

一、《诗经》的东传与西播

《诗经》之东传当不晚于魏晋南北朝。韩国三国时代高句丽和百济两国的太学已将《诗经》列入基本教材。[1]新罗王朝于8世纪把《诗经》等儒家经典列为官员必读书,促成新罗儒学的形成。高丽王朝于10世纪实施科举制,《诗经》为考试内容之一,推动了《诗经》的民间传播。进入20世纪后半叶,李家源及金学玉主译的《诗经》全译本在韩国相继问世,金学玉译本多次再版。随着汉语热在韩国的兴起,韩国已有数十所大学开设"《诗经》选读""《诗经》研究"等课程。《诗经》于6世纪传入日本,据《日本书纪》载,百济曾先后派遣多名五经博士赴日传授五经,开《诗经》在日传播先声。7世纪中叶起,《诗经》列入太学寮必修课程,在日本文人中广泛流行。平安时代大量汉籍传入日本,据严绍璗先生查考,当时传入日本之唐人写本中,就有列入"日本国宝"的东洋文库藏《毛诗》卷6,列入"日本重要文化财"的京都市藏《毛诗正义》卷6和东京国立博物馆藏《毛诗正义》卷18。[2]及至20世纪,日本已成为国外《诗经》译介和研究的重镇。[3]目加田诚的《诗经》、松本雅明的《关于〈诗经〉诸篇形成的研究》、白川静的《诗经——中国的古代歌谣》、长泽规矩的《毛诗注疏》、永岛荣一郎的《诗经韵释》、铃木修次的《中国古代文学论——诗经的文艺性》,吉川幸次郎的《诗经国风》和高田真治的《诗经》等,都是日本具有代表性的《诗经》译注本及研究论著。

《诗经》的西传史经历了三个阶段。其一,18世纪为起始期,《诗经》的西方接受成为传教士汉学的组成部分。自耶稣会士金尼阁

---

[1] 安鼎福《东史纲目》第二:"小兽林王二年(372)六月,始立太学";《北史·高句丽传》:"书有五经";《梁书·百济传》载百济于梁武帝时曾遣使上表请派《毛诗》博士传授《诗经》。
[2] 参见蔡毅:《中国传统文化在日本》,北京:中华书局,2002年,第110-111页。
[3] 据统计,1868—1990年日本《诗经》译著及论著多达764种。

（Nicolas Trigault，1577—1628）用拉丁文译介《诗经》后，18世纪法国传教士白晋（Joachim Bouvet，1656—1730）、马若瑟（Joseph Henry-Marie de Prémare，1666—1736）、赫苍壁（Julien-Placide Hervieu，1671—1746）、宋君荣（Antoine Gaubil，1689—1759）、孙璋（Alexandre de La Charme，1695—1767）等相继选译《诗经》。其二，19世纪为成熟期，《诗经》在西方的译介与研究摆脱传教士文化传统。刊印的《诗经》译本已有英、法、德、俄等多种语种，既有全译本，也有选译本。其三，20世纪为发展期，《诗经》译介与研究基于东西方学界的对话与互动得到长足发展。较重要的译本如美国埃兹拉·庞德（Ezra Pound，1885—1972）的《诗经》英译（哈佛大学出版社，1955），译本虽未完全忠实于原文，但自成一格。庞德擅长诗歌创作，译文遵从意象主义诗派对形象性、音乐性的重视，力求再现《诗经》的意象美和韵律美。庞德深谙中国文化，《诗经》反映的风俗人情在译文中得到较好体现，译著问世后在西方产生较大影响。英国亚瑟·韦利（Arthur Waley，1889—1966）的《诗经》译本一反风、雅、颂的传统分类，而是根据诗歌内容重新编排，分为婚姻诗、农作诗等17个门类。韦利通晓日语，翻译时除参考中西注释外，还吸取日本学界的研究成果。他在序言中比较中日诗歌之异同，阐述中国古代与近代诗歌的内在关联，在附录中对《诗经》与欧洲文学作了横向比较。韦利译介和研究《诗经》自觉超越儒家成说，坚持纯文学立场。译本于1937年初版后，在欧美多次再版。瑞典汉学家高本汉（Bernhard Karlgren，1889—1978）20岁来华，其后潜心钻研中国语言、文物和先秦典籍。他治学严谨，依从"读经必先识字"的研究理念，采用文字、音韵、训诂等方法研讨《诗经》。他批评中国传统学者往往妄加美刺，穿凿附会，也批评西方学者不辨是非而袭用古人，以致注释或译文偏离诗歌原意。他既不把《诗经》奉为经书，也不轻言"一声之转"，而是通过对《诗经》中不同作品及《诗经》与其他先秦古籍互为参照，先考订字义，再由字义推断句义和篇义。其研究特点有二：一是研究历代学者的《诗经》注释和评价，参照古人成果，对费解的词语和典故作明白晓畅的注解，对特殊句式作语法分析，力求为西方读者提供忠实于原作的译本。二是深入研究《诗经》的用韵规则，根据语言学学科规范，梳理上古汉语语音系统。他的《诗经》注释及其英译在西方获得好评，被誉为《诗经》西播史上的里程碑。[1]

《诗经》在东欧有多语种译本。《诗经》俄文全译本于1957年问世，由什图金（1904—1964）翻译，科学出版社出版。同年，国家文学出版社还出版了《〈诗经〉选译》。[2]匈牙利杜克义与贾纳弟、易叶士两诗人曾合译《诗经》，译著于1957年由欧罗巴出版社初版，1959年和1978年再版。罗马尼亚于1963年出版《中国古诗选集》，选译西周初至晚清的名篇佳作，基本反映了包括《诗经》在内的中国古诗概貌。捷克著名诗人和翻译家马铁修斯（Bohurnil Mathesius，1888—1952）于20世纪40年代编译《古代中国之歌》，选本以《诗经》和唐诗为重点，侧重介绍《诗经》中体现的中国人热爱和平和勇于自卫的精神。

二、《诗经》在国外的多维度研究

（一）葛兰言：运用文化人类学方法解读《诗经》

以文化人类学视角探究《诗经》的原始意义，通过作品解读揭示先秦宗教、信仰、习俗等社会文化的真实，是国外《诗经》研究的重要特色。法国汉学家葛兰言（Marcel Granet，1884—1940）是西方学界运用文化人类学方法研究《诗经》的开创者。葛兰言、伯希和和马伯乐都是20世纪上半叶法国汉学大师沙畹（E. Chavannes，1865—1918）的学生。沙

---

[1] 详见中国诗经学会：《第三届诗经国际学术研讨会论文集》，香港：天马图书公司，1998年。
[2] 参见马祖毅、任荣珍：《汉籍外译史》，武汉：湖北教育出版社，2003年，第425页。

畹、伯希和、马伯乐及高本汉的汉学研究注重文献发现和考证，属语文学派或实证史学，与清代朴学相近。葛兰言为社会学派，重文本亦重社会调查和田野作业。他主张到中国农村，特别是到旧文化形态保存较完整的河南郑州一带调查，曾两次来华实地考察，历时逾3年。他在方法论上突破文学、社会学、宗教学、民俗学的学科界限，注重多学科综合，在周代文化的宏阔背景下发掘《诗经》文本的文化信息，再现中国上古时期民间鲜活的生活图景。葛兰言汉学研究论著被译成中文的有《古中国的跳舞与神秘故事》[1]和《古代中国的节庆与歌谣》[2]，两书为葛兰言《诗经》研究的代表性论著，后者分为"《诗经》的情歌"和"古代的节庆"两编，他在论著中提出下述基本观点：

第一，《诗经》是认识上古中国社会习俗与信仰的重要文本。葛兰言认为，宗教信仰的起源须在正统宗教的浓缩形态之外追寻，官方宗教与原始宗教有着千丝万缕的关联，原始宗教起源于习俗与原始信仰，倘若承认《诗经》具有文献价值，那么不妨从揭示《诗经》文本的原始意义入手，进而了解中国古代祭礼，亦即以古老习俗为基础的宗教信仰与传统。基于这一认识，他运用社会学和人类学方法，试图"超越诸种注释书去努力揭示文本的原始意义"，因为"歌谣透露了先于经典的道德教诲而存在的上古习俗"。[3]

第二，《诗经》具有民谣本质，研究《诗经》应探究其原始意义。葛兰言认为，《国风》和《小雅》中的部分篇章具有民谣性质，是民众在各类祭礼集会上的即兴歌唱，是在进行仪式舞蹈时围绕某一特定主题的即兴之作，是协同创造力的产物。口头仪式是古代农事祭礼的组成部分，它伴随着即兴歌唱。民间青年男女平日受到习俗制约和社交限制，

---

[1]〔法〕葛兰言著，李璜译：《古中国的跳舞与神秘故事》，上海：中华书局，1933年。
[2]〔法〕葛兰言著，赵丙祥、张宏明译：《古代中国的节庆与歌谣》，桂林：广西师范大学出版社，2005年。原著的另一个中文译本题名《中国古代的祭礼与歌谣》（张铭远译，上海文艺出版社，1989年）。
[3]〔法〕葛兰言著，赵丙祥、张宏明译：《古代中国的节庆与歌谣》，桂林：广西师范大学出版社，2005年，《导论》第6页。

很少有向异性袒露情感的机会,祭礼集会和舞蹈仪式为其提供了即兴歌唱的契机。

葛兰言认为,中国古代的农事祭礼如同农事安排,有固定的季节时点,举行祭礼的地点是山岳或河川,这类场所因被视为圣地而为民间崇拜。当青年男女在共同圣地参加祭礼仪式时,已从往日单调的生活中摆脱出来,他们尽情歌唱,即兴对歌,在对歌的竞争中袒露炽热情感。圣地祭礼为青年男女结识、相爱和达成婚姻提供了契机。对歌中的反复应答,是形成《诗经》重章叠句之章法特点的重要因素。按葛氏的观点,祭礼集会——仪式舞蹈——即兴歌唱——在共同圣地进行团体的婚配交换,在当时具有合理性和神圣性,这是产生《诗经》婚恋诗的文化背景之一。

葛兰言对比《毛传》和《郑笺》对《诗经》解说的异同,并参照朱熹《诗集传》注释,对部分作品作出自己的解读。他把《诗经》情歌分为田园恋歌、村落恋歌、山川恋歌三种类型。他的作品分析既有创见,又不无主观推测。前者如对《关雎》的解析,"参差荇菜,左右流之"当指古代奠菜仪式,即婚礼后三月新婚夫妇不能同房,须在婚后三月举行奠菜仪式后,方能解除性关系禁例。所以诗中独居的男子只能"寤寐求之""辗转反侧"了。[1]后者如对《七月》第三章"女心伤悲,殆及公子同归"的解释,"姑娘们心中无限伤悲,时间到了,她们要与公子们同归",认为二句是写春日婚嫁时期女子思嫁,就存在主观蠡测的成分。他同时指出,此诗"实际是用诗句连缀而成的历书,其中各句是一年四季的田园俚谣",这一看法与国内的解读基本一致。

第三,《诗经》是早期中国农民宗教生活的形象反映。葛兰言认为,上古时期的中国农民生息劳作于黄土高原的封闭村庄,同村男女为血亲同姓,而且男子自春播起即耕作于田野,与女性几乎隔绝,秋收后

---

[1] 葛兰言引清人刘寿曾《婚礼重别论对驳义》的记载(《皇清经解续编》卷1423)以证明己见,详见〔法〕葛兰言:《古代中国的节庆与歌谣》,第98页。

才回到村庄。当时禁忌族内婚配，不同亲族集团有着婚姻交换的需要。对未婚男女而言，春日祭礼是难得的异性交往机遇。祭礼的时间在春、秋之始，祭礼的地点在共同圣地，异性交往的舞台是祭礼集会，交往的媒介是即兴歌唱。祭礼集会一依季节轮换的节律，春天万物复苏，生命力最为旺盛，是未婚男女性启蒙和性交往的时间节点。秋天是回报丰收的季节，有了食物储存并分享劳动成果。中国古代祭礼反映了早期农民的生活节律，人们相信，遵从时令更替和生活节律举行祭礼，就不会遭受大自然惩罚，就能平安的生息繁衍。为印证其观点，葛兰言还列举古代希腊、日本和印度支那半岛以及中国西南地区少数民族的民俗资料作为旁证。

葛兰言认为，人类不能缺少节日与聚会，因为节日聚会聚合了分散的个体，起到强化群体意识、释放群体情感、增强群体凝聚力的功能。节日狂欢使人们从往日拘谨的生活中解脱出来，唤醒了生命力和创造力。圣地祭礼既有宗教意义，又具有激发青年男女勃发的生命力之功能。即兴歌唱在和平竞争中展开，竞争使往日心灵封闭的男女青年有了亲密的接触和交流。他们按节奏韵律跳舞歌唱，为表达感情而即兴吟唱的歌谣，内容或直露或含蓄，诗中意象取自大自然和日常生活，虽似顺手拈来，却活泼灵动、激情四溢。这类民间恋歌一扫往日羞怯，因为宗教性狂欢赋予人们神秘力量和激情。诗中，现成的套语与即兴创造的新语一经组合，便出口成章，意趣盎然，而且章句均齐，琅琅可诵。葛兰言还推测，《诗经》情诗中出现的大量植物、河川等意象，或许就来自祭礼集会场所的那片圣土，对于圣地，人们总是怀有神圣而崇敬的感情。

总起来看，葛兰言的《诗经》研究在方法论上较多接受法国社会学派涂尔干的影响。涂尔干关注仪式在社会生活实践中的意义，在其《宗教生活的基本形式》一书中列举澳大利亚土著的生活事实，认为神圣与世俗的二分使原始人产生对立观念，宗教的意义在于形成共同理想和追求,凝聚群体,化解对立。葛兰言旨在通过对《诗经》的文化人类学解读,说明人类在节日祭礼中形成并确立了共同情感,证明节庆与时间节律同步,具有促进人际和谐及人与自然和谐的功能,《诗经》中的爱情诗正是节庆祭礼的产物。尽管其部分见解存在"天才性假设"的局限,不无牵强附会,但他的研究方法及其对中国典籍的阐释,在20世纪前期饶有独到之处。

(二)白川静:民俗学与文学比较研究方法的综合运用

日本学者白川静(1910—2006)具有扎实的汉语言文字学功底,曾著《金文通释》9卷及《字统》《字训》《字通》等汉字研究论著。其《诗经》研究长于文字训诂和基于民俗视野的意义探源,围绕《诗经》所反映的原始宗教观和集体无意识,对《诗经》意象的文化意蕴有深入阐析。他早年钻研《万叶集》,其后又细读《皇清经解》中有关《诗经》的考证文献,为比较研究积累了丰富材料。他认为,《诗经》与《万叶集》"是具有民众基础的生活者的诗篇和歌集,这样的文学,西方和印度都没有"[1]。下文以白川静对《诗经》中"鱼"意象之阐析为例,一窥其研究方法的特色。

国内学者最早以民俗学视角研究《诗经》的是闻一多,所著《高唐神女传说之分析》《〈诗经〉的性欲观》《说鱼》等均为《诗经》研究力作。白川静借鉴闻一多的研究方法,对《诗经》中"鱼"意象的意蕴作了较系统的阐释。

首先,"鱼"意象与性关系及女性多孕形成异质同构的关联。古代祭祀以鱼献祭,有些部族还以鱼为本族图腾。《小雅·南有嘉鱼》及《鱼藻》等祭祀诗中,"鱼"意象蕴含后人对本族祖先的敬拜和家族繁衍的祝祷。《礼记·昏义》云:女子出嫁前三月,"教以妇德、妇言、

---

[1] 〔日〕白川静著,杜正胜译:《诗经的世界》,台湾:东大出版社,2001年,第3页。

妇容、妇功。教成祭之，牲用鱼，芼之以蘋藻，所以成妇顺也"。毛传《召南·采蘋》云："古之将嫁女者，必先礼之于宗室，牲用鱼，芼之以蘋藻。"白川静认为，婚礼前行祭鱼仪式，意在借助类感符咒力使新婚女性多孕多子。《陈风·衡门》中的"食鱼"即为"娶妻"的象征。《诗经》婚恋诗中的"鱼"大多喻指性关系，古代诗人基于对鱼的繁殖能力的认识，将"鱼"意象固化为性与生殖符号，借以表达对种族延续的祈望。

其次，《诗经》中鱼意象不仅喻指两性关系，而且包含了先民对丰收的祈祷。如《周颂·潜》云："猗与漆沮，潜有多鱼。有鳣有鲔，鲦鲿鰋鲤。以享以祀，以介景福。"白川静引朱熹释义："月令，冬季，命鱼师始渔，天子亲往，乃尝鱼，先荐寝庙，季春，荐鲔于寝庙，此其乐歌也。"认为《潜》是祈祷丰年的祭礼乐歌，人们出于鱼繁殖力旺盛的集体无意识，"荐鲔于寝庙，乃为麦祈实"，意在祈望谷物丰饶。他阐析《小雅·鸿雁之什·无羊》"牧人乃梦，众维鱼矣。旐维旟矣，大人占之。众维鱼矣，实维丰年。旐维旟矣，室家溱溱"诸句，指出诗中鱼意象即包含祈丰年和繁子孙的意蕴。

再次，"笱"本为捕鱼工具，《诗经》婚恋诗中"笱"意象多为"性的隐喻"，或喻指女性性器官，或以"设笱捕鱼"象征男女性行为。《卫风·竹竿》云："籊籊竹竿，以钓于淇。岂不尔思，远莫致之。"即用"钓鱼"隐喻追求心仪的女性。白川静认为，类似的创作手法及意象也见于日本古代歌谣。如《万叶集》有诗云："山溪清彻底，埋个筌笱等待你，不到八年不偷提。"[1]山溪中的"筌笱"和"游鱼"，分别喻指女性和男性，鱼入"笱"中意谓男女交合。《诗经》和《万叶集》虽然创作年代不同，但都产生于氏族社会解体之后，因去古未远，远古习俗仍遗存于民间，意象原型反映了中日先民相近的联想和隐喻。

---

[1] 转引自〔日〕白川静：《诗经的世界》，第21页。

白川静是国外较早以民俗学视野研究《诗经》的学者，除《〈诗经〉的世界》外，他还著有《中国古代民俗》。他以民俗学视阈解析《诗经》意象及其诗中反映的上古风俗，并与日本古代民俗及歌谣加以比较，寻找相关性和相似点，从而得出上古时代不同民族的思维方式多有相同和相似处。[1]

（三）宇文所安：阐释学视野下的《诗经》研究

美国学者宇文所安（Stephen Owen，1946— ）所撰《〈诗经〉的繁殖与再生》一文是国外学者运用阐释学研究《诗经》的新成果。[2]该文通过对《载芟》《生民》二诗的意义阐释，围绕下述三个论题思考中国传统文化的某些特征：

第一，农业生产与仪式的简单重复和文字表现之间的关系。论文发端即提出问题："人类文化为什么要以文字对现实进行表现，然后，又不断复制或者再生产那些同样的文字？是什么使得这些重复的精确性如此重要？在文字表现的内容和精确的文字复制过程之间，是否存在某种形式的相应？"[3]他的阐释是：

其一，用文字记录文化是为后代生存繁衍提供依据。古人相信，前代留下的文字记录是后代文化传承的依据。其二，"仪式化表现"是为了避免后代遗忘或忽略祖先创造的文化，确保文化的一脉相承和传统的代代沿袭。他列举《载芟》结句"匪且斯今，匪且斯今，振古如兹"，指出三句意谓今年如此，年年如此，自古以来就是如此，表明古代中国人对文化传承的执着。关于"仪式化表现"，他打比方说："某人在地上挖了一个洞，在里面播下一粒种子，掩上土，除掉周围的杂草，然后把'种子生长吧'这句话念上三遍"。后人坚持不懈地在播种时把这句

---

[1] 详见〔日〕白川静著，王巍译：《中国古代民俗》，沈阳：春风文艺出版社，1991年。
[2] 〔美〕宇文所安著，田晓菲译：《他山的石头记》，南京：江苏人民出版社，2003年，第26-49页。
[3] 〔美〕宇文所安：《他山的石头记》，第26页。

话念上3遍,显然,后人认为祖宗之法须得到精确而完美地传承。其三,用文字记录过往和未来如同"仪式化表现",具有再现历史和预知未来的功能。他以《生民》为例,指出本诗叙述了后稷的诞生、成长、劳动、收获和祭祀。后稷是周族始祖,对周族后人而言具有非凡的意义:

> 我们不能建构一个完整的故事,只有那些帮助仪式的生效的叙事片段存留在诗中。也许,曾经一度,每个人都知道开始的诗节所暗示的完整故事;也许从来就没有一个完整的故事,都是远古神化事件的残片,因为和仪式联系在一起而得到保留。对于仪式需要来说,谁遗弃了后稷或者为什么遗弃后稷不是那么重要,重要的是后稷平安地通过了他的考验。[1]

这种有意识地记录折射出人们的功用性期待,即人们"对完美的延续与传播的渴望、对更改变动与多元的厌弃"。它希望本族后代仿效先人,以保证"周文化的统一和延续"。于是,文字记录已不单纯是仪式的记录,更成为仪式的组成部分。

第二,阐释农业生产与仪式简单重复之间的关系。《载芟》描述一年中农业劳动周而复始的过程:除草、翻地、家庭劳作、庄稼生长、丰收、仪式化庆祝告慰以及祭祀祖先。在这张"清单"中,所有"农业生产技术与仪式技术"都被记录保存下来,从而达到"表现全部的系统,保证它的完整性"的目的,它体现了中国人追求"完美的重复与再生"的意志。从年初春播到年终祭祀以告慰先祖,农事与祭祀仪式周而复始,代复一代地重现于程式化的周期中。

宇文发现,《诗经》农事诗在描述生产活动后,会不约而同地描述祭祀仪式。他阐释《生民》说:

---

[1] 〔美〕宇文所安:《他山的石头记》,第32页。

> 农业的贵族把时间理解为一系列不同的阶段，每一个阶段都和其他阶段同等重要，在任何一个阶段，失误都可能是灾难性的。……唯一不同的时刻发生在一个周期结束之后和下一个周期开始之前。[1]

宇文认为"唯一不同的时刻"就是祭祀，因为它具有沟通今人和先人的功能。今人因继承先人的生产传统，有了物质剩余，不仅能满足生存，还可用以酿酒，酒是祭奠祖先时人神沟通的媒介。《生民》解释姜嫄所以培育出周始族后稷，在于"克禋克祀"。"禋"，洁祀也。姜嫄所以有幸踩中神之足迹而怀上后稷，是因为她能诚敬祭祀。宇文指出，这里没有西方"神圣强暴"的痕迹，整个过程与情欲无关，只有技术化色彩，这技术就是祭祀。后稷成人后致力于农耕，丰收后献上食物，食物香气袅袅上升，以此祭祀"上帝"。诗中说："后稷肇祀，庶无罪悔，以迄于今。"意谓自后稷祭祀以来几无罪悔，那么后稷祭祀期盼什么？不言而喻，是后代的繁殖与再生。期盼终成事实，周人繁衍并日益强大，后稷因此被周族奉为始族。诗歌犹如"清单"，其作用就是保证文化传统完整而精确的延续，从而实现下一周期对上一周期的完美再现。就农业生产而言，它保证了生产步骤的有序；就祭祀仪式而言，它保证了程序的完整无误。后人坚信，传承文化是获得祖先神灵护佑的基础。

第三，对古代中国人循环往复的时间观的阐释。在分析《载芟》、《生民》时，宇文强调了古代中国人的循环时间观：

> 正如我们常常在《诗经》和《书经》里面看到的那样，思谋、考虑、对未来作出计划，是周王朝十分重视的美德。人们的行为既不是出于不假思索的习惯，也没有荷马史诗中写到的头脑发热的冲动、鲁莽。正如姜嫄之准备受孕，行动因为技术和深谋远虑而变得

---

[1] 〔美〕宇文所安：《他山的石头记》，第32页。

有效。[1]

根据古代中国人循环的时间观,自然界有其生生不息、周而复始的运动规律,所有事务都会一依运行程序实现再生。按宇文的阐释,用文字列出清单,后人依据清单生产和生活,从而实现复制与再生。在中国人的意识中,它适用于循环时空中无数个"以后"和"下次"。宇文解读《生民》说,姜嫄生育后稷是因为祭祀,这是《生民》故事的开始;后稷在经历了成长、生产、丰收之后,最终又回到了祭祀;祭祀既是《生民》故事的结束,又是新周期的开始——"唯一不同的时刻发生在一个周期结束之后和下一个周期开始之前。这时,应该怀着完美地重复过去的希望眺望未来。就在这个时刻,我们听到了《生民》。"[2]

宇文所安通过对《载芟》《生民》二诗的阐释,揭示了古代中国尊祖、重祀、敬仰传统以及循环往复的时间观等民族文化特征,认为在古代中国人看来,人类的繁殖与再生、文化的传承与延续,有如自然界生生不息,周而复始。他的研究大处着眼,细处入手,注重经典的意义阐释。伽达默尔在《真理与方法》中提出,既然人类是历史的存在,被赋予追寻自身意义的使命,那么理解文本的过程亦即视野不断拓展和阐释不断丰富的过程;文本的意义经阐释而不断充实,文本因此成为经典。[3]如何跨越中西方文化语境的差异,阐释和丰富中国古代经典的意义,宇文的体会是"真正去读作品"[4],"不仅需要恢复或重构这些早期诗人和读者无声的形式,而且还须以某种方式栖居其中"[5]。他对中国传统经典

---

[1] 〔美〕宇文所安:《他山的石头记》,第37页。
[2] 〔美〕宇文所安:《他山的石头记》,第35页。
[3] 〔德〕伽达默尔著,洪汉鼎译:《真理与方法》,上海译文出版社,1992年,第393页。
[4] 张宏生:《对传统加以再创造,同时又不让它是真——访哈佛大学东亚语言与文明系斯蒂芬·欧文教授》,载《文学遗产》1998年第1期。
[5] 〔美〕宇文所安:《中国传统诗歌与诗学:世界的征兆》,转引自王晓路:《西方汉学界的中国文论研究》,成都:巴蜀书社,2003年,第220页。

多有独到的意义阐释，正在于"栖居"经典，细读文本，不拘于成说而自出己见，不囿于预设结论而"从心所欲不逾矩"。

（作者单位：华东师范大学对外汉语学院）

1900年以来《孟子》主要译本摭谈*

韩振华

摘要：作为儒家的经典文献之一，《孟子》在西方在译介和研究从1900年以来步入了一个多维发展的繁荣阶段，新的译本不断出现。本文分两个时段勾勒并评述1900年以来西方重要的《孟子》译本，同时提及1900年以来国内学界"汉籍外译"计划中的《孟子》英译情况。

关键词：孟子　翻译　汉学　西方

19、20世纪之交，西方汉学完成了从传教士汉学向学院派汉学的华丽转身，在孟子研究领域，研究的专业化倾向日益显著。如果说之前的孟子译介主要是泛宗教意义上的，那么到了此时，摆脱了猎奇趣味之后的真正意义上的"研究"才正式出现。本文将分两个阶段（1900—1989，以及1990年—今），依次介绍《孟子》重要译本的情况，并略加品骘。

---

* 本文系北京市社会科学基金一般项目（16ZXB006）的阶段性研究成果，同时受到中央高校基本科研业务费专项资金资助（项目批准号：2016JT001、2016QZ004）。

一、1900—1989年重要译本之勾勒

在这90年中间,先后诞生了卫礼贤(1916)、杜奇(1921)[1]、亨利·保罗尔(1931)[2]、赖发洛(1932)、翟林奈(1942)、高美士(1945)[3]、易家乐(1953)[4]、王为义(1959)[5]、卡洛·欧(1959)[6]、魏鲁男(1960)、杜百胜(1963)、David M. Gordon(1964)[7]、翟楚&翟文伯(1965)、刘殿爵(1970)、戈振东(1984)[8]等人的多个译本。这里介绍其中影响较大的几个译本。

(一)卫礼贤

卫礼贤(Richard Wilhelm, 1873—1930)1899年作为同善会传教士开始在青岛传教。1925年在法兰克福大学建立中国学社(China Institut)并任负责人。1913年在青岛译完《孟子》,1916年在德国出版[9]。此译本扉页上题"青岛尉礼贤译解,德国德得利藏板"。在"前言"中提及得到清朝遗老劳乃宣(1843—1921)的帮助。"导论"中认为《孟子》中文最好的诠释(也是他的主要参考著作)是"皇清经解"中焦循和阮元(1764—1849)的著作(《孟子正义》《孟子校勘记》)。在体例上,正文每章前加了小标题,有注释。倪德卫(David S. Nivisonv, 1923—

---

[1] Giuseppe Tucci(1894—1984): Scritti di Mencio, Lanciano: Carabba, 1921。
[2] Henri Borel: De Chineesche filosofie toegelicht voor niet-sinologen: 3 Mêng Tsz': China's Volkstribuun / Meng Tsz', Amsterdam: Van Kampen, 1931.
[3] Luís Gonzaga Gomes(1907—1976): As quatro obras: Discursos e diálogos, Suprema eduação, Meio constante e Mêncio, 澳门, 1945.
[4] Søren Egerod(1923—1995): Mencius' samtaler og sentenser, 哥本哈根: Nyt Nordisk Forlag Arnold Busck, 1953.
[5] Toivo Koskikallio(1889—1967): Mung Tse: Opetukset, Porvoo: Werner Söderström Osakeyhtiön kirjapainossa, 1959.
[6] Carlo Ou: Il libro di Mencio, 米兰: Istituto Culturale Italo-Cinese, 1959.
[7] David M. Gordon: Mang Tzu, Florence: Typo-Stiv, 1964.另外,Gordon尚有其他一些《孟子》章节译文,发表信息如下:'Mencius,' New Times of Melbourne, 1955; Edge, 1, Melbourne, Australia, 1956; Edge, 5 1957; Agenda, London, 1958; Ana Eccetera, Genova, 1959; Odysseus Magazine, Seattle, Washington, 1972.
[8] Joaquim A. Guerra(1908—1993): As obras de Mâncio, 澳门: Jesuitas Portugueses; 1990年重版, 澳门: Instituto Cultural de Macau; 香港: Aidan Publicities & Printing。
[9] 卫礼贤译: Mong Dsi(Mong Ko), 耶拿: Eugen Diederichs Verlag, 1916; 1921年重印。

2014)评价这个译本"既细致又出色"[1]。

(二)赖发洛

赖发洛(Leonard A. Lyall,1867—1934),从1886年起任职于中国海关41年,并成为一名汉学家,曾译《论语》《中庸》和《孟子》[2]。译者声明他曾参考了理雅各(James Legge,1815—1897)、顾赛芬(Séraphin Couvreur,1835—1919)和卫礼贤的译本,并得到中国人的专业帮助。正文中注释较少;译者有意使用大量单音节词汇,这样做一方面是因为译者想避免理雅各译本的冗长译风,另一方面是要传递《孟子》鲜明而简约的文风。但这样做有时也会制造麻烦,如将"仁"全部译为love,而没有说明二者之区别[3]。

(三)翟林奈

翟林奈(Lionel Giles,1875—1958),是著名汉学家翟理斯(Herbert A.Giles,1845—1935)之子,在大英博物馆任职40年,曾分别编译过《论语》《老子》《庄子》《孙子兵法》《列子》等书的选本。其《孟子》译本[4]亦为节译本,节译了原书260章中的138章。在"导言"中,作者那种英国人的尖刻和风趣在描画孟子生平及人格时现诸笔端,如"他对真理的深切信念和热情,他的勇气、独立性和目标的正直,这些都跟孔子相仿佛,但孔子似乎并没有沾染上孟子的若干严重瑕疵——如孟子的缺乏谦逊,他对别人意见的不宽容,他的自满以及对自身失败的盲视。孟子对普通人的生命和苦难主动表现出更多的同情,但比之于

---

[1] 倪德卫:《儒家之道——中国哲学之探讨》(The Ways of Confucianism: Investigations in Chinese Philosophy),万白安(Bryan W. Van Norden)编;芝加哥:Open Court Publishing Company,1996,第179页。
[2] 赖发洛:Mencius,伦敦:Longmans, Green and Co.,1932年版。
[3] 参考德效骞(Homer H. Dubs,1892—1969)的书评,The Journal of Philosophy, Vol. 30, No. 26(1933.12),pp. 717-719。
[4] 翟林奈:The Book of Mencius(abridged),伦敦:John Murray Publishers, Inc.,1942年版;1949年重印;1983年版,康尼迪格:Greenwood Press;1993年版,Rutland, VT: Charles E. Tuttle Company。

孔子，他的门徒要少得多，他也没有获得来自方方面面的讴歌赞美，从这个角度判断，他并不是一个多么可爱的人。……孟子压根没有苏格拉底那样的沉着脾气和冷静反讽。我们没有看到过他运用熟练的推理来探索、抽绎出真理，他要么将自己的规则武断地推给对方，要么竭力通过辛辣的讽刺来胡搅蛮缠，以挫败对手。……他爱借助诡辩的辞令来达到胜利；当遭受批评时，他总能为自己的言行进行成功的辩护"。（1942年初版，"导言"第12—13页）

不过，在"导言"最后，作者还是"曲终奏雅"，向孟子献上毫不吝啬的赞许——"他强烈的人道同情心，他为劳苦大众和被压迫者不知疲倦的鼓与呼，他向有权势者直抒己怀并以自己所见的真理示之时所表现出的大无畏勇气，我们又禁不住为之感动。……即便对于我们这些生活于不同社会秩序下的异族人，孟子也具有其不容忽视之处。……孟子在千百年之前的声声呼吁理应获得我们心灵的回响"（1942年初版，"导言"第19页）。由于翟林奈并未在正文中以数字标示章节号，所以倪德卫认为在一个不完整的译本中"这极不方便"。并且，倪德卫认为译者没有翻译某些重要的章节，如《孟子·告子上》第7章——其中孟子将"心"对于理、义的偏好跟口耳目对于味声色的嗜好进行类比，这是戴震（1724—1777）伦理思想的最重要源头，以及《孟子·尽心上》第15章——其中说到的"不虑而知"成为王阳明"良知"概念或道德直觉论的源头[1]。

（四）魏鲁男

魏鲁男（James R.ware，1901—?）长期担任哈佛大学的汉语副教授，曾译出《论语》（1955）、《庄子》（1963）和节选本《抱朴子》。魏氏所译《孟子》[2]，"导论"中简述《孟子》一书在中国的接

---

[1] 倪德卫：《儒家之道》，英文版第179页。
[2] 魏鲁男译：*The Saying of Mencius*，纽约：The New American Library of World Literature（Mentor Classics），1960年版；1970年版，基隆：海洋出版社。

受过程,并称许"《孟子》是人类那些迄今仍无法解决的难题的雄辩见证人;它为我们开启了面对那些繁难困境时的视野,对于今日我们自身的情境,这一视野尤其时时让我们念及"(第7页)。作者认为,因为孟子所处时代环境的影响,《孟子》一书比《论语》更富"论辩性和经院哲学色彩(with an argumentation and a scholasticism)",而且,《孟子》讨论更多的是经济学和政治学问题,任何对形而上学、心理学、人性论、伦理学和政治理论感兴趣的现代人都可以在《孟子》中找到自己的兴趣点。魏鲁男并没有在"导论"中简介孟子在这些方面的思想,因为他相信对以上内容感兴趣的读者可以在直接的阅读中获得更本真的愉悦和启迪。在"导论"中,作者采取了一种较为特殊的方式来介绍孟子所处的大致思想背景:结合《史记·孟荀列传》中孟子部分介绍了孟子生平中的几件事;介绍了墨子和杨朱的思想;翻译《庄子·盗跖》章,并扼要介绍了庄子及道家的思想;翻译《列子·仲尼》篇,以介绍列子的思想;翻译《荀子·宥坐》篇,介绍荀子的思想。

译文正文没有任何注释。虽然魏氏在文中插入一些有益的互相参照(比如孟子引《诗经》某诗句子时,译文一般随文将整首诗译出),但是,由于没有对《孟子》书中提到的重要历史人物、事件做出必要的解释,西方读者想借此准确地了解文意所指,殊为难事。又,魏氏直接译"告子"为"告不害",《告子下》中论诗之"高叟"亦译为"告不害",在没有进行论证的情况下如此翻译,亦难有说服力。书后附孟子所处时代之地图、中国朝代年表,以及术语索引。

倪德卫对魏氏的这个译本不甚满意,他说,"魏鲁男的英语被他个人风格的奇思怪想严重地损害了,这很让人恼火"[1]。具体说来,"魏鲁男将大量的怪异翻译强加给读者",如将"天"译为"Sky",将"仁"译为"manhood-at-its-best",把"心"译为"heart-and-mind",将"道"译为"right procedure",将"德"译为"Excellence",甚至将

---

[1] 倪德卫:《儒家之道》,英文版第177页。

"君子""小人"译为"Great Man"和"Petty Man";"这些恼人的翻译加上其他怪癖常常令人无法忍受"[1]。汉学家孟旦(Donald J. Munro, 1931—)在一篇书评中也批评魏氏译本既欠准确,也不能给读者丰富信息[2]。倪德卫言必有据,但持论甚苛;孟旦的评价相对公允一些。不过,在范立汉(Albert Felix Verwilghen)看来,孟旦对魏氏译本的评论尽管是到位的,但魏氏译本所采用的现代语言、所展现出的强有力风格亦值得肯定[3]。

(五)杜百胜

杜百胜(William Arthur Charles Harvey Dobson,又译"杜森",1913—1982)曾为多伦多大学的古汉语研究专家。所译《孟子》[4]一书为联合国教科文组织(UNESCO)"代表作品集-中国系列"之一种,故编排、翻译主要面向普通读者。"前言"中说自己在大学中讲授《孟子》近20年,以之为古代汉语的入门书。杜氏认为在其之前最权威的《孟子》译本是理雅各的译本,理氏是无法取代的;不过,对于那些不熟悉原文的人来说,理雅各的译本读来并不容易。杜氏声明自己的译本并非要取代前者,亦非前者的"简易版",而是在吸收近来孟子文本和哲学研究成果基础上、面向一般读者的新译。在整体上,该译本更加遵从清代焦循《孟子正义》的解读,而不是宋代朱熹的解读(第208页"文本、翻译及参照")。

全书分7部分(分别以"孟子在朝廷上""孟子的公共生活""孟子与其门徒""孟子与其对手""时事评论""孟子的教诲""格言集"为大标题)对孟子文本做了重新编排。杜氏认为,如此编排不仅更利于读者理解,而且某些地方还可开显新义。例如,《孟子》全书拒杨、墨,但言墨者多,却没有指认任何杨者;这是否说明孟子有意隐藏

---

[1] 倪德卫:《儒家之道》,英文版第180页。
[2] 孟旦的书评见 Philosophy East and West, Vol. 13, No. 2(1963.07), pp. 172-173。
[3] Albert Felix Verwilghen: Mencius: the Man and his Ideas, New York: St. John's University Press, 1967, pp. 104, Additional Note 4.
[4] 杜百胜: Mencius: A New Translation Arranged and Annotated for the General Reader, 牛津大学出版社、多伦多大学出版社, 1963年;1967年多伦多重印。

了一些什么东西？或许《孟子》可为我们研究公元前4世纪的享乐主义提供一些资料。另外，孟子曾赴齐，但《孟子》一书中却没有提到"稷下学派"，而只有一次提到其某个成员；不过，文本当中却有多处暗示，而只是未标其名。还有，孟子极少提到当时的"国际冲突"，这可能说明，即便孟子在形式上享有某个官名，但他并没有得到朝廷核心成员的承认。杜氏认为，重新编排的文本可以让这些原始文本中隐而未彰的问题显形（"导论"第16-17页）。译文每部分先用斜体作历史背景介绍，然后按重新编排的顺序分章翻译；每章之后都在括号内标注出通行本的章节号，书后附有全部"Finding List"，方便读者查寻、对照。杜氏将此译本题献给亚瑟·韦利（Arthur Waley，1889—1966），并称读过此书，那些读者知音会发现，他们原以为于新中国而言陌生而不相容的一些观念原来在《孟子》一书中已经有了亲切的回响（封底）。

译者对文本的重新编排可能也会产生问题：本来就精心组织的原文（如《孟子·告子上》）也许因此而失去那种精密性，最糟糕的是那些原来独立成章的段落被打散了[1]。另外，在编年上，作者依从钱穆（1895—1990）《先秦诸子系年》一书中的观点，这就使得孟子的生活年代比之传统说法提前了20多年；这也具有争议。倪德卫认为杜氏译本"包含很多优点""译文流畅，但有时太过随意，以至于会产生棘手问题"[2]。而美国汉学家德效骞（Homer H. Dubs，1892—1969）则激烈批评这个译本，认为它随意剪裁原文，以己意代替原意，对专家来说它不足依赖，对初学者来说它又充满误导[3]。针对德效骞的某些批评，杨联昇（1914—1990）为杜氏译本做了一些辩护，但同时又指出若干杜百胜在细节翻译上不及理雅各之处[4]。

---

[1] 倪德卫指出了这个问题。恒慕义（Arthur W. Hummel，1884—1975）在一篇书评（见 *Journal of Asian Studies*，23：3，p. 463-464）中也有这种评论。
[2] 倪德卫：《儒家之道》，英文版第180页。
[3] 德效骞的书评见 *Journal of the American Oriental Society*，Vol. 83, No. 4（1963.09-12），pp. 520-522。
[4] 杨联昇的书评见 *Harvard Journal of Asiatic Studies*，Vol. 25（1964—65），pp. 292-296。

（六）翟楚&翟文伯

翟楚和翟文伯父子二人[1]的《孟子》译本[2]，译文重新编排了章节顺序（每一章之后在括号中注明原来的章节号；但有部分章节号注错了），分"性善说""政治和经济措施""生活之道"和"对孟子的评论"4部分来翻译；注释极少。倪德卫认为翟译本"常常跟理雅各译本很接近，是个好译本"。其不足之处则在于，原文有6章在译文中被遗漏了[3]。

（七）刘殿爵

刘殿爵（Dim Cheuk Lau，1915—2010）是词人刘伯端（1887—1963）之子。曾在英国伦敦大学任教近30年，1978年回香港就任香港中文大学中国语言及文学系讲座教授，其英译《孟子》[4]《老子》及《论语》三书一出即成权威译作，成为西方学者研治中国哲学必读之经典。刘先生倡议建立"中国古代传世文献计算机数据库"，编纂出版逐字索引达一百多种。其《孟子》译本前有"导论"，依次介绍孟子之重要性、《孟子》一书所揭示出的孟子生平、孟子的思想（性善、"气"）、孟子的论敌、孟子使用的类比法、孟子的政治哲学（民为贵、仁政、反战）、孟子对儒家思想的贡献（人性论、心论和气论、天命观）。译者对于孟子的推崇时时可见，如说"孟子可能是古代哲学家中最伟大的作家"（第8页），跟老庄相比，"孟子反而才是一个真正的神秘主义者。……孟子的伟大成就在于，他不仅克服了那些新观念的腐蚀，成功地捍卫了孔子的思想，而且，在这个过程中为儒学增加了前所未有的深度"（第46页）。

译文之后有5篇附录：（1）孟子一生重要事件发生时间勘定；（2）

---

[1] 父亲翟楚初为"国立"台湾大学教授，1955年后为社会研究新校教授；儿子翟文伯任教于纽约州立大学。
[2] 翟楚、翟文伯：*The Sacred Books of Confucius and Other Confucian Classics*，纽约：University Books，1965。
[3] 倪德卫：《儒家之道》，英文版第181页。
[4] 刘殿爵：*Mencius*，Harmondsworth：Penguin Books，1970年版；1979、2004年重印。1984年香港中文大学出版社出版了双语修订版，2003年再次修订出版。

关于孟子的早期传说;(3)《孟子》之文本;(4)孟子所理解的古代历史;(5)孟子在论辩中运用的类比法。"导论"和"附录"都是有用而重要的研究成果,附录(5)[1]尤其在西方产生重要影响;它们极大地提升了西人理解《孟子》的准确性和深度。刘殿爵的翻译,如同他的学术研究一样,"最有独特心得的方法是通过相关文献的排比对读,凸显问题之所在,结合语法、语义、语境、校勘、避讳字和假借字种种考虑,从而解决问题"[2]。倪德卫评价此译本"行文流畅",而且"从不言之无据"[3]。卫德明(Hellmut Wilhelm,1905—1990)、刘师舜(1900—1996)等学者也曾高度评价刘氏译本[4]。

二、1990年以来重要译本之勾勒

1990年以来的短短20多年间,出现了十几个《孟子》译本。与之前不同的是,中国国际地位的上升,使得政府部门和部分翻译工作者认识到以中国自己人为主体向世界介绍中国的必要,所以这一时期由国内译者翻译的《孟子》也屡为多见。因此,笔者分(甲)、(乙)两部依次列举国外译者和国内译者的《孟子》译本。

(一)海外汉学家之西译《孟子》

此间由海外汉学家完成的《孟子》译本(含读本)有:杜克义(1997)[5]、亨顿(1998)、戴卡琳和钟鸣旦(1998)[6]、科洛科洛

---

[1] 原题为On Mencius' Use of the Method of Analogy in Argument,最初收录于Asia Major(泰东),N.S.10(1963):173-194。详参本书译文。
[2] 《采掇英华》编辑委员会:《采掇英华:刘殿爵教授论著中译集》,香港中文大学出版社2004年版,"作者简介"。
[3] 倪德卫:《儒家之道》,英文版第181页。
[4] 卫德明的书评见Bulletin of the School of Oriental and African Studies,Vol. 36, No. 2(1973),pp. 489-490。刘师舜《介绍刘殿爵孟子英译》一文收录于台北《传记文学》第24卷第4期。
[5] Tőkei Ferenc(1930—2000):Menciusz: Konfuciusz nagy követője,匈牙利语;Szeged: Szukits Könyvkiadó, 1997.
[6] 戴卡琳、钟鸣旦:In gesprek met Mencius, Kapellen: Uitgeverij Pelckmans; Kampen: Kok Agora, 1998.

夫（1999）[1]、雷威安（2003）[2]、华道安（2004）[3]、佩列莫洛夫（2004）[4]、贾德讷（译《四书章句集注》；2007）[5]、卡雷卡·范德莱乌（2008）[6]、万白安（2008、2009）、华霭仁（2009）、叶格正（2010）。

1.亨顿

亨顿（David Hinton）身为诗人和翻译家，只手译出《老子》、《庄子》（内篇）、《论语》、《孟子》[7]4部中国经典，编译《中国经典诗歌选集》。亦由译者的诗人身份，作者在翻译《孟子》时，在达意之外别具一种诗性；译者同时措意于译文的连贯一致，追求结构上的相关性与哲学上的精确性。他认为，"在《孟子》这部长期以来一直被看作充满文学辩才风格的完美作品中，孟子借用明白易懂的典故趣闻（anecdotes）来表述他的思想，文本充满了人文戏剧性（human drama）以及思想上的诗意机锋（poetic turns）"。

"导言"要言不烦，却往往能抓住《孟子》一书（乃至中国古代思想）的某种精髓，如说，"儒家的社会视野表征着那种历时千年的、由巫术到人文（from a spiritualist to a humanist culture）的全面转换的完成，而孟子则通过指出个体亦是原始生态（primal ecology）的一部分，而赋予人一种内在维度。他洞察到我们之中小宇宙的全部精神深度，那种对人的内在高贵性的神秘信仰由此才得以产生。……这就是孟子之心的持久魅力——它对人的生存状况充满了同情和现实关切，同时它又如

---

[1] Лев Николаевич Меньшиков、Всеволод Сергеевич Колоколова: Мэн-цзы，圣彼得堡：Петербургское востоковедение，1999。
[2] André Lévy: *Mencius*，巴黎：You-Feng；2008年重版，巴黎：Éd. Payot & Rivages。
[3] Donald B. Wagner: *A Mencius Reader: For Beginning and Advanced Students of Classical Chinese*，哥本哈根：NIAS（Nordic Institute of Asian Studies Press），2004年。此书是供学习古代汉语的留学生使用的教材。全书包括：《孟子·梁惠王》现代标点详注本，未标点的宋代木版《孟子·梁惠王》（目标为初级学生），对东汉赵岐注的疏解（目标为高级学生）。
[4] Л. Переломов: *Четверокнижие*（*Сы шу*）（《儒家的四书》），莫斯科。
[5] Daniel K. Gardner: *The Four Books: The Basic Teachings of the Later Confucian Tradition*, Indianapolis/Cambridge: Hackett Publishing, 2007。
[6] Karel L. van der Leeuw: *Mencius*, Budel: Damon, 2008。
[7] 亨顿：*Mencius*，华盛顿：Counterpoint, 1998。

此空灵,以致能容纳整个宇宙的万千变化"。又如,"人的内在维度是早期道家的核心关切,他们与孟子共享了一种内在自我的宇宙观念;然而,对孟子来说,这是政治构想的一部分——正是这一点让他在思想史上变得如此重要。既然人心是'天'之构造的一部分,那么它本来就是善的、道德的。他坚信人性本善,由此他找到了一条能让人的天生高贵得以健康成长的仁政道路。精神修养是达到内在修为与仁政的不二法门","在一个战乱纷扰、生灵涂炭的时代,孟子倡导一种实质民主(virtual democracy):统治的合法性建立在人民大众的满意和支持之上"。再如,宋代新儒家认为,格万物即是洞察自身,同时,他们"接续孟子的思路,(认为)反诸自身即是知天"。

2.万白安

万白安是倪德卫和艾文贺(Philip D. Ivanhoe)的学生,1991年以《孟子的哲学心理学》(Mencian Philosophic Psychology)一文获得斯坦福大学博士学位。2008年编译出版了《〈孟子〉及其传统诠释》[1];此书原计划写成一部学术性的翻译著作,后来改变初衷,成为一部面向普通读者的译本。尽管作者有很多地方不认同朱熹,但他的译注仍辅以朱熹的《四书章句集注》作为文内并置的解读;而其结果,正如封底艾文贺所言,"将朱熹的评论包括进来,这不仅使读者更充分地认识到孟子思想本身的深度,而且也更充分地认识到它的激发力量——新儒家时期最伟大的心灵之一(朱熹)对它做出了极具创造性的诠释"。

作者认为《孟子》是世界文学宝库中的一种,其地位可与柏拉图的《理想国》《古兰经》和《薄伽梵歌》并列。译者在"前言"中说,其孟子研究得益于斯坦福大学的3位老师:李耶理(Lee H. Yearley)让他意识到读经典书的诠释原则(细致和大度),倪德卫的著作让他知道了孟子语言在语法和词汇上的复杂性,而艾文贺则教给他经典诠释的重要性

---

[1] 万白安:*Mengzi: with Selections from Traditional Commentaries*,Indianapolis/Cambridge:Hackett Publishing Co., Inc., 2008。

以及阅读它们的方法。在"导论"中,作者分别指出之前两个经典译本的优缺点:理雅各的译本是学者的至宝,但其维多利亚风格的英语在今天看来就有些佶屈古怪;刘殿爵的译本通顺易懂,但某些关键章节的翻译却存在问题。作者立意为读者提供一个包含当代视野的、富于哲学品味的、带有评注的全译本。

作者依次介绍了"孟子的历史语境""孟子的哲学(拒杨墨、言性善、论美德、道德修养、宇宙论)""从孟子到朱熹""朱熹对儒家思想的再诠释"。关于最后一点,作者认为朱熹是一位充满洞见的诠释者,然而,朱熹常常用源自佛教的一些概念来看待孟子,作者称这些概念是"变形镜头(distorting lens)",如朱熹将"理"引入儒学,声称"性即理",孟子的"性"是生长、发展意义上的(孟子常常用一些农业生产中的譬喻),而在朱熹这里"性"则成了前具的、待发现的东西(朱熹的譬喻是空间化的);这也是孟子之"性善"到了朱熹那里何以变成"性本善"的原因所在。在体例上,作者自己的评论或者朱熹的诠释加在中括号中,以斜体字标出,并跟作者的翻译并列。

此书封底有汉学家普鸣(Michael Puett)、贾斯丁·蒂瓦尔德(Justin Tiwald)、安靖如(Stephen Angle)和艾文贺的赞评。艾文贺评其为"现有《孟子》译本中最准确、可读和富有哲学启迪的一种。……这一出色的著作在精确性、复杂性和趣味性上把孟子哲学的研究和理解带至一个前所未有的、让人印象无比深刻的层面"。

2009年万白安出版了《孟子精华》[1],此书是作者2008版《孟子》译本的节选本,"包括那些学者们研究最多的章节,并且覆盖了全书所有主要话题"。在体例上,与前书不同的是,每一篇前有对本篇的简短说明;历史上对文本不同的诠释("注")则移至书后。

---

[1] 万白安:*The Essential Mengzi*:*Selected Passages with Traditional Commentaries* (Abridged ed.),Indianapolis:Hackett Publishing Co., Inc.,2009年版。

3.华霭仁

华霭仁(Irene Bloom,1939—2010;又译卜爱莲)所译《孟子》[1]一书,由艾文贺编定并撰"导论"。艾氏"导论"分5节:(1)孟子其人其书;(2)伦理观;(3)政治观;(4)宗教观;(5)广泛的文化影响。"导论"融合进了西方最新的热点话题和思想视野,"注释"提示延伸阅读尤多,因而是一篇很好的孟子思想导论。在正文中华霭仁加入很多脚注,除注解历史文化背景外,也疏通文意,有助于读者发现文本之间的关联性。2008年版封底有杜维明、罗浩(Harold D. Roth)和陈金梁的短评,罗浩评价这个译本为"(西方)亚洲研究和儒学研究的重要进展"。

4.叶格正

叶格正(Henrik Jäger,1960—)的《孟子:宜于人心》[2]是一个《孟子》读本,分5章摘译《孟子》:(1)性善;(2)养生;(3)"人皆有不忍之心";(4)"人人有贵于己者,弗思耳";(5)仁政。译者坚信孟子在精神方面和政治方面都具有深刻而广泛的洞察力。他认为,我们今天在地球各个角落都遇到一些世界性难题——生态问题、统治阶级的傲慢、对人类价值的破坏、仅仅着眼于"有用"("利")和利益,等等——而孟子的洞见可以为我们应对这些问题提供最直接的启发。孟子的洞见是如此深刻,以至于,如果我们能预先研读一下孟子,那么我们关于当今主要问题的大部分讨论将会更加富有成效。

(二)国内学者之英译《孟子》

国内翻译工作者之外译《孟子》,几乎全为英译对照本,且英文

---

[1] 华霭仁译,艾文贺编:*Mencius*,哥伦比亚大学出版社,2009年版,2010年重印。
[2] 叶格正:*Menzius*:*Den Menschen gerecht. Ein Menzius-Lesebuch*,Ammann Verlag & Co.,2010。

部分也多参照理雅各的"中国经典"译本。依出版顺序，包括：郑训佐、赵甄陶等汉英对照本《孟子》（1993）[1]；蔡希勤、何祚康英汉对照本《孟子》（1999）[2]；杨伯峻、赵甄陶等汉英对照本《孟子》（1999）[3]；金沛霖、李亚斯汉英对照本《孟子语录》（2006）[4]；周奎杰编《孟子入门：中国亚圣的智慧与忠告》（2006）[5]；颜建真、管晓霞汉英双语版《孟子语录》（2008）[6]、孙芝斋编注汉英对照《孟子今译》[7]；等等。另外，北京外国语大学陈国华教授也在从事《孟子》选译的工作，成果即将出版。

汉籍外译作为提升中国文化"软实力"的重要一环，意义深远。但从目前的情况看，以上翻译成果仍没有嵌入西方汉学主流中去，影响极其有限。从译事规律来看，比较成功的翻译作品往往是由目的语国家精研双语的专家完成；而且，像《孟子》这样的义理之书，译者如果对西方哲学的新动向缺乏了解，无法建立起《孟子》与当代思潮之间的有效对话，即便在语言翻译方面有修弊补罅之功，恐怕在思想方面亦无踵事增华之效。

（作者单位：北京外国语大学中国语言文学学院）

---

[1] 郑训佐今译，赵甄陶等英译：《孟子》（*Mencius*），济南：山东友谊书社，1993年。
[2] 蔡希勤中文译注，何祚康英译：《孟子》，北京：华语教学出版社，1999年。另有：蔡希勤编注，何祚康、郁苓英译，李士伋绘图：《孟子说》（*Mencius Says*），北京：华语教学出版社，2006年；2008年以《孟子精华录》为题由香港瀚林苑出版社有限公司出版。
[3] 杨伯峻今译，赵甄陶等英译：《孟子》（*Mencius*），长沙：湖南人民出版社；北京：外文出版社，1999年。2009年作为"大中华文库"本由湖南人民出版社再版。
[4] 金沛霖、李亚斯编译：《孟子语录》（*The Quotation by Mencius：A Chinese-English Bilingual Book*），北京：中国文联出版社，2006年版；2011年中国华侨出版社再版。
[5] 周奎杰：*A Basic Mencius*：the Wisdom and Advice of China's Second Sage，南旧金山：Long River Press，2006.
[6] 颜建真白话整理，管晓霞英译：《孟子语录》（*Quotations from Mencius*），济南：山东友谊出版社，2008年。
[7] 孙芝斋编注，孟子今译：（*The Works of Mencius*），汉英对照，杭州：浙江大学出版社，2011年版。英文部分基于理雅各译文而修订。

英国汉学家闵福德与《易经》英译*

李伟荣

摘要：闵福德教授是资深汉学家,早年以翻译中国经典小说《红楼梦》后40回而名闻国际汉学界。其后,企鹅出版社相继出版他翻译的《孙子兵法》和《聊斋志异》,取得了很大的成就。近年企鹅出版社又出版了他翻译的中国群经之首《易经》。本文主要从闵福德的主要汉学成就、闵福德翻译《易经》的缘起和闵福德《易经》英译本的特质等3个方面进行评述。最后指出了闵福德的翻译取得成功的4个原因:语言功底湛深、严格的汉学训练、熟悉古今中外的易学著作和译本以及有着优秀的老师可以请教。

关键词：《易经》 闵福德 翻译

导言

2014年10月30日,由世界知名的英国汉学家闵福德(John Minford,1946—)译就的《易经》由企鹅出版社旗下的维京出版社(Viking)在全面发行,列为企鹅经典丛书(Penguin Classics)。由于译者与出版社均名闻全球,这一译本的出版无疑在英语世界或西方将再一次掀起一股

---

* 本文为国家社科基金一般项目"英语世界的《易经》研究"(项目编号：12BWW011)阶段性研究成果。

"《易经》热"。本文尝试对这一新鲜出炉的《易经》译本进行评估，以与国内外学者共同分享这一优秀成果。

一、闵福德的主要汉学成就

闵福德1946年出生于英国伯明翰一个外交官世家，曾在英国温切斯特公学（Winchester College）修习拉丁语、希腊语、法语和古典文学，进而学习哲学，1962年毕业；在牛津大学贝利奥尔学院（Balliol College, Oxford）修习汉语，师从国际著名汉学家、红学家、翻译家和学者霍克思（David Hawkes, 1923—2009）教授，1968年毕业，获一等荣誉学士；随后15年里，他紧随霍克思教授，共同翻译《红楼梦》。1977年开始到澳大利亚国立大学师承国际知名汉学家、华裔澳籍学者柳存仁教授，1980年获博士学位。

他曾在中国（内地、香港和台湾）、新西兰和澳大利亚等国多所大学任教和从事翻译工作，1980—1982年间曾在天津外国语学院任教，担任奥克兰大学中文系主任和讲座教授（Chair Professor）、澳大利国立大学中韩研究中心主任、亚洲研究项目成员、香港理工大学翻译系主任和讲座教授（1994—1999）、香港公开大学人文社会科学院署理院长和讲座教授，现任澳大利亚国立大学亚太学院中文教授。据闵福德自述，他自1977年以来开始教授汉语并从事汉英翻译工作。[1]20世纪80年代闵福德在香港中文大学任教并参与《译丛》的编译工作时，著名学者宋淇（Stephen Soong，又名宋悌芬，笔名林以亮）是《译丛》的主编。闵福德坦诚，这期间他受到宋淇先生多方面的教益。

作为著名的翻译家和汉学家，闵福德的主要成就在将包括中国典籍在内的中国文化绍介并翻译到英语世界，主要包括如下4个方面。

---

[1] "John Minford interview", https://www.sonshi.com/john-minford-interview.html, accessed on Nov. 27, 2014.

（一）典籍英译

1.《红楼梦》后40回（后两卷）的翻译，前80回（前三卷）由其业师暨岳父、国际著名汉学家霍克思教授翻译，列入《企鹅经典丛书》，共分5卷。1973年出版第一卷《枉入红尘》（*The Golden Days*），翻译了前26回；1977年出版第二卷《海棠诗社》（*The Crab-Flower Club*），翻译了第27—53回；1980年出版第三卷《异兆悲音》（*The Warning Voice*），翻译了第54—80回；1982年出版第四卷《绛珠还泪》（*The Debt of Tears*），翻译了81—98回；1986年出版第五卷《万境归空》（*The Dreamer Wakes*），翻译了99—120回。该译本因为出版社的不同凡响和首译者霍克思教授的杰出汉学成就，无疑为青年闵福德带来了极大的声誉。

2.1999年，闵福德应企鹅出版社邀请复译《孙子兵法》，列入《企鹅经典丛书》于2002年出版。

3.选译了《聊斋志异》中481则故事中的104则，书名遵循了翟理斯（Herbert A. Giles）的英文译名 *Strange Tales from a Chinese Studio*。闵福德1991年开始翻译《聊斋志异》，历时15年，最后列入《企鹅经典丛书》于2006年出版。据卢静介绍，该译本的中文对照本主要选择了张友鹤的《聊斋志异》会注会校会评本和朱其楷的全新注本《聊斋志异》，另外闵福德译本前有长篇的序言、译本后有《聊斋自志》译文、术语表、长达63页的注释以及对于研究《聊斋志异》的学者颇具价值的参考文献。[1]

4. 2014年10月底在企鹅出版社出版《易经》（收入《企鹅经典丛书》），后面将详论，在此不赘述。

5.目前他又接受了企鹅出版社的邀约，正在翻译《道德经》。

---

[1] 卢静：《历时与共时视阈下的译者风格研究》，上海外国语大学博士论文，2013年，第69页。

(二)现代作品英译及译审

1.译有金庸的名著《鹿鼎记》(The Deer and the Cauldron)[1],第一卷于1997年、第二卷于1999年、第三卷于2002年在牛津大学出版社。

2.恩沙(Graham Earnshaw)费时10年而译就的《书剑恩仇录》(The Book and the Sword),经过闵福德夫妇的审订而于2005年在牛津大学出版社出版。

3.翻译梁秉钧(也斯)的短篇小说选《岛和大陆:短篇小说选》(Islands and Continents: Short Stories),于2007年在香港中文大学出版社出版。

(三)编选和编译各类文选

1.与柳存仁合编《中国的中产阶级小说:清代至民初言情小说》(Chinese Middlebrow Fiction: from the Ch'ing and Early Republican Eras),于1984年在香港中文大学出版社出版。

2.与宋淇合编《山上的树:中国新诗选》(Trees on the Mountain: An Anthology of New Chinese Writing),于1984年在香港中文大学出版社出版。

3.与白杰明(Geremie R. Barmé)编译《火种》(Seeds of Fire: Chinese Voices of Conscience),1987年由纽约的Hill & Wang出版公司出版。

4.与庞秉钧和高尔登(Séan Golden)编译《中国现代诗一百首》,于1987年在香港商务印书馆出版。该选本于2008年在中国对外翻译出版公司再版,标题改为《中国现代诗选》(英汉对照)。

5.与黄兆杰(Siu-kit Wong)合编霍克思关于中国文学的选集《古

---

[1] 据刘绍铭介绍,闵福德翻译《鹿鼎记》始于1994年,其幕后推手是其业师暨岳父霍克思教授。详见刘绍铭:《〈鹿鼎记〉英译漫谈》,载王秋桂编:《金庸小说国际学术研讨会论文集》,台北:远流出版事业股份有限公司,1999年。

典、现代与人文：中国文学论集》（*Classical, Modern And Humane: Essays in Chinese Literature*），于1987年在香港中文大学出版社出版。

6.与刘绍铭（Joseph. S. M. Lau）合编的《含英咀华集》（*Classical Chinese Literature: From Antiquity to the Tang Dynasty*）第一卷于2000年在哥伦比亚大学出版社出版，被誉为"海外中国古典文学英译作品的百科全书"。[1]

（四）散见于各种刊物或选集中的翻译作品或著述

1.翻译缪越的文章"论词"（The Chinese Lyric），收入于1980年由宋淇主编的《无乐之歌：中国词选》（*Song Without Music: Chinese Tz'u Poetry*）中。

2.编辑杨宗翰校注并翻译为英文的《梦乡谈易》（*Mengxiang Discoursing on the I Ching*）[2]。

3.刊于欧阳桢（Eugene Chen Eoyang）和林耀福合编、出版于1995年的《翻译中国文学》（*Translating Chinese Literature*）中回顾他们翻译《红楼梦》的文章"Pieces of Eight: Reflections on Translating *The Story of the Stone*"。

4.翻译"津门杂记外编初稿"（Draft Sketches from a Tientsin Journal, 1980—1982），发表于*China Heritage Quarterly*, No. 21, March 2010。

另外，作为文学翻译期刊《中国文学》（*Chinese Literature*）、香港《译丛》（Renditions）和台湾《中华民国笔会季刊》（*The Chinese*

---

[1] Cyril Birch, "Preface", in John Minford and Joseph. S. M. Lau eds., *Classical Chinese Literature: From Antiquity to the Tang Dynasty*, Hong Kong: The Chinese University Press, 2000: xli.

[2] Yang Tsung-han杨宗翰 trans and annotated, John Minford with Rachel May ed., "Mengxiang Discoursing on the I Ching", in *Tracks in the Snow*（《鸿雪姻缘图记》）- Episode 44 from an Autobiographical Memoir by the Manchu Bannerman author Wanggiyan Lin-ch'ing完颜麟庆", *China Heritage Quarterly*, No. 21, March 2010. See http://www.chinaheritagequarterly.org/scholarship.php?searchterm=021_lincing.inc&issue=021, accessed December 1, 2014.

Pen）资深的翻译家和译审，长期为这3家期刊提供翻译文学作品并评审其他学者的译稿。

二、闵福德翻译《易经》的缘起

闵福德从接触《易经》到最后翻译《易经》，其中有许多值得提及的因缘，至少有4件事情值得在此一提。

（一）早期接触《易经》

最早是他在澳大利亚国立大学师从柳存仁教授时，柳存仁教授"引用《易经》内的字句鼓励"闵福德；而且，闵福德认为《易经》是一本非常奇特的书，过去40年来，他面对一些重大决定时都会参考它，从而了解自己的处境，思考未来的方向。[1]由于这种种原因，他一直有意将《易经》翻译出来。

（二）企鹅出版社邀请

闵福德自己坦诚，是企鹅出版社主动邀请他翻译《易经》的，那是他刚刚完成《孙子兵法》的翻译并出版之时。据管黎明介绍，2002年《孙子兵法》英译本出版时，有人在采访时提到《易经》，结果出版社很快就向他发出邀约，希望他能翻译一部完整的《易经》，将这部中国经典呈现给西方读者，于是双方就签订了翻译合同，这部作品的翻译持续了整整12年。[2]

---

[1] 详见《闵福德的中国文化情》，http://www.ouhk.edu.hk/wcsprd/Satellite?pagename=OUHK/tcGenericPage2010&c=C_ETPU&cid=191155146600&lang=chi&BODY=tcGenericPage，accessed on Nov. 28, 2014.

[2] 管黎明：《汉学家闵福德翻译出版英文〈易经〉》，见美国《侨报》（The China Press），2014年11月14日，详见http://ny.usqiaobao.com/spotlight/2014/11-15/58960.html，访问日期：2014年11月28日。

（三）试译《易经》和相关文献

1.2009年撰写的文章"嘉 The Triumph: A Heritage of Sorts"中便翻译了《易经》中的"离卦"。[1]

2.在香港中文大学的《译丛》担任编辑期间，他协助杨宗翰[2]整理其校注并英译的《鸿雪姻缘图记》，其中包括2010年发表于《中国遗产季刊》(China Heritage Quarterly)总第21期上的《梦乡谈易》(Mengxiang Discoursing on the I Ching)。

（四）参与大型国际翻译合作项目《五经》

2008年夏，国家汉办暨孔子学院总部正式立项《五经》（包括《诗经》《尚书》《礼记》《易经》《春秋》）翻译项目，目的是将这《五经》翻译成9种外文。首先译为英语，然后根据英译本并参照经文底本，组织海内知名汉学家翻译成以下8个语种：法语、德语、西班牙语、俄语、阿拉伯语、希伯来语、印地语和马来语。目前已成立"《五经》研究与翻译国际学术委员会"，聘请国内学术界、国际汉学界相关领域的杰出学者担任委员会首批成员，闵福德便是参与翻译《五经》翻译项目的首批46位委员之一，其中包括中国西周史和易经研究专家夏含夷（Edward Shaughnessy）教授。

该项目由法国国家高等研究院（EPHE）施舟人（Kristofer Marinus Schipper）教授及其妻子袁冰凌教授主持，由法国高等研究院、哈佛大学、北京大学、巴黎大学、剑桥大学、普林斯顿大学、香港中文大学等世界级学术机构进行国际合作。其工作原理是检校《五经》在西方历代的旧译，补译目前尚无译本的经典，改正错误，并利用一切最新考古发

---

[1] John Minford, "嘉 The Triumph: A Heritage of Sorts", China Heritage Quarterly, No. 19, September 2009.
[2] 闵福德提到杨宗翰是他学习《易经》的老师，也是他的朋友。详见John Minford, I Ching: The Essential Translation of the Ancient Chinese Oracle and Book of Wisdom, NY: Viking, 2014, p. 3.

现,校订版本,逐字逐句翻译,集体商定。[1]

三、闵福德《易经》英译本的特质

在闵福德的《易经》英译本出版之前,国内外已经出版的英译本有一百多种,如果加上其他语种的话,预计有几百种之多。在亚洲,主要传播至日本[2]、韩国、朝鲜[3]、越南、新加坡等国家。而在西方,则主要传播至英国、法国、德国、俄国、美国、意大利、奥地利、葡萄牙等国。根据夏威夷大学成中英(Cheng Chung-ying)教授的论述,西方《易经》翻译史和研究史,肇始于法国耶稣会传教士金尼阁(P. Niclaus Trigaut, 1577—1628),而柏应理(Philippe Couplet, 1623—1693)汇编的《中国哲人孔子》(*Confucius Sinarum Philosophus, Sive Scientia Sinensis Latine Exposita*),也称《西方四书直解》,该书附上了《易经》六十四卦及其大意。西方较全面得获悉儒家思想和《易经》便始于该书,此后西方学者常常将《易经》作为儒家和孔子思想系统的一个构成部分来接受和理解。其后,白晋(Joachim Bouvet, 1656—1730)、莱布尼兹(Gottfried Wilhelm Leibniz, 1646—1716)、傅圣泽(Jean François Foucque)、雷孝思(Jean Baptisde Régis, 1664—1738)、冯秉正(Joseph de Mailla, 1669—1748)、汤尚贤(Pierre-Vincent du Tartre, 1669—1724)理雅各(James Legge, 1815—1897)、卫礼贤(Richard Wilehlm, 1873—1930)、荣格(Karl G. Jung, 1875—1961)、克莱列(Thomas Cleary)和蒲乐道(John Blofeld)等都为《易经》在西方的传

---

[1] 详见 "The *Wujing* Project-towards a new translation of the Five Classics into the world's major languages", *China Heritage Quarterly*, No. 18, June 2009.另见施舟人教授的新浪博客 "功在千秋——施舟人主持《中华五经翻译》国际学术合作工程",http://blog.sina.com.cn/s/blog_8eb465340100u49k.html, accessed on December 1, 2014.

[2] 〔日〕长谷部英一:《日本〈易经〉研究概况》,见《中华易学大辞典》编辑委员会编,《中华易学大辞典》(下),上海古籍出版社,2008年,第891-901页。

[3] 杨宏声:《朝鲜半岛〈易经〉研究概况》,见《中华易学大辞典》(下),第882-890页。

播与理解做出了贡献。成中英将当代国际化的《易经》研究归纳为10个方面：文史易、哲学易、科学易、逻辑易语言易、管理易或兵法易、医学易、宗教易、艺术易和民俗易。[1]

在德国出版的第一部《易经》译本是雷孝思翻译的拉丁文译本，1834年和1839年分两卷由德国东方学家莫耳（Julius Mohl，1800—1876）编辑后出版，书名为《易经：中国最古之书》（*Y-King*：*Antiquissimus Sinarum Liber*）。[2]第一本有影响的《易经》德译本是卫礼贤翻译的，1924年出版。经荣格推荐，贝恩斯夫人（Cary F. Baynes）将卫礼贤的德译本又翻译为英语，1950年出版，从而成为西方世界最有影响的《易经》英译本之一。

在英国出版的第一部《易经》全译本是由麦丽芝牧师（Canon Thomas McClatchie，1812—1885）翻译的，出版于1876年。[3]不过，麦丽芝的译本6年后理雅各翻译的《易经》所取代，因为理雅各翻译的《易经》不管在哪个方面都比麦丽芝的更为优秀。一直到1950年前，理雅各的译本都是西方世界使用最为广泛的译本，而卫礼贤的德译本经过贝恩斯夫人转译为英语后则至少让英语世界有了两个权威的《易经》英译本。[4]

1950年之后，新的《易经》英译本层出不穷，影响大的分别有蒲乐道于1965年出版的《易经》译本、林理彰（Richard John Lynn）于1984年出版的《易经新译：王弼注〈易经〉》（*The Classic of Changes*：*A New Translation of the I Ching as Interpreted by Wang Bi*）、夏含夷（Edward Shaughnessy）于1996年出版的《马王堆新出土的〈易经〉》（*I Ching*：*The Classic of Changes. The First English Translation of the*

---

[1] 成中英：《欧美〈易经〉研究总论》，见《中华易学大辞典》（下），第837-848页。
[2] 李伟荣：《英语世界的〈易经〉研究》，四川大学博士论文，2012年，第59-60页。
[3] 李伟荣：《麦丽芝牧师与英语世界第一部〈易经〉译本：一个历史视角》，见《中外文化与文论》（第24辑），2013年5月，第11-23页。
[4] 李伟荣：《英国传教士理雅各〈易经〉英译与研究的评议》，见《湖南大学学报》（哲社版），2015年。

Newly Discovered Second-Century B. C. Mawangdui Texts）和茹特（Richard Rutt）于同年翻译出版的《周易》（*The Book of Changes*（*Zhouyi*）： *A Bronze Age Document*）、巴尔金（Jack M. Balkin）于2002年翻译出版的《变易的规律：〈易经〉和生命哲学》（*The Laws of Changes：I Ching and the Philosophy of Life*）和利策玛（Rudolf Ritsma）等翻译出版的《易经》（*I Ching；The Classic Chinese Oracle of Change：The First Complete Translation with Concordance*）、利策玛于2005年翻译出版的《原始占筮易经》（*The Original I Ching Oracle：The Pure and Complete Texts with Concodance*）、裴松梅（Margaret J. Pearson）于2011年翻译出版的《原始易经》（*The Original I Ching：An Authentic Translation of the Book of Changes*）。

这期间，另有6位研究者的著作值得关注，一是夏含夷1983年完成的博士论文《〈周易〉的编纂》，二是辜理霭（Richard Allan Kunst）1985年完成的博士论文《原初〈易经〉》（*The Original Yijing：A Text, Phonetic Transcription, Translation and Indexes, with Sample Glosses*），三是古德曼（Howard Lazar Goodman）1985年完成的博士论文《公元三世纪的〈易经〉注释者及其注释研究：王弼的历史和学术语境》（*Exegetes and Exegeses of the Book of Changes in the Third Century AD：Historical and Scholastic Contexts for Wang Pi*），四是范多思（Paul George Fendos, Jr.）1988年完成的博士论文《论费直在易学研究史中的地位》（*Fei Chih's Place in the Development of I Ching Studies*），五是韩子奇（Tze-ki Hon）1992年完成的博士论文《北宋的〈易经〉注释与新儒家的形成》（*Northern Song Yijing Exegesis and the Formation of Neo-Confucianism*）[1]，六是司马富（Richard J. Smith）2008年出版的《探寻

---

[1] 国外以《易经》为题的博士论文很多，截止到2012年6月仅在ProQuest上笔者便搜索到48篇，详见李伟荣：《英语世界的〈易经〉研究》，四川大学博士论文（未出版），2012年，第9-12、340-345页。

宇宙和规范世界：〈易经〉和它在中国的进程》（Fathoming the Cosmos and Ordering the World: The Yijing（I Ching, or Classic of Changes）and Its Evolution in China）。

可以说，以上提到的以及因篇幅所限而未提及的种种《易经》译本和著作，极大地丰富了《易经》在西方世界的传播和接受，而且很多译本和著作达到了较高的学术水准。那么，闵福德在这时候再翻译出版《易经》的意义何在呢？其译作在何种程度上超越了以前的译本呢？

闵福德翻译《易经》前期准备的时间是很长的。从上面的论述，我们可以看到闵福德的学术生涯主要是与翻译紧密结合在一起的。闵福德最初的翻译训练就是翻译《红楼梦》的后40回，而且他这后40回的翻译工作是与他的博士论文很相关的。

王丽耘提到，翻译《红楼梦》时霍克思和闵福德二人分头进行，完全自主与独立。霍克思译前80回而闵福德译后40回的翻译，当闵福德遇有译名或其他疑问时，两人才相互联系。霍克思译好的稿子总寄一份给闵福德参考，既让闵福德熟悉霍克思的翻译方法，也让闵福德尽快进入翻译状态。[1]闵福德曾回忆说他的翻译知识几乎全是由霍克思传授的。[2]

据林克难教授回忆，1980—1982年闵福德担任天津外国语学院第一届（79级）硕士研究生的外教，负责汉译英课程教学；他之所以到天津，是因为其岳父霍克思与该校金堤教授是北京大学研究生同学；他当时一边在完善论文《论〈红楼梦〉的后四十回》，一边在翻译《红楼梦》的后40回，所以林教授认为闵福德是学术型译者。而且林教授还指出，闵福德对严复的"信、达、雅"翻译标准很感兴趣，向同学们请教

---

[1] 王丽耘：《大卫·霍克思汉学年谱简编》，见《红楼梦学刊》，2011年第4辑，第109-110页的第22条注释。
[2] 《闵福德的中国文化情》，详见http://www.ouhk.edu.hk/wcsprd/Satellite?pagename=OUHK/tcGenericPage2010&c=C_ETPU&cid=191155146600&lang=chi&BODY=tcGenericPage, accessed on Nov. 28, 2014.

严复《天演论·译例言》中的"达旨"应该如何理解等。[1]这从侧面可以看出闵福德翻译时认识到"达旨"是很重要的，这种认识就直接反映到了其译文中。

《红楼梦》翻译完了之后，一直到1989年闵福德翻译了一些中国新诗和其他文类。不过，1989年之后，他又回到了中国古典文学，相继翻译出版了《孙子兵法》和《聊斋志异》等有相当影响的译作。这些翻译无疑使他的翻译能力越发高超，而他对中国文化的理解也越发深入。更因为企鹅出版社约请他翻译《易经》，他于2002年开始翻译这一中国最古老、富含中国智慧的典籍。此后，他一方面翻译《易经》，一方面则在各种场合与人交流他所翻译的《易经》。例如写于2009年发表于《中国遗产季刊》上的文章"嘉 The Triumph：A Heritage of Sorts"中，便引了一段他翻译好的"离卦"[2]：

	Hexagram XXX Li ☲ Fire/Fire 離，羅 Orioles，Net
上九 王出征 有嘉 折首 獲 不醜 无咎	Yang in Top Place The King Goes to war. A Triumph, A Beheading. Captives are taken, Not from the enemy. No harm.

---

[1] 详见林克难教授2014年12月2日早上回复笔者的邮件，前一晚笔者发邮件向林教授咨询闵福德在天津外国语学院的情况。林教授的回复非常详实，对于笔者深入认识闵福德的翻译理念颇有助益。谨此致谢！

[2] John Minford，"嘉 The Triumph：A Heritage of Sorts"，*China Heritage Quarterly*，No. 19，September 2009.

在文章中，闵福德提到他翻译时参考了张善文2008年出版的《帛书周易注译》和夏含夷1983年的博士论文《〈周易〉的编纂》（The Composition of the Zhou Yi）。

2013年，闵福德应邀参加由中国台湾孔孟学会主办、台湾嘉南药理科技大学协办的"2013年国际儒学交流研讨会"，期间他做了题为《泛谈西方学界对〈易经〉的接受》的大会发言[1]，这无疑是他学者型译者的体现，也就是说他是做了大量的研究工作才开始动手翻译《易经》的。而在《易经》新译本出版前，他于2014年6月5日在澳大利亚国立大学做了一场名为《翻译〈易经〉的思考》（Reflections on Translating the I Ching）[2]的中国系列研讨报告（ANU China Seminar Series），对他自己如何翻译《易经》进行了反思、回顾和总结。

闵福德的新译《易经》由著名国学大师、书法家饶宗颐先生题签，这让我想起卫礼贤译为德语，又由贝恩斯夫人转译为英语的《易经》，当时是由甲骨学家、古史学家、书法家董作宾题签的。该书分4大部分，共928页，主体两部分，分别是第一部分"附有《十翼》的《智慧之书》"（Book of Wisdom with Extracts from Traditional Commentaries），共498页；第二部分"青铜器时代的占筮"（Bronze Age Oracle with Commentary），共275页。

在第一部分，闵福德除了翻译六十四卦之外，附上了《十翼》以及从汉代到当今的注疏，与以前的类似译本不同的是，闵福德还汇编了西方易学家的疏解。[3]这是迄今为止西方易学家做出的最富创造性的一种举动，因为这样一来，西方易学家便获得了与中国易学家同等的地位来阐释《易经》，这是《易经》走出中国、走向世界的真正坚实的举措。

---

[1] 嘉南药理大学新闻"2013年国际儒学交流研讨会"，详见http://www.chna.edu.tw/news-single.asp?id=265，2014年12月1日访问。
[2] 详见网页http://chinainstitute.anu.edu.au/seminarseries/2014/flyers/css_minford.pdf，2014年12月1日访问。
[3] John Minford, 2014, p. 3.

闵福德指出早期耶稣会士的拉丁文译文会对当代读者产生特殊的共鸣，如"nullum nalum"或"nulla est calpu"（无咎）等之类的词汇依然对现代读者产生强大的回响，所以他坦诚自己不时大胆地从他们的译文中引用一些词汇，以弥补自己英语之不足。当然有的时候他对拉丁文译文进行小幅的调整，或用自己的拉丁文译文。闵福德这样做的原因，是因为他觉得这样会让我们当代读者能够将自己与这一相当古老而陌生的文本紧密联系在一起，从而有助于在我们心中产生一种进行思考的永恒心绪。[1]

闵福德同时指出，正文第一部分的翻译，其格式如下：（一）先是核心文本，居中，字体最大，包括卦画（Hexagram）、卦名（Hexagram Name）、卦辞（Judgment）、爻辞（Line Judgments）；（二）紧随其后的是《十翼》，依然居中，字体稍小，包括象传（On the Judgment）、象传（On the Image）、文言（On the Words）、系辞传（The Great Treatise）和说卦传（The Trigrams Expounded），每个部分以一幅老的龟图（龜）相互隔开；（三）字体更小，在一幅老的龙图（龍）后面便是闵福德汇编的疏解，包括汉代以迄于今的中外易学家的注疏。对于这一部分，闵福德重新组织语言，将他们编织成一个集中的声音。如果是闵福德自己的思想，那么他会用其名字的首字母缩写JM标识出来。[2]通过这样的安排，我们对于哪些是《易经》原来所有的，哪些是后世易学家的诠释，哪些是西方《易经》译者或易学家的思想，哪些是闵福德自己的思想便一目了然了。而且我们也可以看出，闵福德将象传译为On the Judgment、象传译为On the Image、文言译为On the Words和说卦传译为The Trigrams Expounded，这与其他《易经》译者处理得都不一样，更易于读者理解了。

对于爻题，闵福德将"初九"译为"Yang in First Place"，"九二"

---

[1] John Minford, 2014, pp. 3-4.
[2] John Minford, 2014, p. 5.

译为"Yang in Second Place","九三"、"九四"和"九五"依次类推译出,而将"上九"译为"Yang in Top Place","用九"译为"Yang in Final Place"。同理,我们可以将"初六""六二""六三""六四""六五""上六"和"用六"译出。总体感觉上,这样处理比以前的译本更易于读者理解。正如李欧梵评论该书说,这是一本"读者友好型"[1]的译本。信哉斯言!

结语

毫无疑问,闵福德新推出的《易经》是一部相当成功的译本,必将引起世界范围内的"《易经》热"乃至"中国文化热"。闵福德所译的《易经》之所以能有如此高的成就,当然有多方面的原因,其荦荦大者可归结为如下4点:

(一)娴熟的语言功底,包括英语、汉语、德语、法语和拉丁语等。他高超的汉语水平,以及完美的母语能力,是这一成功的必要保证。正如李欧梵所说,"从霍教授的译笔中我悟出一个道理:翻译中国文学古典名著,非但中文要好,"汉学"训练到家,而且英文也要好,甚至更好!英国的译界前辈卫理(Arthur Waley)即是一例,他并非汉学家,所以对中文原典的了解或有瑕疵,但他的英文绝对一流。"[2]

(二)严格的汉学训练。从18岁在牛津大学开始学习汉语,到跟霍克思教授一起翻译《红楼梦》,再到翻译如《孙子兵法》、《聊斋志异》等中国优秀典籍,这种严格的汉学训练为闵福德翻译《易经》提供了坚实的基础。

(三)对古今中外易学著作非常熟稔。从闵福德的《易经》译本中

---

[1] 详见网页http://chinainstitute.anu.edu.au/seminarseries/2014/flyers/css_minford.pdf,2014年12月1日访问。
[2] 李欧梵:《大江东去——杂忆两位翻译大师》,见《苹果日报》,2011年8月28日。

我们可以发现，闵福德对于古今中外的易学著作和《易经》译本非常熟悉，并且有精审的理解。

（四）有杨宗翰这样一位非常专业的易学家做自己的老师和朋友。正如理雅各翻译《易经》时仰仗王韬，卫礼贤翻译《易经》时与劳乃宣学易，霍克思到中国来通过与一位河北老人学习《红楼梦》来学习汉语一样，杨宗翰对于闵福德翻译《易经》也是非常重要的。

（作者单位：湖南大学外国语学院）

学者访谈

开辟与比较中西哲学相结合的新汉学新天地

——田辰山教授访谈

黄田园 采访

受访人：田辰山[1]
采访人：黄田园
时　　间：2015年9月26日
地　　点：北京外国语大学东西方关系中心

访谈按语：2014年9月，北京外国语大学中国语言文学学院韩振华教授对德国卡尔斯鲁厄理工大学哲学研究所教授、德中友好协会主席Gregor Paul教授做了一次题为"人权论域中的《孟子》诠释"的访谈，其中一些内容和观点牵涉安乐哲教授比较中西哲学学术思想与评价，引起本人好奇与兴趣。2015年9月，笔者根据Gregor Paul教授访谈细节内容，梳理出16个问题，对田辰山教授进行访谈，请他对关于国际汉学即中西比较哲学的一些问题谈一谈自己的见解。在此刊发访谈记录，以飨读者。

---

[1] 田辰山：现为北京外国语大学"中国文化走出去"协同创新中心特聘专家、国际关系学院东西方关系中心主任、国际儒学联合会理事与国际联络委员会副主任。20世纪80年代起旅居美国近20年，师从比较中西哲学家安乐哲与著名海外新儒家成中英，获美国夏威夷大学政治学硕士、哲学硕士和政治学博士，于夏威夷大学中国研究中心从事中美交流与研究工作，学术领域为中西政治哲学理论和中西文化比较。出版英文哲学专著《中国辩证法：从易经到马克思主义》，此著中文版后由中国人民大学出版社出版；编选《孔子文化奖学术精粹丛书·安乐哲卷》。

一、"人权"与"human rights"是一回事儿吗

黄田园：Paul教授谈到孟子思想里没有"人权"概念，却表达了人有尊严的观念与意识，您对这个问题如何理解？从"人权"视角看待儒学或中国传统思想，学术上是否有不妥？

田辰山：Paul教授的观点是对的，不光孟子思想，可以说整个中国传统思想都是不牵涉"人权"的。当然，这个"人权"指的是"human rights"。中国文化历史为什么没有形成与此相同的概念？因为"human rights"的产生在西方是一段非常特殊的文化历史现象，也即文艺复兴与启蒙运动的一个特殊产物。中国思想没有这样一种文化历史经历，中国没有像西方那样的思想和历史过程，所以没有"human rights"思想是很自然的。其实，我们需从中国与西方是两个差别很大的思想传统这个角度去看；我们称它为"结构差异"。正如安乐哲提出的，其实就是两点，西方有超绝主义与二元主义特点的思想传统，而中国没有这样的传统。"人权"（human rights）概念，恰是以这两个主义为认知结构结出的一个果子。所以"human rights"基于将人作为个体看待，是从个体人角度出发，追求实现个人欲望和争得个人权利的；直白的意思即是"我是对的"（right）。怎么会出现这样一种表白？所为何事？就是文艺复兴所针对的那个政教合一的社会政治背景；人的活动和思想都是受教会控制的，人本性是恶的，必须到教会忏悔恶行，聆听上帝声音，未来才有可能升入天堂。文艺复兴是针对教会对人这样的桎梏而产生的，否定这种桎梏而提出人的欲望和追求个人利益没有什么不对，所以有了"human rights"的说法，即"人是对的"，反对过去教会总是说的"人是错的"。文艺复兴倡导人文主义，其实是个人主义，它把个人欲望看作是自然合理的。

把这一点搞清楚，就容易理解孟子思想为什么没有"rights"这种东西，没有是很自然的。孟子思想没有像"上帝"那样的理念，不把人作

为单独个体看待，中国社会也没有产生西方那样的教会组织，也就不会有产生"rights"这种概想的社会历史文化背景。数千年中国传统思想历来把自然万物、天、地、人作为互系不分的浑然一体，人与人是互系不分的，不是单独个体的。所以，中国以关系为本的哲学文化，倡导从人与人、与社会、与天地万物关系出发看问题，作为社会历史文化的土壤条件，就生不出西方那种个人主义，就不存在派生出类似单独个体人的概想和"人有私心是对的"（right）等思路的单线逻辑。

Paul 先生说孟子有对"人的尊严"进行讨论的思想，这个观点不是太合适。因为孟子思想中没有个体主义，也就不会有"个体人"尊严那种西方论说；也即"人的尊严"，其实不是人作为与他人的相系不分、互相尊重而有的那种人格。儒家、孟子讲的人的重要，理路是人与他人、社会以及天地互系不分的那个重要，而不是什么经验中根本没有的"个体性"人的所谓尊严。这种不加区分而言的"人的尊严"观点，把孟子观念混同于西方观念，会产生误导，是不合适的。

"人权"是近代以来对"human rights"的汉语翻译，但是从比较哲学来看，其实二者之间不能画等号。严格说来，用中文翻译西方的哲学概念，是没有合适词汇可使用的，反之也如是。汉语词汇只能用来表述中国哲学宇宙论的，它表述不了、翻译不了含载超绝主义和二元主义宇宙观的西语概念。西方概念词汇也是一样，它只能表述它自己的宇宙观，表述不了中国的宇宙论。现在可明确做出区别，汉语"人权"两字，首先"人"和"human"不是一回事情。"Human"也即"human being"，指的是不变本质个体性，或曰"本体"。汉语"人"，一撇一捺，很形象，是现实经验的人，含义是人和人之间的（相互）关系，人脱离不开他人，脱离不开天地。这样，与西方"human"指的单个人，本身就不是一种意义。还有汉语"权利"二字，"权"和"利"也都含的是人和人之间关系的意义，"权"是人和人关系的统一考虑，权衡对待，事情就可以办好那种"利"；这样跟英文"right"其实是风马牛不相及。

"Right"是"对"的意思,是表述绝对、抽象、概念化、本质理念的。

黄田园:就是说"right"是一种神性"principle"(原则),它有一个外在神性来源?

田辰山:正是这样。西方"right"是绝对的、与上帝相联系,由上帝决定,与汉语根本不是同一意思,不能画等号的。

黄田园:看来英汉之间搞翻译,其实历来都很有问题。

田辰山:哲学文化之间做中西语言翻译,如"human rights"一直被译成"人权",实际上是一种没有办法的办法。你总要给不懂英语的中国读者一个大概的对应翻译。但是我们做学术应该知道,这种"大概"意思对学术而言是不靠谱的,这样就有了对西方需要进一步研究的要求。由于这个原因,用"人权"视角看待中国儒学时,必须意识到西方"human rights"和中文"人权",在宇宙观、认知方法、思维方式、价值观、语言结构意义上都不是一个东西,只有找到二者各在自己的语义环境中的喻意之后,才能知道哪儿坏事儿了,出了误会了,它把两个文化的五大核心范畴(宇宙观、认知方法、思维方式、价值观和语言结构)混淆了。

黄田园:所以,中西之间要实现真正有效的沟通,要首先意识到双方宇宙观、价值观等范畴是很有差异的。

田辰山:对的。中西两个不同传统的概念不可以视为等同的东西,否则就会忽略它们之间巨大的差异,造成很大的误解,导致很多互相不理解。

二、"天"与"Heaven"差别有多大

黄田园:孟子思想的"天爵"的"天"与英文中的"Heaven",还有"性"与"nature",意义是等同的吗?汉语词汇这样的英译会有问题吗?

田辰山："天"的概念，"性"的概念，同刚才讲过的"人权"概念其实是一种情况。中国讲的"天"跟西方的"Heaven"是不能等同的。还是那个道理，中国的"天"是天、地、人的"天"，是自然的"天"，是人经验中的"天"。西方的"Heaven"是一神的、超绝的、本体的、外在的、创造一切的、主宰一切的宇宙本源。它不是人经验的东西，而是假设的。假设的东西跟中国从人的经验得到的天、地、人是很不同的两个东西。"Heaven"为什么大写？就是表达唯一性、一神的意思，隐含着超绝主义意义。超绝，就是唯一的天神与它创造的万物之间各自独立、形成二元对立；万物是个体的，个体之间也是二元对立的。所以西方思想传统的特点可在两点上概括，一个超绝主义，一个二元对立。而中国思想传统恰恰没有这两点。中国的"天"的内涵是万物之间互相联系。所以"天""性"两个词与它们的英文翻译"Heaven""nature"不是等同的。

黄田园：就是说，如果我们简单地画等号，就等于忽略了西方的超绝主义和二元对立。

田辰山：对。另外，中国的"天"为什么在英文中用了"Heaven"？这要追溯到中国传统文化最早由传教士介绍到西方那个阶段，他们向西方介绍中国思想的时候，有些刻意地把中国一些观念与西方的进行附会，特别是把中国的"天"附会到西方的"Heaven"上去。这样等于把中国自然的、人经验的天，天地人相联系的"天"，当成基督教概念"Heaven"了。这是把中国传统的思想装到西方思维框架中去了，成了一个很大的误读，导致直到今天还存在的中西之间的大误解。

黄田园：这是把儒学基督教化了。很多人想，汉语中似乎也有上帝、老天爷，这与西方上帝是没有区别吗？华人教堂中就常说这是一回事。

田辰山：这就是一种附会。因为从西方的角度理解中国的东西难度大些，需要克服从抽象思考走到经验思考之间许多西方特有的障碍。中国思想传统表达的是万物之间联系；天或者说庄子讲的造物者，都是

"道"这一观念,就是天、地、人的相联系及联系方式的走向。当然中国传统的一些民间传说,有的也包含某种一神意象,但是这种意象仍然是来自现实经验中的人。历史中往往曾有一些此类故事,经人们久而久之传说,成为一种神话形象。但这与西方还是有很大不同,西方一神是较为严格的设想,来源于神话,却有一个理论化、神学化的严格逻辑性过程。还有,中国的盘古、女娲、玉皇大帝等,虽然也似乎是这几个神创造天地并主宰人间,但始终停留于民间神话形式,并不属于中国思想传统高端哲学范畴。中国主流、高端的思想是儒、释、道的思想,因为它们以万物之间联系为主要问题意识,所以不以探讨超绝主义形而上学理念为思想传统,这与西方传统是根本性的差别。

黄田园: "性"和"nature"的区别是否也是这样情形?

田辰山: 这与刚才说的是一样情形。"Nature"这个词讲的是本质性的东西;讲人性,人有一个本质不变的、大家都一样的、同一的东西,那个东西叫性。西方讲"human nature"包含这样几个意思:第一,人性是有缺陷的。因为人是由上帝,由一个宇宙本源创造出来的。人为什么有缺陷?因为创造他的神是完整的、善的、美的。反之,如果人也都是完整的、善的、美的,上帝存在就失去必要性了。正因为人都是有缺陷的,所以需要一个完整的、唯一的真善美的超绝体来拯救。中国的"性"的概念不是这样的。因为中国讲天、地、人相联系,人的产生由天地氤氲,本身就是关系,关系是会变的,而不是不变的、本质的。按孟子讲的,人性是所谓"四端",即人作为人的产生,就具备初始的作为人的潜在条件,潜在的做人倾向。出生以后,人对自己潜在成长倾向进行认真呵护,就能成长为完整的人。也是说,出生之时的人还是不完整的,只是具有四端,四端得到保护、滋养与成长,才能最后成为一个圆成的人。

黄田园: 就是说在人与人的关系之中,有一个学做人和成人的过程。

田辰山: 对。反之,西方则认为人一出生就已经是个人了,已经具备人的本质，是不变的了，它就是人性；可惜人性是坏的。在中国思想传统中，人性是可变的，是过程中的、发展的。所以中国传统非常重视做人成仁的教育，认为人是可以变好的，有基本善的一面，但不精心呵护修养，也可能变成不是人、坏人。所以中国传统的"人性"有这样几个特点：一、不是本质的，不是上天（天主）给的，而是爹妈给的，是自然关系产物；二、是趋善的，去保护善端，才会成为人；三、人性是可以变的，在此基础上，中国思想传统讲教化，孔子、孟子都是大教育家，儒、释、道三教都强调教化。人的希望是在我作为人的一生中，立德、立言、立功，不是在来生，与西方是不一样的。西方叙事是人是坏的，期待你用上帝的话约束自己，不要做太多的坏事，最后可升入天堂。这样搞清楚了，我们就知道不能把西方的"人性"动辄就讲到中国思想传统中来。

三、孟子与康德的道德自律思想是相似的吗

黄田园：Paul教授认为孟子和康德在道德自律问题上的观点是相似的。Paul教授说，"依照所谓的西方哲学，遵从某种道德原则，才能成为道德自律的个体，才能成就其自身……而按照孟子的看法，人应该遵从'道'的要求……在这个问题上，孟子与西方哲学的论说结构是完全相同的。遵从某种道德要求或道德原则，这是成为道德自律个体的关键"。孟子与康德在道德自律问题上真是相似的吗？

田辰山：Paul教授认为孟子和康德有很大相似性，我看是个很大误会。为什么呢？因为他没有意识到这两个人所处的思想传统之间的差别，没有看到它们的根本差别。那就是西方把这种原则、伦理道德作为外在的东西来看待，就是说人要讲道德、有道德心，要用外在的原则，用绝对的对和错来要求自己，这是康德所谓的内在自律。它首先承认有一个普世的、绝对的原则、真理超越地存在着，人要从自己内心出发去

遵从。但这里要注意的是康德说的这个外在的、普世的、无处不对的这样一个对错原则，不是中国思想成分的道。归根结底，康德说的这样一个原则仍是一个超绝的东西，是超绝主义、绝对的东西。而中国的道，不是超绝主义的，它讲的是天、地、人关系，人与人、人与天地关系的恰当性，这是孟子所讲的自律。也就是人是出于什么去遵从一种道的东西，由于人与他人、社会、自然环境是联系在一起的，人要想生活得好，必须要与所在环境的关系处理得当。关系处理得当叫得道，二字调过来就是道德，这是中国观念的道德，它不是遵从上帝的、超绝的、外在的，而是完全出自内心的、经验的、从生活出发的自律，这与康德讲的自律完全是两码事。我们可把康德的自律称为超绝主义自律、遵从外在性的自律，中国的却是一种实实在在、由己的内在自律。因为我们遵从的是由我们自己而出的，完全是为了生活得好，要必须跟所在环境处理好关系，是由己而出发生活的、经验上的要求而得出的这种道德、伦理的概念。这是一种完全没有超绝主义的内在性。而且万物本身相互之间是联系的，从这个互系出发，本身就是一种内在性，关系意味的是不可分。所以是我要遵守这个道德，这个道德本身又是一种联系不分；它是这样一种内在性，而不是康德讲的，我作为个人要服从一个外在的什么原则，因为这个外在原则是普世真理性的。所以，孟子与康德是完全不同的两个自律。弄不清这个差别，实际上是个很大的误会。

四、安乐哲的学术思想是否可称为"弃同求异"

黄田园：有人将安乐哲的学术思想称为"弃同求异"，这样的评价是否恰当？

田辰山：对安老师的比较哲学诠释，已经有很多人表达了类似的理解。我个人也有这样的经验，我做的比较哲学阐释，也是着重谈西方思想传统与中国思想传统之间的结构性差别，把它们作为两个很不同的思想传统对待。不少人表示不认同，会出来批评，理由是：中国人也是人，西方人也是人，哪有太大的差别，这样的强调差别，人为地把中国同西方对立起来了。为什么不多讲一些相似的东西？为什么要在中西之间制造二元对立？这样的说法，很值得同情。但它实际上很不恰当。因为其实哪怕中国人与中国人、西方人与西方人之间，都会有很大不同；我们现在所做的中西方之间的差别，是一种很简单、很正常的问题意识。这就好像要和别人打交道或交朋友，很自然想了解对方。了解什么？关键要了解他跟我有什么不一样，有什么差别，只有了解了这种差别，才会想尽办法跟他结为朋友，因为将来要克服差别，要克服差别就得明白有什么差别。这样才可达到更好的关系。所以我们着眼于差别，目的是为了互相了解，只有互相理解，才会知道在实际生活中应该怎样处理这些差别。知道差别才有办法克服对立，求团结，实现和睦相处。

还有，差别本身并不会构成对立，差别是事实上存在的。往往是人为地将差别就当成对立，容不得差别；往往是在人的方面处理得不恰当，才产生对立；有的时候是在我们不了解的时候，误认为对方与我一致，结果发现不一致，才会产生二元对立。而我们恰恰是为了避免这种因为误解而产生的二元对立，才去注重差别。恰当说法是：对差别多注意的本身不是二元对立，对差别不能恰当对待、不能正视，才会导致产生二元对立。

黄田园：这样说，重视差异不是追求对立；重视差异也并不是放弃寻找共同点。所以将安乐哲评价为"弃同求异"是不恰当的。

田辰山：对，这个问题是不存在的；不是"弃同"也不是"求异"，而是通过搞清差异去求和。不光在人与人关系上是这样，了解任何东西，只有了解了差别，才会有助于明白对方是怎么回事。如果只是笼统讲人与人之间都是差不多的，等于是放弃研究，放弃了对对方的了解。

黄田园：您能不能简单谈谈安乐哲教授的新实用主义基本特点？

田辰山：我的理解，"新实用主义"属于后现代主义的言说方式，它的一个主要特点，跟后现代其他思想潮流有共同处，就是不从传统的一个超绝、唯一的真理来思考问题。实用主义本身，尤其是属于后现代主义的新实用主义，它否认有个唯一的真理，或者一个超绝的东西。像安老师这样以一个"新实用主义"理论态度出现，在没有超绝的基础上，他更多的是考虑人、世界万物要从自然的、环境的、事物与事物之间的联系性上来考虑问题，这样就跟中国的思想更合拍、接近。安老师的实用主义是这样一个特点。他认为他做的工作，是在儒家思想和美国实用主义之间搭建一个对话桥梁。他不是笼统地只讲差异，不讲相似的地方，不是从简单的实际操作层面，而是从哲学层面去认识中国与西方的人与人之间的关系性，然后讲怎样去提倡关系性，克服过去的个人主义，改变人的价值观、意志和行为，去实现更好的社会。

黄田园：Paul教授认为，中国人和西方人都是"人"，所有人都属于"人"类。因此Paul教授批评安乐哲教授夸大"人"的差异，忽略"人"的相似性。是否是这样呢？

田辰山：如果按照Paul教授所说，人都是相似的，学术可以不做。因为可以说，任何学术都是找出差异，找相似也在是差异中找，也不是笼统相似。比如说，人是动物，动物也是动物，所以人和动物没有差别，可以这样理解吗？人与人都是人，所以人和人没有差别，是吗？同中有异，异中有同，这是中国传统的常识啊。必须认识到人与人是很不一样的，不同文化的人在生活习性、生活方式、面貌风格、生产方式，甚至思想、世界观、思维方式等很多方面都不一样，哪怕是同一个家庭的兄弟姐妹，双胞胎之间都能找出很大的差别。所以，认为都是人，都是一样的，相互的差异没有意义，这是一种笼统、抽象说法，对学术是不合适的。

黄田园：其实安乐哲是指中西传统对"人"的观念不一样，而不是谈人和人本身有什么不一样。

田辰山：人和人，没有一个如西方分类的那个标准，有一个共享本质。简单事实向我们显示，人与人是不一样的，人的不一样，或者说特殊性，显示的是每个人都是关系构成的，构成每个人的关系都是特殊的，每个人才不是本质，而是过程的。每个人都如同一支曲子，一个故事。人的不一样，还在于思维方式不一样，对宇宙人生认识的不一样，价值观的不一样，然后是意愿和行动不一样，这就导致产生人与人之间的很大差别，造成人与人之间的矛盾，造成民族之间的误解甚至战争，所以不能笼统说人与人都是人、是相似的，而应该要努力地去理解人与人的差异性。

黄田园：就是说和平共处，就要尊重彼此之间的差异，而要尊重差异，首先要搞清楚是些什么差异。

田辰山：对，这是我回应Paul教授的一个观点。还有就是安乐哲教授所讲的，是中国思想传统和西方思想传统对"人"观念的差别，对人怎样看，把人看成什么。在这个方面有很大差别。西方传统由于刚才讲的超绝主义、二元对立的宇宙观问题，而产生的西方思想文化传统整体上从毕达格拉斯一直到现代自由主义、个人主义，两千多年思想传统把人看成是超绝、同一、个体性的概念，所以才有人是个体、是独立、是自私的、人性不变的看法。西方传统文艺复兴前，讲人要有一个道德灵魂，才能成为道德的人，道德灵魂是个体人的，那时已经有了"人"作为个体观念。后来文艺复兴、启蒙运动，又把"权利""自由""财产"等许多理念加在"人"身上，是指"个体人"的身上，将人视为个体，是与他人没关系的。人是从超绝那里来，本身含有一个绝对超绝的本质东西。因为"灵魂"是上帝给的，整个西方传统是建立在以此点为基础的脉络上。自由主义、个人主义，这种西方现代流行的看法整体上是基于把人视为个体的、独立的假设上。恰是相对于这一点，我们谈中国传统，它是以人和人、人和自然、人和天地的关系为本的，是在关系上谈人生、谈对社会、对自然的理解的，所以才有"道"观念和"道德"观点。所以这是两个非常不同的文化传统，两套非常不同的宇宙观和思维方式，在这个意义上，完全产生了对"人"的观念有不同认识。西方"人"概念是抽象、形而上学的，是绝对的、本体的、个体的、本质不变的，中国概念是把人作为关系的，是在与他人、与社会、与天地关系之中讨论的。这在中国语言和西方语言上有很清楚的表达，我们可进行对比。比如中国人说"大家"，英文是说"every-body"，也即是每一个实体，或每一个本体，其实它不是"人"的概念，而是质性的"体"的意思。而汉语"大家"，恰恰是表达人和人之间关系，表达人与人是一种分不开的关系，如同一个家庭一样。所以在汉语中，表达人多意思，家庭关系就延伸过去，去表述与别人的关系。比如："人家""国家""大家"表现的恰是中国思想传统"人"的观念与西方思想传统将人视为"个体"的概念的不同。

黄田园： Paul教授认为，安乐哲在中西文化比较中，忽略了他认为有意义的共性东西，而夸大了某些差异，您认为是这样的吗？

田辰山： Paul教授所说的共性，是西方的普世性；他认为人性问题、原则问题、绝对真理等都是普世的，普世的就是共性的。而安老师所注重的恰是西方哲学的本地性、特殊性，中国哲学的本地性和特殊性，中国恰恰是讲不普世的东西。

黄田园： Paul教授说，他和罗哲海认为《论语》和《孟子》迥然有别，而安乐哲以及杜维明等都是把《论语》和《孟子》以及更多儒家经典"混杂"在一起"全面解读"，不加区分，您认为是这样吗？

田辰山： 首先应该弄清楚一个问题，就是如果讲"混杂"在一起，是怎么一种"混杂"，是在什么层次的，是在什么范畴的。如果将中国和西方两个思想传统作为对比范畴，那这两者之间的差别，要远远大于中国传统之内儒、释、道诸经典之间的差别。儒、释、道之间确实是有差别的，在中国文化传统范畴本身内比较，三者之间差别还很大呢。但如果把整个中国文化传统，包括儒、释、道放在一起，跟西方文化比较，那么它们跟西方文化传统的差别要远远大于它们之间的差别。所以一定要先搞清楚差别是在哪个层次、哪个范畴。Paul教授笼统说的安乐哲忽略不同儒家经典之间的差别，是从西方角度出发的普世意义的差别。而恰是在所谓"普世性"上而言，应该说儒、释、道三家所具有的不是太大差别，都不是讲西方那个"普世性"的，它们的差别是在一个共同宇宙观、价值观、思维观念框架之中，各自强调自己侧面和着眼点不同的差别。

黄田园：这是说中国古代经典的这些文本之间的差异，相对于中西之间的宇宙观、思维方式而言，仍然是微不足道的。

田辰山：对，不是同日而语的东西。东西方的差别，恰恰是在宇宙观、价值观、思维方式的差别，是一个很大范畴的东西。而中国思想传统是在同一个宇宙观、价值观、思维方式里面有不同侧面、不同层次、不同角度的差别。一个是在范畴之间的差别，一个是在范畴之内的差别。所以如果说安乐哲把它们归在一起，在某种程度上是对的，但实际上它不是笼统的，而是有根据的，是根据儒家思想本身是同一个思想体系，是同样宇宙观、思维方式。说白了，万物之间是互相联系的，差别是从不同角度的对"道"观念上产生出不同的诸理念。

五、安乐哲与杜维明的学术有什么不一样

黄田园：安乐哲和杜维明两位先生在Paul教授提出的这些问题上有没有什么不同的学术观点？

田辰山：两位教授在学术上的差别是他们在研究中国和西方两个思想传统时着眼点的不一样。杜维明先生关心的是要让中国思想文化传统与西方思想文化传统和谐沟通起来，所以他强调两种不同的思想文化传统怎样对话，强调对话的成分和态度，这成为他学术思想的核心。这与安乐哲的学术核心不一样，安老师关心的是在东西方思想文化之间进行比较，从宇宙观、思维方式等方面，是比照"interpretive context"（语

义环境）怎样不同。通过找出差别，使得二者互相理解，最后达到像杜先生期待的那样的对话。这种比较本身就是一种对话方式。这是两位教授学术研究的差别。

六、"individualism"与"个人主义"为什么不是对等意思

黄田园：田教授，您提出要把"individualism"翻译为"一己主义"，而不是"个人主义"。Paul教授在访谈中提到个体主义和利己主义等概念，跟您的看法有什么不同吗？

田辰山：我有一个观点，英文"individualism"过去翻译为汉语是"个人主义"，如果它的核心理念是把人的个体性作为绝对的，把属于个体性的"人"的东西，如自由、权利、价值，作为终极性的目的去对待，这样的一个"个人主义"，将其翻译为"个人主义"，那在中文意思中仍然还是没有把它原本的含义表达出来。如果查古代汉字寓意，"个"字是关系性含义。假如翻译为"一己主义"，会更贴切地把"individualism"本身含义表达出来。原因就在于，"一己主义"可更清楚地使得中国人将其含义理解为"个体""独立"、跟他人没有关系"质性"（esseuce）的意思。在汉语中，用"一己"这个词汇，以"一己性""自我性"为核心，去理解它的英文含义更恰当一些。将其译为"个人主义"，虽然在中国传统文化中也有"个人"一词，但中国"个人"的观念，不是把人理解为个体性、跟他人没关系的。中国人说的"个人主义"，不是把"自我"或"一己"作为生活和生命终极目标，还是把个人放在自己所处的环境当中去的——是跟家庭、社会甚至整个自然宇宙在一起的，追求一个仁义和谐关系。这是我的考虑，应该用这样一个新的翻译解决它的问题。

Paul教授讲"个体主义"，其实是更能表达individualism含义的，如果从此以后把它译成"个体主义"也是可以的。"利己主义"（egoism），

是以我为中心的出发点，实际上是很与一己主义相扣的概念，把人都看成一己的，一己的意义、一己的追求从此而来，就是在逻辑上走到以个人为中心的地步。但这两个还不是同一概念，如果我们在英文中讲egoist，以自我为核心，是对individualism更强的加固，有一种加重成分在里面，还不是同一个概念。

七、什么是二元对立

黄田园：Paul教授说，某些西方哲学与古典儒学的重要差异是西方哲学的主干，就是柏拉图主义设定了很多对极性的二元论，谈谈您对这一问题的看法。

田辰山：他说的对极性，是对立性二元论；不知道他原来的概念是哪个字，但我觉得他这样的理解是对的。也就是说，从苏格拉底、柏拉图、亚里士多德开始的西方思想传统，直到今天，有一个奠定了两千多年一线贯穿的思想传统，是形而上学、抽象、超绝的二元对立的东西。什么是二元对立的东西？对中国哲学，经常有人把阴和阳看成是二元的，实际上是把西方的二元论附会到中国思想上，这是不恰当的。所谓"二元主义"的东西，就是两个东西是各自独立、没有联系的，是临时构成某种单性单线关系，是一个决定另一个的关系。二元，两个是各自独立的，一个在前一个在后，一个在上一个在下，一个主宰一个被主宰，在这个意义上，之所以说是二元，是由于二者的独立性导致产生的矛盾性。在这种矛盾性中，形成谁决定谁。所以我们讲西方二元对立主义，是这样的含义。西方的二元主义，就是由于有一个超绝的东西，即西方思想传统一直存在一个超绝、上帝的唯一的真理、唯一的美、唯一的善，那样的一个宇宙本源东西。由于它的存在，创造、产生、主宰了各种万物的存在。这个"一"和它所创造的"多"之间，就是一种二元对立关系。这种所谓它们之间的二元关系，就是它们之间没有内在联系，不能混同，只有一个主宰，一个被主宰。这样的二元对立，又决定了另一个二元对立，也即万物之间的关系。因为万物都是单个的、从超绝的"一"而来的，所以万物都是个体；每一个个体都跟"一"联系，各自之间是没有联系的，是飘忽的、分散的、碰撞的，在碰撞中产生关联，这种关系就是一种对立关系，产生谁大谁小、谁上谁下、谁决定谁、谁优势谁劣势这样的二元对立。所以在这个意义上，有两个二元对立，一个是"一"和"多"之间的二元对立，另一个是"多"跟"多"之间（个体与个体之间）的二元对立。而这种意义，中国是没有的，不能把二元对立概念用在中国思想上。所以Paul说的这一点是对的。

八、安乐哲是用西方概念来解说中国吗

黄田园：韩振华教授认为，大部分中国学者因为受安乐哲、杜维明等人影响而强调中西哲学思想之间的差异。您认为是这样吗？

田辰山：我觉得有这样几点：一、我们看到中国和西方思想传统的差别，不是一种自然自发行为，而是受了西方学术的影响。中国与西方思想传统自从近代接触以来，就受西方思想的影响，产生一个中国和西方思想是不一样的想法。这个想法的来源，形成于西方对中国思想传统的解说，是用西方思维方式、西方理论、西方概念，把中国东西纳入西方的轨道上去。这其中包括把中国与西方差别看得很大、把中国思想看成低于西方的观点。这已经成为一种被熏陶出来的习惯，但不是中国人自发的东西，恰是近代西方思想传入造成的。

这绝不能说是受安乐哲、杜维明（二者之间也有差别）的影响。如果说是受杜先生影响或许有些许道理，因为杜先生作为一个中国人在西方，对西方解说中国人的思想传统，使用一些带有中国思想传统的语言和话语，同时也采用西方解释中国的一些话语，这在近代以来是比较流行的。但我们一定要把安乐哲区别出来，安教授所做的恰恰是要把中国

从用西方话语的讲述中解脱出来,让中国思想讲自己的中国话。不错,安乐哲是在讲中国和西方思想传统的差别,但其目的恰恰是告诉人们,不要用西方的理论、思维和概念来解说中国的东西,不要把中国纳入西方的框架当中去,要让中国自己的思想传统解说自己,自己叙述自己;做法就是比较中西文化阐释。安乐哲这样的比较中西方法,在今天中国的影响力,尚微乎其微,因此,如果说中国学者自然自发受到安乐哲的思想影响,不是这样的。安乐哲的比较哲学阐释,其实恰恰是中国和西方都需要的,扩大它的影响,还需做很多很多工作。

九、西方对中国的误读是怎么发生的

黄田园:Paul教授认为自己的观点是与日本学者相似的,是日本学者得出的与西方学者相似的观点,所以不能说是"西方误读论"或者"西方中心论"。您认为这种说法是否有道理?

田辰山:我认为这种说法忽略了西方思想传入东方的过程。西方思想的传入,是从日本传到中国的。讲西方误读中国,要把脉络理清楚,首先是传教士用西方的基督教理念解读中国思想。在这之后,西方思想大量传入东方,是先由日本人做的工作。日本学者把很多西方东西译成日文,中国学者又将其译为中文,又进一步传到亚洲其他地区。这里不能不提安乐哲用的一个概念,叫"不对称文化比较"。什么意思?就是把中国的东西用西方的概念框架来套。日本人首先把西方思想译成日文,相当于创造了一套近代以来东方人自己的话语结构,内含在西方思想传入东方的翻译过程中使用的词汇中。日本学者建立了这样一套话语,中国的现代话语融进来这套用日文、后来变为中文的词语对应上去的西方思想概念。人们容易忽略的一件事情是,西方人用西方的概念看待中国,这套最后从西语翻译到中文来的话语,仍然是同一路径——用西方概念套中国思想。也就是说,近代以来中国或日本的学者,实际是在用西方概念讲说中国的事，这跟西方误读东方路径是同一个问题。所以我们现在应当重视安乐哲，正是对此要有纠正的必要。很简单，现在不仅西方学者在误读中国，中国学者也同样在误读中国，这事实上是文化的自我殖民，它表现在亚洲东方讲哲学不是自己的哲学，而是西方哲学。北京大学哲学系讲的重要哲学家不是孔子，而是海德格尔。在日本，重要哲学家是康德。在印度，重要的也是西方哲学家。你到哲学系，教授的不是本土哲学，而是西方哲学。在美国去书店，哲学书架上不是中国哲学书，要找中国哲学书，得到东方宗教或者亚洲研究书架上去找。就是说，因为这套话语，由于近代以来整个西学东渐历史潮流，造成的同一个问题，就是西方误读中国，中国也用西方观念误读自己。所以，Paul教授认为自己与日本学者观点相似就不会错，其实是忽略了这个东西方历史文化交流走向过程。如果他注意到中西宇宙观的各自特质差别，也许就不会有这样的结论了。

十、为什么不能对中国思想文化传统侈谈什么"普世原则"或"普世价值"

黄田园：是否有必要强调中国特殊性？中国特殊性与中国文化精神、思想传统有什么关系？论证中国特殊性是不是为中国政府辩解？

田辰山：这不是需要论证的问题。西方思想也是特殊的，中国思想也是特殊的，每一个文明、每一个思想都有自己特殊性，有没有特殊性不需要去证明，而是需要去识别。我们做哲学、做学术的工作，要找到这个差别，找到这个特殊性。而不是笼统地说没有特殊性，大家都是一样的。具体地说，西方的特殊性在哪儿，中国的特殊性在哪儿？西方的特殊性就在于它有自己由欧洲海岛文明和大陆文明独立发展出来的思想文化传统。我们已经讲了很多，它是以超绝主义、二元主义为突出特点的思想文化传统。这套思想文化传统本身就是特殊的、就是地方性的，是属于欧洲这片土地的。在全球其他大洲，其他民族文化中，都没有发展出与欧洲同样的一套超绝主义、二元主义思想文化体系，所以超绝主义、二元主义本身已表明西方思想文化传统的特殊性。

中国思想文化传统的特殊性，就在于它没有这样的超绝主义、二元主义。首先，西方讲上帝是唯一的宇宙主宰，中国没有，中国讲万物和万物之间联系，没有超绝的东西。其次，由于没有超绝的东西，中国也就没有二元对立。因为没有超绝的东西，就要谈现存的、周围生活中的、人类可经验的万物。它们之间到底是怎么回事？中国思想传统发现万物是不可分割的，万物之间都有内在联系，所以就不可能产生二元主义。二元主义产生就是在于把万物之间假设为没有联系。这样，讲万物合一、天地人不分，这是中国的特殊性。用这个特殊性来解释中国文化现象，解释中国历史，解释中国社会生活，就找出道理来了，就有解释了。这是一种用眼睛看得见、用生活感觉的人的传统和经验。中国政府和政治必然是中国文化、中国文明中出现、发展出来的，只有用这种东西理解中国政府、中国政治，才会明白它。这不是强调特殊性就是替政府辩护，而是只有讲清楚文化特殊性，才能对中国政府与西方政府的差别有更深刻的理解。

不明白这一点的人，实际是将西方原则当成了"普世"的东西，"普世"就是绝对真理，绝对真理就是世界任何地方都不例外，所以他们认为用中国特殊来说中国可以不实行，就是错误的。这个逻辑卡在认为有"绝对真理""普世"原则，这本身就是西方文化特殊性，它是建立在假设上的，建立在假设上，就是虚构，这是西方特有的文化性。事实上，人经验的最简单、平白的事实恰相反，一切都是内在联系的，如果这是基本事实，"绝对真理""普世"原则就是根本不存在的。这是哲学理性问题，不是信仰问题。这又回到启蒙运动的初衷问题上去了。

黄田园：Paul教授有一句话，他说"当人们讲'儒学主张什么什么'时，'儒学'被本体论化了"。您认为是这样的吗？

田辰山："本体论"一定是西方的ontology概念的汉语翻译。如果你认为汉语"本体论"是西方ontology这个概念，就必须有这样的意识，在中国思想文化传统中不可能会有本体论。本体论就是认为宇宙自然有一个大的本源之体——"上帝"或者别的称谓。由这个大本体派生的宇宙万物，都是它分出的部分本体。所以这个"本体论"概念，是派生于西方这一特殊思想传统（宇宙观等等）的特质产物，这个"本体论"中国是没有的。是这样，讲"儒学主张什么什么"时，"儒学"就被"本体论化"了，是安乐哲将它本体化了，这个问题是不存在的。因为安乐哲所做的事情，恰恰是指出中国没有西方的本体论这种东西，中国讲的、儒学讲的，都是从人的现实生活经验中总结的；它不是"本体"而是万物的内在联系，因此讲的不是超绝、二元对立或者形而上学，根本不会是西方"本体论"那个东西。所以，Paul教授一是忽略了中国和西方传统特殊性的差别；二是不知道"本体论"本身是西方的特殊性，而不是中国有的东西，他把这个东西用在儒学身上，特别是用在安乐哲的研究上，这是一种误解，他恰是用了一个很误会的词汇来说安乐哲的学术；三则是这反映他自己的特质西方思维方式，他认为儒学是会被"本体化"的，就是认为有"普世原则"存在。

黄田园：现在有人用"普适"二字，说意思是普遍适用，这跟"普世"有差别吗？

田辰山：这是个大问题，在中国是个非常严重的问题。不少人热衷于对普世价值、普世原则的争论，认为西方的"自由""民主"等不少概念是普世价值、普世原则，应该在中国实行。闹得它变成了一个很敏感的问题。不应该这样的。如果从比较哲学看，它其实不是什么复杂问题。重要的是你得先找到中文词"普世"对应的英文是哪个词，是什么意思，才能恰当对待中文对它的翻译。"普世"两个字，英文是universal这个概念。如果我们在英文语义环境理解了这个词，就会立刻意识到中国人所理解"普世"或者"普适"，跟它原本的含义相差很远。Universe 的中文翻译是"宇宙",但如果把这个英语词汇分析一下,它的"uni",含有单一、绝对、不可分的意思,"Universe"作为概念来表述宇宙的含义,它传达的含义,则是"宇宙"是由一个统一的、绝对的、高高在上的、外在的、唯一的真理为本源;"宇宙"是由它建立的单一严整的秩序,所以universe本身蕴含强烈的意义,就是整个"宇宙"是单一秩序的、严整的、单向逻辑很强的体系,决定性原因就是一个超绝的东西在主宰、统领。是因为这样一个"宇宙",才有的"universalism"(普世主义),才有的唯一的、绝对的真理,是在这个逻辑上,才有的西方特有的"普世性价值"(universal values)或者"普世性原则"(universal principle)。这个"普世性"是什么意思呢?首先是"超绝主义",指的是一个唯一上帝、本源、真理那个东西;其次是"绝对主义",一种绝对的概念、极端的概念、抽象的概念、形而上学的概念。由于是超绝的、抽象的,所以才是"普世"或者"普适"、无所不在的。"普世"或者无所不在的意思就是宇宙本身都是派生于像"上帝"的那样一个东西,由它创造,"上帝"定下的规矩、原则或者"规律",必然是到处都适用的,由此,就有了这个"普遍"、无处不好使的"普世"或者"普适"概念。

如果了解清楚了这种文化语义,就会一下子意识到,我们中国所说、所理解的"普世原则",不是那种意思。中国人的理解无非是说一个好东西,对大家都有好处,这个好东西应该到处都有好作用,到处都应该去施行。中国人总结出了阴、阳,阴阳就是普遍的。中国人突然发现,似乎普世主义,从西方概念到中国概念当中有些问题,所以有些人不再用"普世"两个字,而开始用"普适",所以"普世价值"被说成普遍适用的价值,出现了词汇的转变。

如果是这样的话,我们用儒学应该怎么样理解"普世"?怎么用中国传统思维方式来理解"普世"?中国人所认识的,恰恰是世界上从来就不存在什么"普世"的东西,也就是不存在绝对的东西,不可能存在一个外在的、唯一的、第一本源的、高高在上的像"上帝"那样的东西。正因为中国人不是这样认识宇宙的,才有中国的自己"道"的观念。"道"所表述的,恰恰不是什么唯一的、绝对的抽象真理,而是万物之间有相互内在的联系,一切关系都不是单线单行的,而是不可分割、互相联系的。所以对中国思想文化传统而言,恰恰是没有这样一个"普世"原则、普世价值的东西。我们整个中华思想文化传统,都不认为世界、宇宙是普世的。我们求"道",西方人求"真理"。求真理就是求绝对,求"道"就是不绝对,求弄清事物之间的阴阳互相联系变化。这样去看待思想文化传统,从对比中西文化的角度看,"普世"的东西恰恰是不"普世",也即"不普世"才是"普世"的,"相对"才是"绝对"。"普世"宇宙观是从欧洲产生出来的,中国、亚洲大陆、东方都不是这样认识的。

如果我们认识清楚了"普世"是作为西方universal的概念,明白为什么西方有"普世"、中国没有"普世"这个问题,我们就会省掉很多精力,在我们这里就本不该产生关于"普世"不"普世"的争论。

十一、安乐哲的比较中西哲学阐释为什么是重要的

黄田园:您能简单谈谈曾是安乐哲教授学生的感受吗?您认为安乐哲的学术究竟对儒学复兴有什么意义?

田辰山:我1987年到夏威夷大学,不久到夏大中国研究中心工作,后来安乐哲做了中国研究中心主任,我才开始与他有了接触,但当时不了解他的学术。我学习的是政治学,专攻政治哲学。我做政治哲学论文,需要大量西方哲学知识。当时已经读了不少关于中西文化的西文著作,但是在其中我没有一本满意的。那些作者讲着讲着,就让中国人觉得他讲的中国总是怪怪的,很不对劲儿。这时有人很偶然提起安乐哲教中国哲学,对我说他的东西不错,我才去读他的书,事先没

有抱太大希望。我读的第一本书是《通过孔子而思》(*Thinking through Confucius*),我一看前言、序论,就觉得很不错。他讲中国思想文化传统,虽然话语、方法、角度仍然是西方的,但他是阐释,不是套中国(的思维)。讲出来的东西,从一个中国人的角度看,我觉得不错,讲得是那么回事儿。这就引起了我的兴趣,读下去了。后来越来越觉得他阐释的中国思想很有深度,讲出了很多自己虽然理解却用中国思想讲不出来的东西。我做中西政治哲学的比较论文,题目是辩证法,辩证法从西方到中国它是一个东西还是两个东西,它到底怎样变化了,为搞清楚这个问题,我从政治学系来到哲学系,请安乐哲做了我的导师。我修了好几个大师的课程,包括成中英老师,也包括一位讲康德讲得很好的老师。我在深入地对安乐哲的东西认真学习理解基础上,后来采用他比较中西哲学阐释的方法,做我博士论文的理论框架。从那时到现在,我们已经认识了约有25年的时间,我一直关注他的新东西,继续向他学习,也与他一起参加了很多学术活动。在这个基础上,我肯定不能说百分百理解他的东西,却觉得有自信地说理解了百分之六七十吧。

  根据我的理解,安老师的学术是当代西方理解中国的非常难得的学术、难得的途径、难得的角度。不管是中国还是西方,要把彼此理解清楚,都很需要他的东西去解决问题,解决迄今东西方存在的互相不理解的问题。这包括我研究的辩证法问题,我们几乎没有意识到,"辩证法"在西方与在中国,它的意义差别很大。它在古希腊、柏拉图、康德、黑格尔,意义都很不同,与在中国理解的不一样,是不可思议的。到了马克思主义那里,有些马克思主义理论家讲的辩证法,才跟中国理解的辩证法接近一些。我发现,只有马克思的最接近,讲的是万物内在联系。在这个问题上,安乐哲的比较哲学阐释,使我成功地解决了研究中西辩证法差别的问题。这使得我感到安乐哲的东西非常珍贵,值得介绍给中国,让中国学者认识东西方思想文化传统在大的框架上、特质上的不一样,把两方面看清楚,然后知道我们当前的对中西两方面的认识是否出了问题,这个问题是在什么地方。

　　由于我有这样一个经历,感受是深刻的,所以总是想要把自己对文化认识的这个过程讲给别人听。最深刻的感悟是今天要了解中国文化,必须要对西方文化有清晰的理解。而要获得这种理解,就需要了解安乐哲的比较哲学。安乐哲出版了十几部著作,我都读过,其中我获得最大启发的,是那本《期望中国》(*Anticipating China*)。这是本很关键的书,是一本了解中西哲学文化比较、理解必要途径的书,它对中西方思想文化传统总体性差别的阐述,对理解安乐哲的学术思想很重要。在这个意义上,我认为如果不借助安乐哲的比较中西哲学阐释,我们面前的路就仍然是模糊的。要把眼前的路看清楚,必须借助安乐哲比较哲学的视野。我在中国的教学、研究都是这套比较哲学阐释的途径,效果很不错。我自己想多做点工作,也希望年青学者能多把注意力投向这里,大家一起来做。

(作者单位:美国夏威夷大学政治学系)

国际儒学研究概览

当代欧洲儒学研究与传播（2000—2009）[*]

张西平 孙 健

▲2000年，德中协会（Deutsche China-Gesellschaft）的报告活动和出版物经常涉及中国哲学及儒学，比如2000年出版的协会杂志题为《毛泽东与孔夫子之间？——作为传统与革新反映的中华人民共和国》（Zwischen Mao und Konfuzius？ Die VR China als Reflex von Tradition und Neuerung）。

▲2000年，斯洛文尼亚学者米拉·伊万诺维奇（Mila Ivanovič）将塞尔维亚语原著《易经：哲学学说》（I-Ching: filozofske doktrine）翻译成斯洛文尼亚语，在卢布尔雅娜出版。

▲2000年，于连主编的"葛兰言学院丛书"出版了罗慎仪翻译、汪德迈修订的梁漱溟的《东西文化及其哲学》。

▲2000年8月30日至9月2日，在意大利都灵（Torino）召开了欧洲汉学学会第十三届大会。这次大会由都灵大学外国语与文学系和学会主席团联合组织。大会主题是"大都会的精神"（The Spirit of the Metropolis）。在全体会议上，听取了学会会长、剑桥大学教授杜德桥（Glen Dudridge）题为"文学——虚拟的城市"的报告。

---

[*] 本文的编写，参考了张西平教授主持的教育部人文社会科学研究重大课题攻关项目"20世纪中国古代文化经典在域外的传播与影响"的最终成果，在此谨向项目成果各卷主编，丁超教授、柳若梅教授、李雪涛教授、李真教授、安必诺（Angel PINO）教授、何碧玉（Isabelle RABUT）教授、王苏娜教授，表示衷心的感谢！此外，王弥顺心就儒学在意大利的研究和传播补充了部分资料，在此一并表示感谢。

都灵大会有11个分组会：1.当代中国文学；2.传统文学；3.近代史；4.宗教和哲学；5.现代史；6.当代政治与经济；7.社会人类学与社会学；8.视觉艺术；9.艺术史和考古学；10.语言与语言学；11.信息工艺。除此以外，在大会框架内还举行了一些讨论和圆桌会。

▲2001年，德国图林根州（Freistaat Thüringen）文化部组织编写应用于中学"伦理学"课程的《东亚思想概论》教材，其中有专章讲授东方的佛教、道教和儒学等传统学术。就儒学而论，重心定在了伦理道德。这包括介绍孔子、孟子等儒家的代表人物；儒学的历史发展；儒学与新儒学的概念；天、仁、礼、中、正名以及君、民等儒学的基本范畴；以"四书"为代表的儒学基本典籍，等等。这些介绍虽然只是一般性的知识，但也有一些还是相当细致的，如要求解释什么是五伦、什么是忠孝、什么是君子与小人以及祭祀祖先的礼节仪式等。教材的主持者和编写者力图要纠正黑格尔以来的一个错误观念，即认为中国思想的发展止步于先秦，从而忽视汉以后的思想文化的发展。

▲2001年，林维杰（Lin Wei-chieh）的著作《理解与道德实践：朱熹儒学与伽达默尔哲学解释学之间的比较》在法兰克福出版，该书系作者的博士论文。

▲2001年，德国汉学家鲍吾刚（Wolfgang Bauer）的《中国哲学史：儒家、道家、佛教》出版。

这是一部较为系统的哲学史著作，其中讨论了朱熹哲学，分为"理、人性与爱、物与心、新的经典著作、朱熹与伟大的综合"等5个环节分别展开。鲍吾刚认为，北宋道学的基本特性在于对宇宙论的建构和对"存在"的重新发现，但又因此出现了两极性倾向，而朱熹的功绩就在于他对此做出了一种"伟大的综合"。

▲2002年，法国汉学家华澜（Alain Arrault）在巴黎出版其新书《邵雍（1012—1077）：前近代中国的一位诗人哲学家》（*Shao Yong [1012—1077]: un philosophe poète dans la Chine prémoderne*），该书

是作者的博士论文。

▲2002年，国家科研中心研究员、知名法家、道家研究专家、小说家勒维（Jean Levi）教授在Pygmalion/Gérard Watelet出版社出了《孔子》（*Confucius*），此书袖珍本在2003年由Albin Michel出版社出版。

勒维教授在《前言》中这样介绍他迟迟来到儒学空间的原因：一个在我看来教育人对社会因循守旧而不是哲理的学派是不足以吸引我的，我所倾向的是福楼拜的那种思想，"荣誉使人毁誉、职衔让人堕落、职位令人愚蠢"，因此我对教育旨在培养人担任政府要职这样的儒家信条没有好感。相反，道家对我有吸引力。我喜欢庄子的自由、极端的夸张，否定所有社会机制的合理性，主张回归到野性的生活。《道德经》里句子的神秘、咒语般的特性让我入迷。韩非子的政治哲学把社会太平建立在对人的感情的有效控制之上，而儒家的乌托邦纲领则依赖从政者的仁义、善良来管理为利益所诱惑的百姓。我在前者中找到更多的清醒、现实主义与逻辑。如果说一个社会人对另一个人来说是一匹狼，那么就像道家非常智慧性地表达的那样，是否与其与城里的为伍，还不如与林中的来往，即使要冒着跟狼群嚎叫之嫌。因此我对边缘感兴趣，而留在中国传统的边际，周转于其周围而没有在其中心历险。……我在考察道家对以话语为手段传承礼仪的批评时，我发现庄子处在孔子真实实践的路线上。他把孔子的理论依据颠覆得如此之妙是因为他真正把握了它们。他正是以儒家的最基本的原则为名来指控它。这样，疑团就消失了——原来是一种误解。原来人们在孔子哲理不存在的地方寻找它，即在词语中而不是在动作中。勒维的目的就是要展示一个具体生动的孔子。

▲2002年8月在莫斯科召开了欧洲汉学学会第十四届大会，主要议题是"中国传统文明与当代世界"。在全体会议上，法国汉学家巴斯蒂夫人（M.Bastid-Bruguière）做了"论诸文明接触的背景下的传统中国文化"的报告。

大会分12个组进行讨论：1.戏剧与表演；2.文学（散文和诗歌）；3.语言与语言学；4.古代史与中世纪史；5.近代与现代史；6.当代政治与经济；7.社会人类学与社会学；8.宗教与哲学；9.艺术史与考古史；10.妇女与性别；11.城市问题；12.教学与教育学。

"古代史与中世纪史"分组会上，与会者特别注意到古代中国意识形态与传统中国历史编纂学问题。俄罗斯科学院东方学研究所圣彼得堡分所И.Ф.波波娃在"早期唐代的管理和儒家的价值体系"中，对儒家与法家在官方意识形态中融合做了描述，同时勾勒出在管理实践中运用它们的方法。

"宗教与哲学"分组会讨论了众多问题，其中之一是中国哲学背景下的"人"这一题目。德国海德堡大学的米登多夫（W. Middendorf）以《荀子》和《管子》为依据，研讨了"心术"与"礼"的相互关系，认为二者是控制情感的必需手段，使人性保持原生状态，从而显示了中国传统固有的修身和建设社会秩序相互依存的观念。同样来自海德堡大学的А.Б.卡尔卡耶娃在报告中谈到了汉代哲学家扬雄关于人性的看法及其在宋代所引起的争论。

"传统中国思想的方法论和术语学问题"是哲学分组会的另一个题目。比利时鲁汶天主教大学的德福特（K. Defoort）在报告中专门论述了中国哲学范畴的对等翻译，谈到用他种语言解释关键儒学概念"正名"的困难；斯洛伐克东方与非洲学院的M.恰尔诺古尔斯卡娅-费尔兰佐娃（C. M. Carnogurckaya-Feranzauva）尝试以《道德经》为例论证中国哲学范畴中的辩证法。俄罗斯科学院东方学研究所的А.А.克鲁申斯基在探讨了刘徽《九章算术》中所讲述的简单化理论的数学方面后，提出了自己对待中国哲学中简单化程序的态度。

许多报告触及现代新儒学问题。法国国家东方语言学院的程艾兰（A. Cheng）探察了牟宗三、徐复观和唐君毅哲学中的"道统"一说的不同形态。А.В.洛马诺夫讲到20世纪上半期的儒学哲学家（梁漱溟、贺麟、冯友兰）接受了基督教。

有的报告专门论述了礼仪实践和与祖先崇拜有关的宗教观念。比利时鲁汶天主教大学的钟鸣旦（N. Standart）谈了17—18世纪的礼仪舞蹈。美国夏威夷大学的布鲁亚（Brian Bruya）谈了关于"乱"的概念与道家的"混沌"观的区别，他用《道德经》和《庄子》证明，企求混沌对道家哲学来说是寻常的，因为混沌表现为任何创造之条件和开始，他提出混沌与自然观有直接联系。

▲2003年，作为在法国举办的"中国文化年"重点项目之一，介绍中国古代伟大思想家和教育家孔子及其学说的"孔子文化展"2003年10月28日在巴黎吉美博物馆拉开帷幕。包括中法文化年混合委员会法方主席昂格鲁米先生在内的近千名法国各界人士参观了展览。

此次展览以"孔子文化"为主题，展出了孔子所处时代的文物、孔子后裔的文物以及孔府藏品，如青铜祭器、乐器、明清衍圣官服和孔府传世书画等共70余件。这是与孔子相关的精品文物第一次聚集法国，不少文物是首次出境参展。

法国文化部部长让-雅克·阿亚贡和中国驻法国大使赵进军出席了开幕式，并为展览剪彩。阿亚贡说："我前来观看'孔子文化展'，既是庆祝这件中法文化交流的盛事，也是表示法国对中国文化年的高度重视。孔子对许多西方人来讲是个谜，从久远的年代开始，欧洲就承认了这位中国著名的思想家和哲学家。这次展览可以使法国公众有机会了解孔子本人，以及他的学说对中国文化的巨大影响。"

赵进军大使说："孔子思想对中国历史和文化产生了极其深刻的影响，而且惠及遥远的西方。在法国人的日常生活中，能经常听到人们引用一些孔子的经典语录。此次'孔子文化展'将有助于法国人民更好地了解孔子的儒家思想，并由此增进两国人民的相互了解和友谊。"

"孔子文化展"引起法国观众极大兴趣，展厅里人群比肩接踵，博物馆不得不分批放行观众。典雅的汉代孔子画像石吸引了众多参观者的目光，除了文物展品，组织者还放映了有关孔府、孔庙和曲阜的录像。

"孔子文化展"在巴黎展出至2004年2月29日，此后移至西班牙的巴塞罗那继续展出。

▲2003年，德国学者雷奥福（Olf Lehmann）的博士论文《儒家式的现代性之道德形上学的奠基——牟宗三的传统之"哲学化"与启蒙思想之"儒学化"》（*Zur moralmethaphysischen Grundlegung einer konfuzianischen Moderne："Philolosophisierung" der Tradition und "Konfuzianisierung" der Aufklärung bei MouZongsan*）在莱比锡出版。

雷奥福在著作中提出了对当代新儒家的探讨与诠释，他试图从"现代化"问题切入当代新儒家的思想脉络，强调它源自中国跟西方文化的碰触，把新儒家哲学理解为因应"西方挑战"的反应。在20世纪的中国现代化过程中，儒家学者无法避免必须提出"儒家传统可不可能现代化"等重要课题。在这种情况下，所谓"现代化"只可能是"与西方哲学交流"之过程，也就是翻译、诠释、采纳西方哲学术语的努力。因此，书中进行概念内容的谨慎分析，特别着重西方概念透过翻译过程的转移与变化，强调儒家传统的"哲学化"包含哲学概念的"儒家化"过程，透过这两个过程，新儒家学者架构出一套新的思想体系。值得留意的是，儒家学者一方面运用西方概念来表达他们的哲学观点，另一方面试图重铸西方术语，把儒家的意义注入西方概念的形式中，引出西方学者所谓的"混生思想"。

雷奥福从"现代化问题"切入当代儒家思想，把"儒家式的现代性"之建立视为牟宗三哲学最终目标。从中可以看出，雷奥福明白地把牟宗三对康德的诠释放在20世纪中国文化、政治和思想脉络中研究，据此点出牟宗三对康德的诠释是儒家现代化努力的"媒介"。然而，雷奥福研究的一个基本问题是，他在处理牟宗三与康德思想关系时，除了"诠释之正确性"与"作者与诠释者之间的主从关系"以外，没有别的诠释典范，而且他认为"诠释之正确性"标准源于康德原文的著作。他主张康德思想包含一种固定意义，此意义可称为康德哲学的"真理"，而他的要求是：诠释的意义是把此固定真理找出并表现出来，帮助读者把握它。在此要求下，诠释者唯一的"格律"就只能是"忠实于原本"。也就是说，雷奥福仅仅以"牟宗三有没有理解康德"或"牟宗三对康德的诠释是不是符合康德原意"为标准来进行讨论。在这样的标准下，最终牟宗三的整个思想体系只能被还原到诠释康德的努力而已，他自己的哲学意图只不过是一种"干扰"，它引起诠释的"扭曲"危险，使诠释违反正确性标准。应该说雷奥福对牟宗三的基本意图是很清楚的，但他的研究方法论框架并不超越上述的还原性标准，他的讨论最后只能得出一个结论：因为不能把牟宗三思想体系回归于康德原来的系统，因此他的体系是无法成立的。这样的结论实际上关闭了中西哲学对话的大门。

▲2003年，德国学者莫利茨（Ralf Moritz）在斯图加特出版了《大学》的德语译本（Das Große Lernen）。

▲2003年，德国学者叶翰（Hans Van Ess）出版新书《从程颐到朱熹——胡氏家族传统中的正道论》。

此书原系作者1999年在汉堡大学提交的教授资格论文，书中认为朱熹思想吸收了胡宏和张栻的许多思想，其思想体系中的许多内容都来自湖湘学派，但较之湖湘学派，朱熹思想有更为强大的、兼收并蓄的纯粹学术精神，也因此而得以成功。

▲2003年，叶翰（Hans Van Ess）新书《儒家与儒学》（Der Konfuzianismus）出版。

该书分前言、儒学与中国国家、帝国晚期的儒家思想、孔子在20世纪等几部分，对儒学与国家的关系、近现代的儒学思想以及儒家思想在当代的影响的问题进行了讨论。

▲2003年，巴黎高等社会科学院的叶理绥夫人（Danielle Elisseeff）出版了图文并茂的《孔子：从词语到行动》。

▲2004年8月25—29日在德国海德堡（Heidelberg）市举行了欧洲汉学学会第十五届大会。大会组织者是海德堡大学汉学研究所。会议分中国古代史、中国近代史、当代中国经济、传统与当代中国文学、宗教、哲学、语言学、汉语教学、性别研究、运用现代信息手段研究中国等分组，还举行了圆桌会议和跨学科专题会议。

香港浸会大学的权威翻译研究者洛伦·普菲斯特（Loren Pfister）教授提交了关于劝善的《善书》报告，他认为此书是由中国作者罗中凡于1850年编著的。这本书不是教派传教的产物，而是展现儒教一神教特点的例子，是中国知识界为革新儒教而根据《大学》改编的，这是19世纪中国精神探索的新形式，它相当于"民间儒教"。这部书表明中国南方间接受到新教传教士的影响。

▲2005年，谢和耐（Jacques Gernet）在巴黎出版其对王夫之哲学思想的研究新著《事理：王夫之哲学论》（*La raison des choses. Essai sur la philosophie de Wang Fuzhi*）。

谢和耐在书中提出中西思想的两种不同范式：组合逻辑与话语逻辑。在《王夫之的现代性》一文中，谢和耐指出关于中国的两个常见的错误："其一是认为存在没有时间性的'中国思想'；其二也与之相关，是强加给中国一个与它所经历的深层变化所不能兼容的稳固不动性。"他这样写道："历史对他（王夫之）来说是一件严肃的事情，不是为了消遣读者而编的叙事：对普遍性变化显得最明显的领域，即历史的素材进行思考，那就是哲学思考的一种方式。"王夫之的历史观可能某种程度上也代表了谢和耐本人的历史观或者汉学观，值得我们深思。

▲2006年，法国国家科研中心研究员马蒂厄（Rémi Mathieu）在巴黎出版了《孔子》（*Confucius*）一书。

马蒂厄教授兴趣广泛，治学范围涉及中国古代的神话、哲学（儒家、道家）、文学、人类学多个方面。他早年翻译研究《穆天子传》《山海经》等神话，后来翻译出版了屈原的《离骚》、合作主编了《淮南子》的翻译，并首次在法国对《老子》3个版本（王弼本、马王堆本以及郭店本）进行比较翻译（2008年）。在儒学方面，他重新注译了《荀子》等儒家经典。

《孔子》一书的体例有些特别，全书分成两篇：《夫子的生平、著作、理论与继承者》和《文选》。夫子的理论分成仁、忠、礼、诚、修身五个方面来讲，夫子的继承者则主要谈孟子、荀子，也涉及子思。《文选》部分则分成20个主题，并集中《论语》《大学》《中庸》《孟子》《孝经》《荀子》等经典文献对这些主题的阐述。第二部分由于翻译所牵涉的文本比较多，适宜作为资料查阅。

▲2006年，德国前总理赫尔穆特·施密特（Helmut Schmidt）在埃康出版社出版《我们的邻居中国》。

本书于2009年由中国海南出版社出版中译本，书名为《理解中国：对话德国前总理施密特》。该书的第四章名曰"儒学的传统"，专门讨论儒家问题。其中心观点是儒学不是宗教而是伦理，这合乎中国大陆学术界对儒学的一般认知。不过，施密特认为儒学不是宗教却别有深意。他认为，在民族主义行将成为一种新的意识形态的时候，作为伦理而非宗教的儒家学说倒是个不错的选项。儒学不是宗教，是一套有着两千多年历史的、建立在理性基础上的伦理学说。如果能把儒学传统与现代西方的司法制度结合起来，那会形成一种十分坚固的伦理道德制度，如同欧洲启蒙运动的精神，中心是人，而不是金钱资本，但中国人能否做到这一点不可预知。施密特对中国的国情非常清楚，他的儒学见解平实而深刻。

▲2006年，德国汉学家欧阳师（Wolfgang Ommerborn）在波鸿出版新书《哲学王和圣王——柏拉图和宋明理学政治理论中统治者的理想》（*Philosopher Kings and Sage Kings: Idea of Rulership and its Philosophical Basis in the Political Theories of Plato and Neo-Confucianism*）。

▲2006年，欧阳师（Wolfgang Ommerborn）在波鸿出版新书《戴震

对孟子的接受与他对朱熹学派的批判》。此研究分别从哲学思想和政治思想两个层面予以展开，分析了戴震的思想及其与朱熹学派的关系。

▲2006年，瑞士汉学家毕来德（Jean François Billeter）的著作《驳于连》（Contre François Jullien）在巴黎Editions Allia出版社出版。

近年来，法国汉学界围绕着相异性问题引发了一场论争。这场争论主要牵涉对于连研究工作的评价。于连的著作在法国知识界引起了很大的反响，一些法国哲学家如已故的利科、巴蒂厄（Alain Badiou）等都对他的研究给予肯定，他的著作被翻译到20多个国家，中国台湾辅仁大学、北京大学近年来还专门召开于连研讨会，很多局外人更是将于连与法国汉学画上等号。然而，大多数传统的法国汉学家对于连的治学方法一直怀有疑问，因而没有更多回应于连现象，一直到毕来德《驳于连》一书的出版。

毕来德期待对话的对象并不完全是学术界，而是喜好知识与阅读的一般大众，他选择的 Editions Allia 出版社，其出版品独树一帜，开本较一般口袋书略小、价位相对平实、选书方向跨越古典到现代并且避免长篇大论，这些特点使该出版社为一般读者所熟识。毕来德在序文中也说，"《驳于连》原来不是发表在专刊上的学术论文，而是在法语区发行的一本精致的小册子。这类战斗性的小册子在法国思想史上有很多先例"。

毕来德在书中开门见山指出于连的整个著作"建立在关于中国相异性的神话之上"。接着他分析这一神话的历史渊源。他认为，这种相异性神话可以上溯到耶稣会士为了传教而对中国的某些美化，伏尔泰等多数法国启蒙哲学家继承了这些人对中国的看法，把中华帝国的专制性抽象掉，而展开对西方宗教、政治专制的批判。诗人谢阁兰（Victor Segalen）在北京的时候这样写道："实质上，我来中国并不是来寻找中国，而是对中国的看法。"知名汉学家葛兰言也在1911年到1913年在北京，他的汉学、社会学研究是追究中国社会的"体制基础"而回避比较。

毕来德认为于连步这些学者的后尘,认为他把王夫之的思想等同成中国"文人思想","似乎文人的思想从孔子到晚近都是一模一样",而没有将王夫之与他同时代的思想家如孟德斯鸠做历史性的比较,"18世纪以来谁也没有这样做过"。在比较的问题上,毕来德以汉朝为例,认为比较西塞罗与王充——法国知名汉学家马克（Marc Kalinowski）正是这样做的——远比拿古希腊做比较更为恰当。

毕来德还具体谈到于连的翻译问题,指出于连没有顾及汉语的多义性,他以"道"为例说明于连将这一中国思想的基本概念翻译为"过程"有不少问题。毕来德指出,于连借助福柯（Michel Foucault）的"异托邦"的概念,然而于连话语的"拓扑"的着陆点总是回到自身,回到自己的著作与系统上面。

除了提出比较学的共时性、翻译的技巧等问题外,毕来德还强调政治、权力的重要性,认为中国的内在性思想归根究底是因为自汉朝以来的皇权专制。但是,毕来德一方面指责于连没有考虑到中国思想的断裂,另一方面他自己也没有注意到皇权专制的复杂多变,没有充分强调不同朝代以及同一朝代的不同阶段政权关系的复杂性。于连本人的回应也注意到毕来德这一破绽。他在《在路上：认识中国,推动哲学——反驳***》（*Cheminfaisant. Connaître la Chine, relancer la philosophie. Réplique à ****, Paris: Le Seuil, 2007）中说："不可以像毕来德所做的那样,将中华帝国的意识形态缩减为纯粹的政治行为,而完全不顾经济、社会因素,不考虑跟阶级有关系的生产方式,缩减为通过利用文化而达到稳固长存,并由此将它的政权自然化、合法化的皇权专制。这种内在性的思想可以在历史上这么多世纪里维持这样的社会状况,这怎么可以令人信服？"

▲2006年,第十六届欧洲汉学大会在斯洛文尼亚首都卢布尔雅那召开。

▲2007年,在德国联邦教育研究委员会（German Federal Ministry

of Education and Research)的资助下,波鸿鲁尔大学的Käte Hamburger Kolleg发起了"亚欧之间宗教历史的原动力"(Dynamics in the History of Religions Between Asia and Europe)研究项目。该项目集中考察亚欧地区宗教的形成与扩展、不同宗教传统之间的相互渗透以及它们融入所谓"世界宗教"的过程。项目的学术目的是构建出宗教间互相接触的类型学以及有关宗教迁移的主要理论。

该项目下设的一个子课题是"精神儒学——一个现代化辩证现象"("Spiritual Confucianism"—A Phenomenon of The Dialectics of Modernization)。该课题由罗哲海(Heiner Roetz)主持,参加者包括德国学者欧阳师(Wolfgang Ommerborn)和中国台湾学者李明辉(Ming-huei Lee)。该项目旨在揭示和分析"新儒学"及其西方理论"盟友"在世俗现代化论争中的立场,项目建立于这样一种假设的基础上:即儒学精神性在全球性的现代化辩证中,是一个全新的现象,而不是传统的延伸或再发现,从而尝试将新儒学置于现代史背景下。该课题将阐明一种当代宗教运动,以求考察它在多大程度上是一种跨文化的现代现象,而非一种文化传统的代表。同时,它还将发掘现代世俗化范式的普适性。

▲毕来德的著作出版后,几乎与于连的《反驳》同时出版的是程艾兰(Anne Cheng)主编的《中国当代思想》(*La Pensée en Chine aujourd'hui*),2007年由巴黎Gallimard出版社出版。

作为此书的开篇,程艾兰的引言便是"终结相异性神话",虽然没有点名批评于连,但是针对性十分明确。除了引言外,程艾兰还撰写了另一篇论文:《"中国哲学"在中国的磨难》,其中对过分夸张相异性,对所谓的"内在性思想"论点,都提出批评。

参加这一集体性著作的还有语言学家艾乐桐(Vivianne Alleton)、政治学家白夏(Jean-Philippe Béja)、数学史学家林力娜(Karine Chemla)、语言学家褚孝泉(复旦大学法文系教授)、谢和耐(Jacques Gernet)、宗教史学家高万桑(Vincent Goossaert)、医学史学家伊丽莎白·许（Elisabeth Hsu）、台湾学青年学者Damien Morier-Genoud、人类学家杜瑞乐（Joll Thoraval）、汪德迈（Léon Vandermeersch）、比较文学家张寅德以及瑞士日内瓦大学汉学家左飞（Nocolas Zufferey）教授。

学者从他们自己的领域来批评相异性。林力娜的文章矛头直指一代汉学宗师葛兰言。葛兰言通过《诗经》来验证中国语言的"诗性"、模糊性、缺乏逻辑、缺乏科学性，林力娜则通过《九章算术》来证明葛兰言观点的幼稚。艾乐桐的文章讨论中国文字，指出长期以来，很多人包括中国人本身都对中国文字存在误解，例如上至莱布尼茨下至于连，人们都将汉字当作表意文字。艾乐桐还批评有关汉字起源的宗教解释，她通过甲骨文的最新研究成果，认为"铭刻并不是卜筮的必然因素；我们可以将它们解释为有选择性的档案系统"。她的观点与汪德迈的观点正相反，后者在其论文《中国人的历史观》中说："文字是为了记载卜筮而发明的。"在该书中，汪德迈再次对于连的有关中国思想的内在性的观点表示肯定，并多次征引他的主要著作。谢和耐的文章名为《王夫之的现代性》，内容参见本文"2005年，谢和耐"。

本书中还有一篇非常重要的文章，系巴黎高等社会科学院的杜瑞乐教授所作。杜瑞乐教授兼治哲学、人类学，对中国与日本都非常了解。他的研究对象是新儒家，尤其是其代表人物牟宗三。他在《当代中国的实用主义诱惑》一文中，指出安乐哲与杜威以及新实用主义罗蒂（Richard Rorty）之间的关系，批评他们的非历史化倾向，而安乐哲正是中国哲学过程性在美国的极力提倡者。杜瑞乐在文章中还着重介绍了李泽厚的工作，尤其是他的《实用理性与乐感文化》（北京：三联书店，2005年），这在法国还是首次。杜瑞乐认为对于李泽厚而言，第一哲学不是伦理学，而是美学。他的历史本体论"从根本上不赞同承继宋明理学的现代新儒学，不赞同以'心性之学'来作为中国文化的'精髓'"。李泽厚在提出中国文化是乐感文化之时，已然提出原典儒学重视情感的特征，后见到战国出土竹简《性自命出》中"道生于情"的资料，更进一步提出原典儒学为"情本主义"。李泽厚的主张并非孤立的，自宋以后学者对于儒家哲学的认识有以朱熹为代表的"理本论"，王阳明为代表的"心本论"，刘宗周为代表的"意本论"，戴震为代表的"重情主义"等等。只是一般学者会将戴震思想看作是对宋明理学的批判，并不把它当作是向传统的回归。杜瑞乐注意到李泽厚的论点与现代新儒学代表人物牟宗三之间的不同以及他们两人对康德的不同解读。但是，他在文章的结论中也指出，在李泽厚的思想中也有伦理的层面，在牟宗三的道德形而上中也给美的满足留有位置，如他的《原善论》的部分片段。

▲2008年，程艾兰（Anne Cheng）当选为法兰西学院的教席教授，创下该学院一个学科同时拥有两个教席的前所未有的先例。她的教席名称是"中国智识史"（Histoire intellectuelle de la Chine），与她的老师谢和耐当年的教席很近似，但与谢和耐偏重社会文化史及明末清初的遗民思想不同，她以孔子为中心，重新检视他在中国历史潮流中过去及现在的角色。她在法兰西学院讲授"再访孔子：古文本，新言说"（Confucius revisité: textesanciens, nouveaux discours）的第一讲时，开宗明义地说："30年前，正是借着对《论语》的翻译，我踏上了汉学研究之路。现今，我们看到中国大陆正上演着蔚为壮观的孔子的回归，它正由此构成一道真正的社会现象，这是我选择回溯以往的出发点。"

2008年12月11日晚，在法兰西学院就职时，程艾兰做了题为"中国其思乎？"的就职演讲。就一题目受到印度哲学家布高尔特（Guy BUGAULT，曾任巴黎索邦大学教授，专研佛学并精通梵语）的启发，他在1994年曾在法国大学出版社（Presses universitaires de France）出版一部书，标题是"印度其思乎"（L'Indepense-t-elle）。这一标题的含义是：我们总在思考中国，但说到底，中国是否能够思考并反思其自身？

她在讲演中阐述了了解中国的必要性，"……中国变了，且以惊人的速度变化着，但法国人包括他们的精英对中国及其文化的无知，却达到令人担忧的程度"。她有所感慨地说:"所以纠正这一无知,特别是如何使中国进入法国人的通识文化中去,正是需要法兰西学院来完成的一项使命。"她认为:"打开观念往来,对话交叉,智性和文本切磋,借取和转让现象的空间,这些都是非常重要的。"

在讲演中,程艾兰对如何研究智识史的独到见解,是她整篇讲词的重心。"在我看来,能挖掘出不同时代之间的延续、断层,其间的危机时刻,甚至内部的对话;挖掘出过往之留存,对之重新估价及重建起来的相继性,由此以这些凸面和断层,彰显出一道活泼而多彩的风景。"由此大致上可以看到程艾兰继承法兰西学院汉学传统而接引现代的学术方向与态度,她采取兼容并包的立场,对儒学的关怀不限于中国本土,视野更广及日本与韩国。

▲2008年,马蒂厄(Rmi Mathieu)《老子》(*Lao tseu. Le Daode Jing*)在巴黎Entrelacs出版社出版。

书中马蒂厄比较了《老子》的3个版本,王弼本、马王堆本及郭店本。法国治思想史的汉学家中关注近年来出土楚简的并不多,马蒂厄对郭店《老子》的研究、翻译在这方面弥补了空白。

▲2008年,德国汉学家欧阳师(Wolfgang Ommerborn)完成并出版了《近思录》德文译本(*Jinsilu-Aufzeichnungen des Nachdenkens über Naheliegendes*)。

欧阳师译《近思录》是该书在德文世界的第二个译本,此译本通过大量评注和阐释,试图在德语世界中树立这样一种观照:宋代新儒家的这一文献选辑乃是世界文化史上最有影响力的文本之一。

▲2008年,德国波恩大学政治学与国际关系学教授、华裔学者辜学武在汉堡出版其新书《孔子气势》(*Konfuzius zur Einführung*)。

该书从三个方面,即孔子的三重身份展开对孔子的分析。在分析作为政治家的孔子时,简要介绍孔子的政治生涯后,辜学武总结了孔子仕途失败的三个主要原因:其一,孔子对统治者提出过高的道德要求。在孔子所处的时代，诸侯普遍用阴谋诡计和武力获取强权，孔子要求以德治国，忽略强权政治，难以得到统治者的青睐。其二，春秋末年是一个智者辈出的时代，孔子不是唯一寻找理想君主的学者，周游列国的哲学家之间的激烈竞争降低了孔子获得重用的几率；而且，不少诸侯认为孔子的思想不切合实际。其三，孔子当时早已声名远播，各个诸侯国的许多官员担心自己地位不保，不愿看到孔子担任重要职务。

辜学武认为虽然"政治家"孔子完全失败了，但他确实是一位非常伟大的教育家。他对孔子的教育思想和教育实践进行分析后认为，从中国人的角度来看，孔子的教育思想有五个方面值得赞赏：第一，引导弟子进行归纳式学习和独立思考，以讲故事的方式和类比法传授知识。第二，平等的原则，即"有教无类"，孔子主张所有人不论出身拥有平等的受教育机会。第三，教学相长，他相信教学不仅给学习者带来收获，也使施教者获益良多，出于这个原因，他始终鼓励弟子批评自己。第四，个别关怀。孔子认为，施教者应当根据受教者的接受能力进行教学，而具有不同知识水平的学生应被不同对待，也就是《论语》中所说的"中人以上，可以语上也；中人以下，不可以语上也"。第五，社会政治责任意识。对孔子来说，教育不是目的本身，而是为国家做出贡献，教育不是发财或平步青云的手段，仅仅是承担社会、政治责任的前提。

至于研究者争论最激烈的孔子的哲学家身份，辜学武特别指出，人们通常称孔子为政治家而非形而上学者，是因为孔子很少关心生或死这一类问题，孔子思想的核心问题是如何最有效地组织社会和政治集体。他认为孔子的实践哲学具有三个特点：道德主义、非宗教性和守旧主义。

▲2008年，罗哲海（Heiner Roetz）、黄俊杰、保罗（Gregory Paul）合编的《〈孟子〉及其在中国内外的接受》（*The Book of Mencius and Its Reception in China and Beyond*）出版。

▲2008年8月6—10日，第十七届欧洲汉学大会在瑞典隆德大学（Lund University）东亚与东南亚研究中心（Centre for East and South-East Asian Studies）召开。来自数十个国家与地区的160余位学者参加了本次会议。本次大会的主题是"处于世界舞台中央的中国"，不仅在文学、历史、政治、经济等传统学术领域继续进行学术交流，而且还特设了教育、奥运、浙江研究等以反映变革中的中国以及第29届北京奥运会这一重大事件。会议涉及的具体议题包括：语言学与语言；宗教与哲学；艺术与考古学；近代文学；现代文学；近代史；现代史；政治与国际关系；当代经济与社会；法律；人类学与社会学；性别；环境与生态；表演艺术与媒体；奥林匹克；教育；浙江。从本次大会所发材料中的158篇论文摘要来看，内容多样，涉及中国历史、族群、政治、军事、法律、语言、文学、人物传记等诸问题，学者亦分布于欧洲不同国家，体现出欧洲汉学研究的分散化趋势。传统研究领域研究人员数量众多，宗教与哲学、政治与国际关系、语言学与语言、人类学与社会学都是热门领域。其中宗教与哲学类论文共22篇，主要集中在庄子的哲学思想和政治观点、儒教在不同的历史时期的作用与影响、孔子与儒学三个方面。

▲2009年，德国儒学学会成立，会长是杜耷博士，副会长是苏费翔教授。学会聘有5位学术顾问，分别是成中英教授、叶翰教授、郭沂教授、李明辉教授和单纯教授，来自中国大陆的单纯教授同时也是协会的发起者之一。德国儒学与国际儒学联合会以及中国、美国的儒学研究者保持着密切联系，学会的宗旨是"推动儒学的研究，促进中国与欧洲的文化交流以及世界各民族之间的相互理解"。

学会成立以来，在杜耷会长的领导下，组织了一系列的活动，主要有三大类：

第一类是组织关于儒学的学术讨论会。2009年11月，德国儒学学会与德国慕尼黑大学一起举办了一个工作坊，讨论儒学研究的新动向。同时，德国儒学学会的成员也积极参加其他学术单位及机构组织的儒学学术讨论会。比如杜苇和王霄冰参加了单纯教授和波恩大学顾彬教授2010年5月组织的"儒学与汉学研究的复兴"（Renaissance of Confucius and Chinese Studies）的学术讨论会，并做了报告。另外，自2011年起，德国儒学学会每次开年会期间，都组织小型的报告及讨论会，给儒学不是其研究专业的会员以机会，深入学习儒家文献，并相互交流。2011年会的题目是"仁"（杜苇）、"中庸"（苏费翔）和"儒学的创新发展"（郭沂）。

第二类活动是组织儒学报告会，主要面向社会大众。2010年2月，德国儒学学会与设立于德国杜伊斯堡大学的鲁尔都市孔子学院共同组织了台湾"中央研究院"的李明辉教授的报告会。另外，儒学会成员还到德国的其他机构讲解儒家思想，比如市民大学、中学、柏林中国文化中心和柏林文化外交研究所（Institute for Cultural Diplomacy）等。

第三类活动是组织读书会。慕尼黑和杜伊斯堡两个读书会开展得很活跃，都在读《论语》。慕尼黑读书会参加者以德国人为主，根据重要概念和题目读；杜伊斯堡读书会以中国人为主，逐字逐句地读。

▲2009年5—6月，中国孔子基金会赴欧洲奥地利、希腊、英国三国举办"孔子文化世界行"活动，活动涵盖"孔子的生平事迹和思想影响展""儒家文化主题书画展"等，将以孔子为代表的儒家文化展现给欧洲观众。5月27日下午，活动开幕式在奥地利上奥州首府林茨市举行。展览除"孔子的生平事迹和思想影响展"外，还包括由中国当代书画家创作的"儒家文化主题书画展"，以及中华艺术瑰宝——"汉画像石艺术展"。展览在林茨持续一个月，后转到维也纳。在希腊的展览在比爱利亚省举行，展览内容又增加了孔子生平事迹和泰山风光图片，名字就叫"孔子的故乡——山东图片展"。在英国的展览地点是苏格兰爱丁堡大学。

▲2009年，德国慕尼黑大学叶翰（Hans van Ess）教授出版了胡宏《知言》的首个德译本。

叶翰教授多年来一直从事于湖湘学派的研究，他的湖湘学派是一个广义性的概念，即从胡安国开始，包括胡寅、胡宏在内，以求对湖湘学术的发展有一个整体性的研究，但重点是放在胡安国的《春秋传》上，力图揭示《春秋传》对后来理学发展的影响。同时，他对胡宏的主要著作《知言》进行了校读，发现不同版本的《四库全书》所载《知言》存在着一些有意思的差别。以自己对《知言》的研究为基础，他将整部《知言》翻译成了德语。

▲2009年，德国汉学家罗哲海（Heiner Roetz）和许赖和（Hubert Schleichert）合作出版了《中国古典哲学导论》（*Klassische chinesische Philosophie*）。

（作者单位：北京外国语大学国际中国文化研究院）

近20年来新加坡汉学研究之现状及特色

——以新加坡国立大学中文系为例*

杨 一

摘要: 作为全球范围内除中国大陆及港澳台地区外唯一以华人为主体的独立主权国家,新加坡的汉学研究受特殊历史条件与政治环境的影响,更易导致先入为主的情感预判乃至误读。进入21世纪以来,在官方与民间不同政策态度的引导下,新加坡汉学结合西方化的认识策略与海外华人的情感认同,走出了具有鲜明特点的研究道路。本文将以新加坡汉学研究的重镇——国立大学中文系为例,深入解读近20年来新加坡汉学研究之现状及特色,并对新加坡汉学研究的未来发展提出展望。

关键词: 新加坡 汉学研究 语言政策 情感认同 认识策略

引言

在海外汉学研究[1]中,新加坡共和国(Republic of Singapore)的地位相当特殊。纵然与中国大陆相隔千里,复杂的历史渊源却在两国间串联

---

* 本文受香港特别行政区大学教育资助委员会香港博士研究生奖学金计划(HKPFS)资助,并得到新加坡国立大学中文系相关数据支持。
[1] 关于"汉学研究"概念的界定,学界多有论著,在此不一一赘述。可参见张西平:《欧洲早期汉学史》,北京:中华书局,2009年。

起了牵丝扳藤的紧密联系。早在宋元时期，繁荣的海上贸易就带来了南来北往的中国商船。郑和下西洋的航线，曾涉足时称淡马锡的新加坡。19世纪清朝末期，为躲避战乱谋求生计，大批华人移民从中国东南沿海出发迁徙至马来半岛。从1836年开始，新加坡当地华人人口逐步超过马来原住民的总数。[1]2010年新加坡人口普查数据显示，各族人口比例中，华族占74.1%。[2]为全球范围内除中国大陆和港澳台地区以外，唯一以华人为主体并具有独立主权的国家。

对大多数中国人而言，新加坡华人与我们同宗同族、同文同种，是一衣带水的近亲。这种情感预判，使我们在审视新加坡汉学研究时容易进入一种思维误区：即新加坡华人是中华文化天然的亲近者，应当对中国怀有一份血浓于水的别样认同；新加坡庞大的华人社群基础，能够保证汉学在新加坡得到充分重视乃至热烈追捧，并成一门"显学"。但如新加坡国立大学法学院副教授王江雨所言："国人对新加坡存在着不少认识错误和'美丽误解'……这种认同经常显得一厢情愿。"[3]此类预设并不一定契合近20年新加坡汉学研究的现状，甚至有可能与真实情况相距甚远。

在新加坡走向独立的过程中，一直存在东西文明的交流碰撞和各方势力的不断角逐。1819—1963年，近150年的时间中，新加坡辗转于英、日等帝国势力的统治之下，一直未能摆脱殖民地的身份。[4]1965年8月9

---

[1] 数据来自新加坡统计局网站（Singapore Department of Statistics）人口与人口结构，http://www.singstat.gov.sg/statistics/browse-by-theme/population-and-population-structure. 最后引用时间：2016年5月1日。
[2] 同上。
[3] 王江雨：《"新加坡模式"深思明辨》，载《财经》2013年第10期，第1页。
[4] 1819年1月29日，东印度公司托马斯·莱佛士爵士（Sir Thomas Stanford Raffles）来到新加坡，与柔佛苏丹和天猛公（Temenggong Abdur Rahman）达成协议，作为行政长官开始对该地区进行开发和管理。1824年，英国正式宣布新加坡为殖民地，臣属于英国印度殖民当局。1867年，新加坡与今属马来西亚的槟榔屿、马六甲地区合并，统称为海峡殖民地（Straits Settlements），直接受英国伦敦殖民部管辖。1941年12月7日清晨，日军偷袭珍珠港，太平洋战争爆发。翌年2月15日，日本占领新加坡，以"昭和天皇在南洋之领土"为意，将新加坡更名为"昭南特别市"。1945年9月12日，日军投降仪式举行，英国重新接管新加坡。1959年，新加坡取得自治邦的地位，李光耀出任总理。1963年，新加坡连同马来亚联合邦、砂拉越以及北婆罗洲共同组成马来西亚联邦。1965年8月9日，以巫统为首的执政联盟在马来西亚国会紧急修宪并通过，解除新加坡与马来西亚的关系。新加坡成为独立主权国家。

日，新加坡宣布独立。独立后的新加坡积极寻求国际认可，于同年9月和10月，分别加入英联邦与联合国。1967年8月8日，新加坡参与创立东南亚国家联盟，作为东南亚"大国平衡战略"的设计者和先行者，美国"紧密的安全伙伴"（a close security partner of the United States）。新加坡长期奉行亲美外交政策，帮助美国扩大其在亚太地区的影响力。直到1990年，新加坡才正式与中国建立外交关系，为东盟成员国中最晚的一个。

时至今日，在全球范围内，中华文明、儒家文化仍以历史悠久、影响深厚著称，华人族群的集体认同（collective identity）也得到了广泛认可。与之矛盾的是，从新加坡的近现代历史沿革可以看出，虽然该区域华人和华裔人口众多，但新加坡华人社会在形成主体意识、走向现代化的过程中，却为不同的力量所牵引。新加坡的现代华人社群从教育背景、职业目标，到生活习惯乃至思维方式，在长达百年的冲突、裂变、杂糅和自我塑造中，为各种文化类型所陶染。如王赓武教授在2015年发表的言论："新加坡华人不会盲目跟随中国。事实上，新加坡华人自国家独立以来的转变是值得注意的。"[1]这种转变如何影响了近20年来新加坡的汉学研究？当代新加坡汉学研究的主流角度和价值观显现出怎样的"西方"特质，抑或"中国"特色？在种族与国家的多层次关系间，新加坡的汉学界如何看待中国？新加坡的汉学研究未来会面临哪些主要挑战？

本文将从新加坡汉学研究群体的认识策略与情感认同出发，以东南亚汉学研究的核心重镇——新加坡国立大学中文系为例，结合新加坡官方与民间对汉学研究的多重态度，重新解读近20年，尤其21世纪以来，新加坡汉学研究的现状与特色。

---

[1]〔新加坡〕王赓武：《中国崛起与新加坡的"华人困境"》，载《联合早报》2015年6月5日。

一、研究现状

（一）逐渐"边缘化"的地位

关于近20年新加坡汉学研究的现状，首先需要从1980年后该国推行的语言政策开始讨论。20世纪80年代以前，新加坡的国民教育并存英校和华校两个系统。从80年代开始，新加坡政府推行"去华校"政策，英语作为通行教学语，为事实上的"第一语言"，华文降级为按照学生各自种族出身选修的"母语"，与泰米尔语、马来语等并列。各级别华校被逐步裁汰。

经过30多年政府行政手段的强制推动，[1]而今的新加坡，英语不但已成为本地政治、经济、教育、科技、医疗等领域的强势语言，未来还很有可能进一步扩大影响，不断蚕食使用华语的人口比例。1980年后接受教育的新加坡人，与中华文化的疏离感表现得越来越明显。根据新加坡官方公布的统计数据：2010年，新加坡华族家庭中，5—14岁的儿童51.9%在家讲英文。15—24岁的青少年中，这一比例则为40.7%，均远高于55岁以上乐龄人士的19.2%。[2]可以清楚地看出，新加坡华族家庭常用语言，在祖孙三辈的代际交替间发生了巨大变化，华文迅速易位于英文，呈现出明显的"脱华入英"趋势。根据语言濒危程度（degree of language endangerment）的定义，当一种语言只在老年人群，而并非年轻群体中通用，表示该语言已进入弱化/病态（weakening/sick）的时期。虽

---

[1] 推行语文教育作为新加坡的基本国策之一，政治领袖们不断公开强调英文的重要性，鼓励年轻一代的新加坡华人学好英文。新加坡国父李光耀曾表示："我们学习英语是为了了解世界，也让世界了解我们。"（《联合早报》1999年8月16日报道李光耀内阁资政15日在丹戎巴葛选区的国庆晚宴上致辞）前总理吴作栋认为英语"是我们同世界各地沟通的工具。如果我们的竞争对手不讲英语，而我们能掌握英语，那我们就占了上风"（《联合早报》1999年8月29日报道吴作栋总理28日在马林百列选区国庆晚宴上致辞）。

[2] 数据来自新加坡统计局（Singapore Department of Statistics）教育与文化 http://www.singstat.gov.sg/publications/publications-and-papers/population#education_and_literacy。最后引用时间：2016年5月1日。

然自独立以来,新加坡的人口结构并没有发生太大变化,华人依然是整个新加坡社会的主体,但绝大多数在新加坡接受教育的年轻华人,成为"被动双语者"(passive bilingual)。他们更容易接受第二语言英文的信息,对于"母语"华文缺乏必要的知识和系统的学习。因此,从基础的讲华语,到中层的以华文书写和阅读,再到更高层面的汉学研究,都不能称之为当代新加坡的主流。

新加坡目前共有4所公立大学,[1]其中只有新加坡国立大学与南洋理工大学设有中文系,均为该校人文暨社会科学院下属学系之一。其中南洋理工大学中文系于2004年7月开办研究生课程,2005年7月开始招收本科生,首批收生人数只有70人,从办学规模到历史积淀,都尚显青涩薄弱。与之相比,1980年成立并于1994年专门开设汉学研究中心的新加坡国立大学中文系,资质则更胜一筹。2007/2008学年,该系教师人数为26位,各年级本科生人数合计1011名。然而从整体来看,新加坡国立大学现阶段共有2.8万余名本科生,2400余位专职教师。中文系的师生,分别只占全校总数的约1%和3.6%。两所公立大学的中文系作为新加坡汉学研究最为重要的机构,其规模尚且如此,新加坡汉学研究在整个国家教育体系和学术界中的"非主流"身份,由此可见一斑。

(二)全球化的研究团队

由于官方政策导向等现实原因,新加坡的汉学研究,规模较小且在本土的地位较为尴尬。但这并不代表新加坡汉学研究的整体质量也存在很大问题。事实上,重视教育是新加坡建国以来的基本国策之一,新加坡教育部是仅次于国防部的第二大财政开支部门。从2000年到2013年之间,新加坡教育经费占政府开支的平均比率为20.1%,据世界银行2011年

---

[1] 分别为新加坡国立大学(NUS)、南洋理工大学(NTU)、新加坡科技与设计大学(SUTD)和新加坡管理大学(SMU)。

公布的统计数据,列全球第34位。[1]

清华大学前校长梅贻琦曾说过:"所谓大学者,非谓有大楼之谓也,有大师之谓也。"[2]新加坡的公立大学为任课教师提供了极富国际竞争力的薪酬与福利。[3]不仅如此,新加坡国立大学还在纽约和伦敦等地设立了专门负责教师聘任的办公室,广泛接触代表各领域前沿思想的知名学者,以优厚条件邀请他们赴新加坡任教。

在坚持吸引顶尖人才的策略指引下,新加坡的高等教育,不仅亚洲领先,也在一路跻身世界一流大学之林,取得了举世瞩目的成绩。2015年QS发布的亚洲大学排行榜中（QS University Rankings: Asia 2015）,新加坡国立大学勇夺亚洲第一宝座,南洋理工大学名列第四。虽然新加坡基础教育的"去华校"政策一直存在争议乃至备受批评,但不可否认的是,新加坡公立大学对师资队伍的高标准、严要求,也同时为新加坡汉学研究组建了高品质、小而精的全球化研究团队。

2016年,新加坡国立大学中文系共有专职教授共15位,其中有13位在欧美顶尖名校取得博士学位,如斯坦福大学、哈佛大学、普林斯顿大学等。名校背景,不单只是"血统"或噱头,它实实在在地保证了新加坡国立大学中文系的汉学研究品质。2003—2007年,该系教师出版专著31种（不包括专著中的部分篇章）,发表学术论文135篇。与此同时,国际化的研究团队还帮助新加坡汉学研究打破语言疆界,增加了中西对话的可能。2008—2015年,新加坡国立大学中文系与世界各国联办的学术专题研讨会有"辞赋理论、语言修辞与文类研究——国际赋学研究会学术论坛""清代理学国际研讨会"等。同全球不同国家和地区的汉学研究机构建立交流与合作,为新加坡的汉学研究赢得了更为广泛的关注和

---

[1] 数据来自世界银行网站,http://data.worldbank.org/indicator/SE.XPD.TOTL.GB.ZS/countries/HT-XJ-XM?display=default。最后引用时间:2016年5月1日。
[2] 刘述礼、黄延复:《梅贻琦教育论著选》,北京:人民教育出版社,1993年,第10页。
[3] 新加坡高校教师的工资待遇不仅领先于东南亚诸国、中国大陆及港澳台地区,甚至高于英国和澳大利亚等发达国家的普通大学。

世界范围内的读者群。

(三) 民间力量的支持

与新加坡政府更为重视英文教育的官方态度相对,民间力量的积极参与和热忱支持,是新加坡汉学研究呈现出的又一独特的现状。

不同于部分研究者所认为的:"汉语语言文化的逐渐消亡,与其说是英美语言和文化的侵略,不如说是在华族自身无可奈何又略带感伤的放弃。"[1]即便新加坡系统的华文教育已被取缔30多年,却并未彻底磨灭华人华侨的文化认同感。如张西平教授所言:"中华文明是人类历史上最古老的文明之一,是唯一流传至今,仍生机勃勃的文明。中华文化不仅始终保持着独立的、一以贯之的发展系统,而且长期以来以其高度的文化发展影响着周边地区的文化。"[2]在移居海外的华人群体中,尽管与中国的接触相对减少,但在中华文明强大生命力和向心力的影响下,仍然保留了中华文化的诸多核心成分,譬如方言、习俗和宗教信仰等。虽然这种文化维持会受政府导向影响,并随时间和人口更替而发生变化与衰减,但到目前为止,在新加坡华人群体中,中华文化仍存在深厚的影响力。

新加坡国立大学中文系现阶段可供申请的奖助学金,绝大部分并非来自新加坡教育部,而是得益于民间团体或个人的慷慨捐赠。[3]例如曾由爱国华侨陈嘉庚族侄陈六使担任主席的新加坡福建会馆,一直以保存和推广中华语言和华族文化为宗旨。其设立的华文教学奖学金,意在鼓励优秀的中学生赴国大中文系深造,并于毕业后留新加坡任教,传承中华

---

[1] 韩雨:《多语环境下的语言接触和汉文化变迁浅析》,载《青年文学家》2013年第29期,第87页。
[2] 张西平:《提高中国文化国际影响力的新尝试》,载《中华读书报》2016年5月4日。
[3] 包括新加坡中华总商会中文系奖学金、新加坡中华总商会中文系论文研究奖学金、新加坡中华总商会中文系游学(田调、交换生)补助金、孔子基金会奖学金、新加坡道教学院国大文学院中国宗教研究生奖学金、云茂潮中文系主修奖学金、云茂潮中文系研究生奖学金、新加坡福建会馆华文教学奖学金、林金山纪念奖学金。

文明。新加坡南洋孔教会则致力于弘扬儒家文化，与新加坡国立大学中文系合作，为在中国思想史研究方面表现突出的个人提供奖励。

因此，不仅国大中文系的同学们可以获得这些华族社群的帮助，现今的新加坡汉学研究界也得到了他们极大的支持。如新加坡国立大学中文系内，多名专任教师"身兼数职"，如李焯然副教授兼任新加坡宗乡会馆联合总会学术组主任、王昌伟副教授任南洋孔教会学术副会长等。

社会支持无界，文化发展方能无限。这也是新加坡的汉学研究，缘何能在长达30多年的"去华校""英文至上"政策冲击后，依然延续了陈六使筹建南洋大学时之口号"吾人为维护华人文化之长存"，[1]纵星星之火，仍生生不息。

二、研究特点

（一）西方化的研究途径

作为新加坡汉学研究主体的新加坡国立大学中文系教师群，主要来自新加坡、中国大陆、香港和台湾。虽然地区有所不同，他们的成长和求学经历却存有诸多相似之处。绝大部分研究员早期接受了系统的华文初级教育，出生于中国的教师不必赘述，自体培养的学者们，目前也全部属于新加坡最后一代华校生。[2]但是，他们并未被纯粹的"中华文化"范畴所束缚。青年时代走出国门、负笈海外，所修读的欧美名校博士学

---

[1] 1953年，时任新加坡中华总商会会长及福建会馆主席陈六使倡办了南洋大学。这所大学的兴衰史，见证了新加坡中华文化传承的起起落落。在南洋大学筹办期间，不仅华人实业家，如连瀛洲、胡文虎、李光前等纷纷慷慨解囊；当地普通华人民众，车夫、劳工、小贩、舞女等，也尽绵薄之力，积极参加乐捐、义卖、义演等活动。整个华人社群上下一心、群策群力，努力为后代创建一所以华文为教学语言，弘扬中国传统文化的大学。1956年3月15日，南洋大学迎来了第一届学子，新加坡华文教育系统，从小学到大学，至此终于形成了一套完整的体系。1980年，由于新加坡政府推行"去华校"政策，迫于重重压力，南洋大学宣布停办，华校在新加坡正式成为历史，华文教育被连根拔起。
[2] 其中最年轻的徐齐雄副教授，小学阶段也曾在新加坡淡滨尼地区传统华校育民小学就读。

位,是他们赢得国大中文系教职最重要的"敲门砖"。

本文将这些学者定义为"离散华人",即他们本身都为华族,却是移民的第二代、第三代,或因为海外留学和工作经历成为移民的第一代,得到过中华文化的洗礼,又兼具欧美教育背景。出生和成长经验赋予了他们对中华文化原生的体验与认知。所接受的高等教育,又在严谨科学的训练下,向他们灌输了西方的思想体系及价值框架。

后殖民理论巨匠赛义德（Edward Said）将"在欧洲内部有特殊身份,但一直在为局外人代言"的群体定义为"文化两栖人"（cultural amphibians）。[1]同样,"离散华人"并非一直生活在特定的文化环境中,由单一文化类型和社会力量塑造出自身的特质与认同。反之,他们接触了广泛、多元的社会文化,学贯中西的同时跨越了种族、空间、文化和意识形态的界限,意味着他们构建个体文化身份的过程变得更加复杂。因此新加坡汉学研究不同于世界其他地区的特质,首先来源于研究者的认识策略与叙述方式,它并不完全与作者本身的母语和出生地相连,而是呈现出西方化的研究途径和文化的多视角性。

首先是批评手段的"西方化"。用西方的理论工具和批评方法来解释中国问题,是这种跨文化视野中最显著的特质。在不同文化类型杂合、碰撞、挤压的动态趋向中,西方中心的话语权力在"离散华人"批评家和研究客体之间建立起了一种潜在关系。

王润华教授堪称各中旗手。他祖籍广东,1941年出生于马来西亚霹雳州,1962年从台湾政治大学开启留学生涯。1968年赴美,在威斯康辛大学麦迪逊分校（University of Wisconsin-Madison）师从周策纵教授主修中国文学,副修比较文学。20世纪80年代开始任教于国大中文系。从2000年的《从反殖民到殖民者:鲁迅与新马后殖民文学》到2011年发表的《探索"存在的遗忘":浪子、橡胶树、榴莲、铁船、鱼尾狮——

---

[1] Patricia Clare Ingham, Michelle R. Warren, *Postcolonial Moves: Medieval Through Modern*. United Kingdom: Palgrave Macmillan, 2003, p.196.

新加坡的移民、后殖民、边缘、魔幻写实、多元文化的书写与世界文学》，王润华将20世纪70年代兴起于西方学术界的后殖民主义，广泛运用到新马华文文学乃至中国现代文学的批评中。借后殖民的"杯酒"，浇胸中之块垒。他借鉴了一系列后殖民批评话语，解构我们原本熟稔的中国现代文学经典，从西方理论的视角，关怀文学里中国的历史与悲欢。在探讨帝国主义和东方文化的相关课题方面，显示出与英美批评家基本一致的方向。

其次是东亚研究的整体化。打破中国研究的界限，引入亚洲其他国家作为参照系，从更广阔的视域理解中国文化，也是新加坡汉学研究全球化视野的一部分。

在大多数位于东亚及东南亚地区的大学里，中文系都是一个单独开设的系列。[1]研究对象集中于中国的语言、文学、历史、思想及文化等。但反观欧美大学的学科和院系设置，情况却截然不同。极少有学校选择独立开办中文专业，汉学研究一般被纳入东亚研究学系（Department of East Asian Languages and Civilizations）的范畴内。[2]

对于曾在欧美东亚语言及文明系学习的研究者而言，超越国界的研究条件开启了多元的研究视角。相比单纯的中文系背景，他们对东亚其他国家和地区同时有着更广泛的了解，具备跨文化、跨学科阐释中华文化的能力。

如毕业于哥伦比亚大学东亚系的许齐雄副教授，其研究兴趣主要集中在明清思想史和宋明理学等方面。但他同时亦积极拓展新的研究范式，在比较文化研究的框架下，引入日本、朝鲜等东亚国家，作为汉学研究的"镜子"。在多重客体的映照下，加深对中国思想的理解。

再次为西方理论的"中国化"。接受过西方一流大学的专业训练、

---

[1] 或称中国语言文学系/汉语言文学系/中国文学系/国文学系。
[2] 东亚研究是以整个东亚为研究区域（主要包括中国、韩国、日本和朝鲜），从跨学科的方向关注东亚地区的语言及文明。其主要方向涵盖人类学、考古、历史（包括艺术史、经济史和法律史）、语言学、文学、哲学、政治、宗教和社会学。

精通中英文、能够同时以双语进行教学和研究，是新加坡汉学研究社群不可替代的优势。这些在中西间沟通交流无障碍的汉学研究者，于跨语际的汉学实践中表现得更为得心应手。除了研究途径和方法能够和西方接轨，他们用流利英文写作的论文发表于各类国际期刊，向西方介绍了中国。同时也能够充当东西文化沟通的桥梁，为东方读者翻译引介海外中国研究的新成果。

以王昌伟副教授为代表，他在哈佛的博士生导师是美国著名汉学家包弼德（Peter K.Bol）。2010年，他将老师2008年出版的著作《历史上的理学》（*Confucianism in History*）翻译成中文，由中国浙江大学出版社出版。成为又一位东方在西方，同时也是西方在东方的文化使者。

总而言之，如新加坡国立大学中文系网站所宣传的"贯通东西学术、涵容多元视角"，[1]国大中文系所代表的新加坡汉学研究之国际化视野和西方化研究途径，增进了不同语言、不同种类学术文化之间的互动；激发了跨地域、跨学科学术方法的使用；促成了一系列与世界文化研究脉络贴近的新兴汉学研究课题；并且提升了新加坡的汉学研究在本埠及国外学界的重要性和可见度。

（二）文化母国的想象回归

在一些反映当代欧美国家汉学研究现状的论著中，作者们不约而同地注意到了一个问题，即在"西方中心主义"的导向下，国外汉学研究普遍存在偏重实用性的趋势。如何培忠所分析："对美国而言，研究中国并不是对其存有文化想象或向往，而是区域研究的一环。"[2]而据关山《德国汉学研究历史与现状》统计："汉学则被纳入社会科学的领域，相比之下更注重对现代中国的研究。老一代汉学家离开汉学界后，从60

---

[1] 数据来自新加坡国立大学中文系网站http://www.fas.nus.edu.sg/chs/chinese/。最后引用时间：2016年5月1日。
[2] 何培忠：《当代国外中国学研究》，北京：商务印书馆，2006年，第42页。

年代中期始，几乎没有人再以中国古代作为教研的课题。"[1]

作为新加坡汉学研究主体的"离散华人"学者群体，他们的身份和地位都相当的微妙。东方成长背景和西方教育训练，为两种不同文化力量所牵引。因此新加坡的汉学研究，不只涉及单纯的学术问题，还关乎海外华人群体的文化认同与国家认同。个人的文化情感和国家的集体意识，在新加坡的汉学研究群体中显现出某种程度的"割裂"。新加坡的汉学研究团队，虽然身处独立的国家社会结构中，出生地和国籍也有所不同，但从民族情感与文化根源来看，他们更接近于"想象的共同体"（imagined community），由作为一种集体记忆的中华文化相互连结。对中华文明的原乡记忆，让他们在熟练使用西方理论工具的同时，主动抑或被动地呈现了对文化中国的回望。使得他们的研究，往往存在融入和析出的冲突，个人与集体的对撞。无论彰显或隐藏，华人性常常透过文本浮现出来。在这一点上，中华文化既是新加坡汉学研究的入口，也往往是它的终点和精神归宿。这种徘徊于"文化母国"与"祖国"之间的"身份认同"，构筑起新加坡汉学研究自身"亦西亦中"的价值观和特性。

当西方的汉学研究者们对经济飞速发展的当代中国产生更为浓厚的兴趣，寻求与中国的"相处之道"时，新加坡汉学研究界却带着它深刻的中华文明烙印，回溯中国古典文化。在新加坡的汉学研究系统中，对中国古代文学、文论、思想、历史和宗教的研究，是其中一大重要领域。从组群设置到研究方向，均展示出不同于海外其他区域汉学研究的、鲜明的本地特色。与欧美、日韩等地区的域外汉学研究者有所不同，基于"根基性情感联系"的族群认同，新加坡的汉学研究群体在身份上有了更多的能动性。"离散华人"的多重背景，加之工作场域和研究资料的辅助，使得他们在中国传统文化的相关研究中，获得了更加有

---

[1] 关山：《德国汉学的历史与现状》，载《国外社会科学》2005年第2期，第61页。

利的文本诠释位置。

例如以中国古典文学为主要研究方向的苏瑞隆副教授，1984年自台湾东海大学外文系毕业后留学美国华盛顿大学（University of Washington），师从西方著名汉赋专家康达维（David R. Knechtges）教授。苏瑞隆副教授早年就与大陆的辞赋研究界展开了合作，例如1999年与中国赋学泰斗龚克昌先生合著《司马相如》，成为中国与海外汉学研究界跨界合作的成功范例。可以说作为中西交流的"中转站"和"关键点"，苏瑞隆副教授串联起了中美学界对中国辞赋的研究，增进了双方的合作与沟通。

在国大中文系史学研究方面，明清研究蔚为专长，较为薄弱的上古、中古历史，尤其先秦研究也自20世纪90年代起取得了突破。据2001年国大中文系史学组的统计数据，中国史研究中思想文化类的论文一枝独秀。[1]反之社会经济方面的研究显得相对单薄。这种汉学研究计划的制定，不单只是研究人员个人好恶的问题，也可从另一个侧面反映新加坡汉学研究界对中华思想文化所怀有的特殊情感及认同。

如新加坡国立大学中文系于2002年所做的研究成果汇报："新加坡国立大学的汉学研究，明显带有海外华人的情感意识。换言之，研究者首先是以海外华人或生活在海外的中国人的身份或情结，去研究、探讨华人的历史与文化。"[2]

结语：新加坡汉学研究展望

对于新加坡汉学研究在新世纪的未来，海内外均有研究者持乐观态度。"时至今日，随着中国和新加坡之间的交往趋于密切，新加坡的汉

---

[1]〔新加坡〕王润华、杨松年：《新马汉学研究——马大国大中文系研究状况探讨研讨会论文集》（内部流通），新加坡国立大学中文系出版，2002年，第119页。
[2]《新马汉学研究——马大国大中文系研究状况探讨研讨会论文集》，第117页。

学研究取得长足发展……新加坡汉学必将迎来新的发展高峰。"[1] "目前，新加坡全国上下似乎万众一心，鼓励国民重视华文，并且积极学习中华文化。"[2]

同时，也有学者在冷峻反思后，"唱衰"新加坡中华文化传承。"新加坡政府推行的杂交文化导致年轻人面对文化断层的问题，到了90年代已经出现明显的病症……有一点是不能否认的，在杂菜语言及杂交文化的腐蚀下，新加坡年轻一代基本上面对文化断层带来的困境。"[3]

这种焦虑感其实不无道理，尽管2016年新加坡国立大学中文系的教授中，新加坡本地老师有4位，为各地区之最，但作为最后一代华校生，他们的教育经历在现今的新加坡已呈不可复制之趋势。1996年9月21日，《海峡时报》刊登名为《认同感：危机与机会》的文章："我同情老一代，我了解他们，今天我拥有的一部分，是他们留下来的。但我知道必须跟他们不同，因为我没有他们所负担的心理与历史包袱。"[4]90年代后期，第一批"双语新生代"步入社会，这一群在80年代华文教育退出历史舞台之后才入学就读的青年，代表了与先辈们完全不同的新加坡华人。他们中的部分人，即便对中华文化仍保有温情及敬意，有勇气和志向投入汉学研究的阵营，但是，氛围同教育的缺失，不断消解了文化传承所必需的底蕴与尊严。

未来的新加坡汉学研究，也许仍然可以凭借优厚的待遇和条件，吸引海外一流学者，保证其研究质量，但是只有新加坡当地学者才能代表的本土汉学研究与海外华人的中华文化沿袭等方面，却面临人才储备的不足。从2000年开始，新加坡国立大学中文系入学的本科新生中，新加

---

[1] 〔新加坡〕劳悦强：《学与术之取舍——新加坡近二十五年来汉学研究之发展》，收入〔马来西亚〕何启良、祝家华、安焕然：《马来西亚、新加坡社会变迁四十年》，马来西亚新山：南方学院出版社，2006年，第167页。
[2] 吴原元：《略述新加坡汉学的历史与现状》，载《社科纵横》2009年第6期，第127页。
[3] 〔新加坡〕罗兆强：《华文退出新加坡舞台》。数据来自新加坡文献馆网站，http://www.sginsight.com/xjp/index.php?id=6560。最后引用时间：2016年5月1日。
[4] 吴了了：《李光耀的中国结》，载《镜报》（香港）2015年5月25日。

坡本地学生的数量呈逐年递减的趋势,折射出新加坡本土汉学"后继无人"的潜藏危机。新加坡海外华人社群中,中华性的继承与认同,在强势的"自我西方化"环境中,还能持续多久,这种文化核心价值的传承会在汉学研究中得到怎样的体现,值得我们继续拭目以待。

(作者单位:香港大学中文学院)

书 讯

《中国经学史》序及导言

〔美国〕韩大伟（David B. Honey）

编者按：韩大伟（David B. Honey）教授是著名的中国古代经典研究专家，目前任教于美国犹他州杨白翰大学（Brigham Young University）人文学院。此前他用中文撰写的《西方经学史概论》一书业已于2012年问世，该书以大师为经、治学方法为纬，对西方经学史的演变进行概述，对于中国经学及文献学研究大有裨益，出版后受到中国学界的好评。作为该书的姐妹篇，韩教授正在撰写《中国经学史》一书。该书借助西方经学史研究方法与理论，同样采取"以大儒为经，以治学法为纬"的架构与模式，将对周朝到民国的整个中国经学史进行梳理，试图突破先秦至魏晋以来中国传统的经学研究模式。该书计划出版三卷，目前韩教授已完成第一卷《周卷：孔子、六经与师承问题》和第二卷《秦汉魏晋卷：经与传》的写作，尚待出版。本刊在此率先刊出该书序言，以助国内读者一睹该部巨著的脉络及旨要。

一、《中国经学史》序

中国经学史所涵盖的领域十分广阔，无法简单概括。虽然本研究将用三卷的巨大篇幅对它进行仔细审视，然而可能仍然是肤浅和粗略的。为了研究可行，我将聚焦领袖群伦的宗师，呈现举足轻重的先哲，并追踪他们身后的影响，借此概括各个时代的主要潮流，撰写一部有价值的介绍历代经学研究的著作。迄今还没有用任何西方语言写成的这类著作，正是此空白促使我进行勇敢（或者应该说狂妄）的尝试。这也是我在研究中采用西方经学界观念模式的原因。

在写《拜占庭的学者》(Scholars of Byzantium)时，威尔逊（N. G. Wilson）不情愿地通过"伟人""领袖"来叙述历史，这也是法伊弗（Rudolph Pfeiffer）在写他的经学史时所采用的方法。威尔逊认为，这种方法是有缺陷的，因为在文献记载中有许多空白，许多传世的稿本无法与任何知名作者关联起来。然而中国的情况不同，经学的传承很好地保存在"伟人"的专门传记和集体传记中；集体传记即"儒林传"，它简要记录了伟人和众多成就较小的名人。因此，讲述中国经学史忽略重要人物是不可能的。另外，还要有格拉夫顿（Anthony Grafton）一样开阔的视野。他仅为一位"伟人"斯卡利杰尔（Joseph Scaliger）作传，就用了煌煌两卷。"为了回顾他（斯卡利杰尔）的学术发展，回顾他的同辈和先驱的学术派系"，须要花一百页从一百年前的波利塔诺（Angelo Politiano）讲起。[1]显然，中国经学史如此复杂，要把它呈现得有些令人信服，开阔的历史视野是必须的。

虽然中国经学的传统复杂而丰富，但文献记载也同样丰富，只要一点一点地去揭示，我们就能得到一张完整的图画。呈现中国经学的困难正在于这种丰富性，威尔逊也面临这种困难，他说道："真正的困难在于，对我所探究的这一时期，在某些方面我们了解太多。有许多拜占庭学者能力平庸，却留存有大量著作，这些著作每一部都能令我们牺牲大量时间去为之撰写专著。既然我想在有限的时间内为之做一概览，对那些二流的学者我一般处理得非常简略。"[2]我准备依样葫芦，而且有时甚

---

[1] Anthony Grafton, *Joseph Scaliger*: *A Study in the History of Classical Scholarship. Volume I*: *Textual Criticism and Exegesis*, Oxford: Clarendon Press, 1983, 4.
[2] N. G. Wilson, *Scholars of Byzantium*, Baltimore: The Johns Hopkins University Press, 1983, 273.

至会忽略掉一些小人物；我将主要关注"领袖"，他们不仅为其时代的经学定调，而且开拓新的研究方法，或者对研究方法进行重大改良。我们既需要一部多卷本的中国经学史，同样也迫切需要审视各种研究方法的发展过程。即使在西方经学界后一种需要也很明显，虽然它早已拥有众多论其历史的优秀著作。[1]

《中国经学史》系列将分三卷，其中第三卷清代卷又分三个独立的部分。经过5年的努力，在我59岁之际，卷一现在杀青了，卷二也在顺利进行中。照此进度，完成本系列要20年时间，那时候我将年届八旬。如此高龄的我很可能精力不济。如果我能勉力完成本系列，我相信它将填补当今西方汉学界的一项重要空白，它也会是我事业的巅峰。现在，您手中所执的是卷一，它涵盖了漫长的周代。它探讨孔子、孔子与经书的关系以及经学的传承。本卷的中心，是分析在礼仪化教学场景中孔子作为经书整理者和传播者的原型意义。本卷也分析孔子的嫡传弟子曾子、子夏，他的孙子子思以及继承他思想的孟子和荀子在经书传承中所发挥的重要作用。卷二与卷三的时间跨度更大，其内容概括如下。

卷二《经与传》所涵盖的时期是从汉代到唐末。此卷讨论秦代焚书之后经典的重构以及它们最终被皇权经书化，并讨论经学因国家资助而职业化，民间经师被专精一经终身聘用的宫廷学者取代。此卷还探讨文献学的多种分支学科的发展，刘向发展了校勘学，许慎发展了文字学，博学的郑玄则注释了几乎所有经书，他们是汉代三位伟大的经学家。接下来我们还将考察汉代以后受郑玄影响而发展出的用于诠释文本复杂性的其他注释模式；这些模式包括杜预《左传注》如何"释"历史人物，陆德明如何"释"经典中的文辞。认真关注汉字的语音性质也开始于这一时期的后期。在唐代文本注释地位显著，"疏（传的传）"这种注释模式崭露头角。孔颖达和他的团队吸取隋代经学家的成果，编纂了注释

---

[1] 这是Hugh Lloyd-Jones的观点，见其所著 *Classical Survivals: The Classics in the Modern World*, London: Duckworth, 1982, 19.

经书的"正义","正义"很大程度上在今天还是典范。

按照逻辑，接下来应探讨宋、元、明三代的释经活动。然而研究经学史，中世纪晚期的这三个朝代也许可以忽略。此论断虽然鲁莽，但请容我解释。总体而言，这一时期的儒家并不视经书为研究对象，而以它们为形而上学和神学思辨的参照体系。严格地讲，经学是对经书的专门研究，包括统摄于文献学之下的校勘、语法、古音、目录、注释等必要的分支学科——阐明文本所需的任何技巧或方法都隶属文献学。尽管品鉴与阐发也是经学家的本色当行，然而似乎并不属于文献学；按照现代的专业分科，把它们归在文学批评家、哲学家或思想史家的名下更自然。民国学者黄侃（1886—1935）的两句话简练说明了经学与文献学相互依存，"段玉裁以经证字，以字证经，为百世不易之法"；"经学为小学之根据，故汉人多以经学解释小学"。[1]

在德国经学习惯上被称作"文献学史"，例如乌尔里齐·冯·维拉莫维茨·莫伦多夫（Ulrich von Wilamowitz-Moellendorff，1848—1931）着有一部简短而扎实的总论经学的著作，书名就叫《文献学史》（Geschichte der Philologie）。[2]从所用专门术语就可看出，经学与文献学是相互依存有机共生的。正因为重点论述校勘、注释方法的发展过程，法伊弗的《经学史》（History of Classical Scholarship）第一卷以亚历山大时期经学的诞生结尾，第二卷却直接以意大利文艺复兴时期经学的重生开始。这是一个明智的跳跃。[3]从亚历山大城陷落至彼特拉克（Petrarch）时期这之间的经学黑洞，没有一脉相承的的文献学，只有一

---

[1] 黄侃述、黄焯：《文字声韵训诂笔记》，上海古籍出版社，1983年，第23页。还可参阅张涛：《经学与汉代语言文字学的发展》，载《文史哲》2001年5期，第62-68页。
[2] 此书德语原名Geschichte der Philologie，英译名为History of Classical Scholarship，Alan Harris翻译（Baltimore: The Johns Hopkins University Press, 1982）。也可参阅Werner Jaeger（1888—1961），"Classical philology at the University of Berlin, 1870 to 1945"，in Five Essays, trans. Adele M. Fiske, R. S, C. J. (Montreal: Cassallini, 1966)，45-74. Werner Jaeger是Wilamowitz在柏林大学教席的继任者，在这篇文章中，他总结了母校过去75年的经学。
[3] Richard Pfeiffer, History of Classical Scholarship: From the Beginnings to the End of the Hellenistic Age (Oxford: At the Clarendon Press, 1968); History of Classical Scholarship from 1300 to 1850 (Oxford: Clarendon Press, 1976).

些新产生的罗马修辞学，中世纪语法学，亚里士多德学派的逻辑学，神学思辨，和拜占庭的手册、大全与集释。为了方便中国读者了解并填补该领域的空白，我曾试着撰写了一部入门书，完整地介绍西方从荷马时期到现代的经学，而不细究学科之间的分野，虽然它们性质迥异。[1]然而，在本系列里中国古代文献学史是主线。这条主线在宋代以前十分清晰，没有被过度的形而上学思辨淹没，但是到了宋代以及接下来的元代和明代，这一清晰的主线消失了。换个比方说，只有在个别学者身上还映现着文献学的微弱光芒。宋代的郑樵、元代的王应麟、明代的焦竑，几乎如同几盏黯淡的孤灯散落在一片黑暗里。在这漫长的暗夜里，经学为玄思的迷雾笼罩，这些玄思虽受文本启发却不以文本为根据。我将仿效法伊弗，略去中国经学中这一段贫瘠的时期，把它留给与之更契合的哲学家和思想史家，而在本系列的第二卷之后直接续之以衰微而易被忽略的清初文献学。

卷三《考证之学与济世之术》专论清代，分三个部分。第一部分《经学的重建和方法的成熟》介绍清初随着"考据"的兴起，文本重新被重视。本卷以顾炎武开篇。顾炎武是清代学术大多数分支学科的开创者，尤其是他发明古音学，完善碑刻数据的使用方法，为清学开辟了道路。顾炎武的研究方法被称为"考证"，与他同时的阎若璩使用这种方法取得了丰硕的成果，他似乎解决了古文《尚书》真伪这一历史问题。第二部分《乾嘉之盛》将分析清代中叶乾隆、嘉靖两朝的考证之学，它不仅是考证之学的高峰，也可被视作中国经学的最高成就。《四库全书总目》的作者、段玉裁、王念孙，与汉代的三位大家类似，分别代表了文献学三个基础学科校勘学、文字学、注释学的至高点。在所有这三个领域，戴震均是参与者，或者说先驱，另外他还开辟了道德哲学。以他为中心的学术圈，特别是扬州学派，将会成为比较各种地方学派的参照

---

[1] 〔美〕韩大伟：《西方经学史概论》，上海：华东师范大学出版社，2011年。

物。然而，只揭示经书的文本与历史"真实"而不关心经书的道德内容，过于片面，引起了反弹，促使经学向伦理的一面回归。因此，第三部分将通过考察章炳麟的经学、常州学派经学家优美的散文创作、康有为的政体改革、王国维的历史研究，审视清末民初学者对"济世"时务的关注。梁启超严格按照学派勾勒了清代经学史，他的观点总体上被西方普遍认同，然而钱穆的视野更开阔，更具包容性，我们将通过对比分析，挑战梁氏的观点。

总之，在撰写这部《中国经学史》时，我尝试介绍儒林，解释儒林中重要人物内在的学术机制，希望能在此领域作出自己微末的贡献。谨愿拙著能成为一坚实的基础，帮助像我一样深受中国经学伟大传统启发的同行们在此广阔的领域中做出更精深的研究。

二、导言

本书是对孔子——经学家的原型——的基础研究。它考察了关于孔子的某些传统观点，很大程度上正因为这些观点，后世经学家把孔子视为经学的鼻祖。更重要的是，此书还考察了此种认识如何深刻影响后世的经学家，使他们把自己定位为文本校勘者和文字注释者，致力于半道德半教育的自修，希望为朝廷效命。就我的意图而言，孔子在整理、传承和阐释经书过程中到底做了些什么，没有历代经学家认为他曾做了些什么重要。实际上，本书不是思想史研究，关注的不是孔子的思想，关注的是原型经学家孔子的方法以及他所采用的媒介（既包括口语，也包括竹简上的书面文本）。孔子的直接动机有两重：培养他自己和他门徒的道德，把经书的学说运用到礼仪中。由于孔子是历代经学家的鼻祖，研究经学自然要从他的生平和活动开始。

《中国经学史》卷一篇幅较长，这是必要的，因为孔子是先行者，他为中国经学的历史发展确定了范围和方向。另外，我还仔细研究了他的3位门徒，他们在传承孔子学说过程中作用非常突出。最末两章也很长，讲的是孔子思想的继承者孟子和荀子。我认为，周代的经学具有原型意义，有必要完整地呈现它。然而，更重要的是我想有血有肉地呈现先秦儒家圣贤的形象，他们自身常常是后世经学家极力推崇和效法的对象。研究周代经学如此详尽，我乃受法伊弗的启发，他的巨作《经学史》卷一虽然时间跨度较短，却比时间跨度长得多的第二卷篇幅大很多。我还仿效西方现代的经学史家，不使用参考书目，而在每部文献首次出现时记录完整的出版信息。书末的索引将引导读者查询这些完整记录。

新近的两部英文传记既有助于深化和拓宽我们对孔子的认识，也展现了本领域研究中的两个极端。第一部是金安平（Annping Chin）的 *The Authentic Confucius: A Life of Thought and Politics*。此书深入探讨了思想家、政治家孔子的公共形象。[1]然而，即便我们热切地赞美金安平在揭示思想家、政治家孔子真面目过程中所获得的成就，"真"孔子也不可能只有一个。孔子背负了太多的希望，太多的信念，这些希望和信念是经过历朝历代累积在他肩膀上的。因此，在时间长河中孔子有许多种不同的面貌。史料作者有倾向性，他们所选取的孔子生平事迹是为了满足他们自己的需要，因而这些史料无论早晚，理想化的想象常常比生平事实更多。第二部是戴梅可（Michael Nylan）和魏伟森（Thomas Wilson）的 *Lives of Confucius*。此书在更广阔的时空中以更开阔的视野探讨孔圣人的一生。作者解释道："历代的孔子追随者或批判者，把各种惯例和观念追加在孔子身上。本书旨在帮助读者穿越这重重的迷雾，方法是遵循史学家顾颉刚曾经的忠告，'take one Confucius at a time'。"[2]在本卷中我亦将遵循此忠告，聚焦经学家孔子，考察他整理、教授和传承经书的活动如何预示并启发历代中国经学家的活动。后世的经学家不但努力自

---

[1] *The Authentic Confucius: A Life of Thought and Politics*, New York: Scribner, 2007.
[2] Michael Nylan and Thomas Wilson, *Lives of Confucius*, New York: Doubleday, 2010, 26.

觉地遵循孔子的道德训诫，还遵循他的经学方法，虽然有时候可能只是不自觉的。

孔子是经学家的原型，他的这一面和他的学术研究方法在西方少有关注；然而，在中国圣人的光环越来越难以掩盖孔子作为人和学者的一面。海峡两岸的当代学者均致力阐明对经学家孔子的传统认识，并对这种认识做审慎的分析。既然本书的目标是揭示古代经学家对孔圣人的传统认识，势必借重当代中国学者的这新一波研究成果。除了细述孔子作为学者、教师和可能的整理者如何对待经书，本书的一项重要贡献是以最新的礼仪理论来审视孔子的对话式教学情景；该理论经过发展已经用于研究古希腊经典。

本卷分作三部分。第一部分以经学家的原型孔子为中心，讨论孔子的活动在三大领域开创了先例：第一，他的教育活动如何以德行为中心；第二，他整理、诠释经书的活动如何在本质上是礼仪化的；第三，他的口头释经活动如何将道德和礼仪结合起来，内在的道德是外在的礼仪行为的先导，口头释经则证明阐释者的道德质量。第二部分讨论孔子几位最重要的门徒——曾子、子夏和子思，他们推动了孔子学说的传播。第三部分关注的是孔子思想的继承者孟子和荀子，但讨论的重点是他们在孔子学说的接受和传承过程中所发挥的关键作用，而不是他们在孔子学说发展过程中所秉持的不同的思想立场。

分析初期的中国经学，我们的视线无可避免地要集中到文本的定型和传承上。所有文本，无论口头的或者书面的，都需要倾听和朗读，阐释和运用，教授和秉承。以书面文本而言，它们还需要编辑和校理，抄写和流通，维护和储藏。因此，在一部探讨中国经学鼻祖的著作中，文献学（研究文本自身而非阐释文本的内容）是一个有价值也有必要审查的对象。以口头文本而言，它们需要具体的情景，用于讲授和听讲，用于讨论、释疑、阐发、记忆和传承。换言之，口头文本需要人与人之间的互动，而不是仅仅被动地接触书本。在此情形下，礼仪理论、礼仪行为和口授的具体环境，就与文献学一样有研究的必要了。

在阐明孔子与弟子之间仪式化的口头传承的情景之后，紧接着关注的是被奉为经书的孔门弟子的文本，这些文本原是讲稿的笔录，我们会简单介绍它们的原始面貌。在为皮锡瑞《经学历史》所作序言中，周予同认为应少关注经书，而多关注经学的历史。然而，古代稿本遗存的不断发现无疑否定了这种观点，虽然它的初衷是好的，虽然它在周予同那个时代是有用的。稿本遗存不仅为研究古代经书提供了新视角，而且让我们得以了解口头传承的过程。因此，这些新发现使本部经学史受益匪浅。

然而，任何一部经学史都应适当关注历代学者如何看待经书、经书的起源和经书的政治、社会、教育功能。不过，最迫切需要关注的也许是促使这些学者在思想上和精神上与经书互动的动机。一部经书的真正起源，无论作者为谁，其原始状态或当初的目的为何，并不影响后世的信徒以它为真，实际上，对这些信徒而言，他们信奉它的根本动机深植于他们自身的现实生活。因此，本书将关注原始经学传承中这种理想化、主观化的现实，关注它的鼻祖、重要代表人物，关注它的方法和它的目的。如果我们偶尔揭示了能被史实或文物证实的、的确发生过的更"真实"更客观的真像，当然更好。但是缺乏或者故意忽略这种客观实证，并不能抹煞经学史之"真"，它是一个伟大的传统，参与其中的学者无不感受其真。孔子的经学鼻祖形象及其影响是本研究的对象，因此我在此传统中无拘无束地漫游，从开始到结尾，无论什么材料只要贴切就加以利用。如果旨在寻绎此传统出现之前的"真"孔子，那么我这种不论时代的做法就是对学术规则赤裸裸的违背。然而，若旨在审视一个传统，这样做就完全必要了。如果有人希望我按照兰克史学去发现"真"孔子和他到底做了些什么（这种尝试也许是可行的），那么我这种天马行空的做法注定要令他们失望。

尽管如此，我还是尝试着审视经学传统，根据手边的资料尽可能准确地描述经学的发展过程。法伊弗认为，西方经学起源于史诗诗人的自我注释，他们"为意思模棱的措辞或专名添加说明文字，为它们画半线或直线"。[1]荷马时代之后，史诗吟诵者"像从前一样，难于理解古老的、罕见的单词或这些单词的奇怪组合，他们有时窜改它们的原貌，甚至赋予它们新的意思。可能在现代人看来，这种改动是非常鲁莽，甚而错误的。然而，它仍可以视作一种最早的阐释传统文本的行为"[2]。这不是经学——只是他们诗学的一个方面，但它无意间却促成了经学的形成。经学的正式形成主要得力于亚历山大图书馆的那些文献学家，他们希望通过他们的努力让那些宝贵而残缺的古代稿本遗存可以被人读懂。我在此书中要论证的观点是，中国经学也起源于孔子那些自发地保存和阐释古代稿本残卷的活动。孔子以老师的身份开展这些活动，追求"述而不作"。述，尤其是在礼仪化背景中的口头讲授将是本书关注的焦点。

（作者单位：美国杨百翰大学文学院）

---

[1] Rudolph Pfeiffer, *History of Classical Scholarship: From the Beginnings to the End of the Hellenistic Age* (Oxford: At the Clarendon Press, 1968), 4.
[2] Ibid, 5-6.

多元共生时代的儒学发展：儒学在当代香港[*]

方旭东

"新儒学""新儒家"（Neo-Confucianism）一词，究竟为何人何时第一次使用，今天已不可考。一般认为，它先流行于西方，后为中国学者普遍接受。可以确知的是，中国学者在20世纪20年代就已经开始使用这一名词。如冯友兰1924年完成于哥伦比亚大学的博士论文（1924）中就有"Neo-Confucianism"一章，1926年出版的中文版对应作"新儒家"，主要讨论王阳明的学说。1934年陈寅恪为冯友兰《中国哲学史下册》写审查报告，明确使用"新儒学"指代宋明理学，"新儒家"一词更是频频出现。到后来，不但宋明时代的理学，在中英文世界，元代理学、清代理学也都被冠以"新儒学"（Neo-Confucianism）之名。顺着这种逻辑，20世纪以来的儒学、儒家被称为"现代新儒学""现代新儒家"或"当代新儒学""当代新儒家"（Contemporary Neo-Confucianism），也就毫不奇怪了。不过，"现代新儒家"或"当代新儒家"究竟应该包括哪些人，从一开始到现在，学界都没有取得一致的意见。按其含义的广狭，可以粗略地分为三种，即：广义的、狭义的，以及介于二者之间的。

广义的用法，举凡20世纪中国学人，对儒学不存偏见，并认真地加以研究过，都可视为"现代新儒家"（或"当代新儒家"）。这种用法

---

[*] 本文原为《香港新儒家》（上海文艺出版社，2016）的《编者前言》，收入本书时有删节。

的一个代表，是方克立及其领导下的"现代新儒家思潮研究"课题组。该课题两度获得中国国家社科基金重点项目资助，从1987到1996，历时十年，影响巨大。其研究对象不断增加，后来扩展为一份15人的名单，包括：熊十力、梁漱溟、马一浮、张君劢、冯友兰、钱穆、贺麟、方东美、牟宗三、唐君毅、徐复观、余英时、刘述先、杜维明、成中英。这个名单海外学者也用。[1]大陆后来有人开始研究诸如金岳霖的新儒学思想、李泽厚的新儒学思想[2]，跟这种对"现代新儒学""现代新儒家"的宽泛理解应该有关。

狭义的用法，特指以1958年元旦发表《中国文化与世界》宣言[3]的4位学者（张君劢、唐君毅、牟宗三、徐复观）为基准的学人群体，往上可以追溯到他们的老师辈熊十力，往下可以延伸到他们的弟子辈，如杜维明、刘述先。这个群体的一个重要特征是对中国文化传统中的心性之学的认同。这种用法的存在，可证之于余英时、刘述先的相关论述。[4]

---

[1] 如，在台湾辅仁大学任教的意大利人白安理（Umberto Bresciani），参见其所著：*Reinventing Confucianism: The New Confucian Movement*（Taipei: Ricci Institute, 2001）。此外，刘述先2001年在复旦大学做口头报告《现代新儒学兴起背景的考察》，也用了这个名单，参见刘述先：《现代新儒学研究之省察》，《中国文哲研究集刊》第20期，2002年3月，第375页。

[2] 详胡治洪：《近20年我国大陆现代新儒家研究的回顾与展望》（载徐洪兴主编：《鉴往瞻来：儒学文化研究的回顾与展望》，上海：复旦大学出版社，2006年，第244页）

[3] 原作《为中国文化敬告世界人士宣言——我们对中国学术研究及中国文化与世界文化前途之共同认识》，后来论者为方便，多将其简称为"《中国文化与世界》宣言"。

[4] 参见余英时《钱穆与"新儒家"》（1991）一文，文中说："以'新儒家'的名号指二十世纪的思想流派，其事起于海外，特指一九五八年元旦张君劢、唐君毅、牟宗三、徐复观四位先生在香港《民主评论》上所发表的一篇宣言——《中国文化与世界——我们对中国学术研究及中国文化与世界文化前途之共同认识》。这篇宣言是由唐君毅先生起草，经过其它三先生斟酌讨论，然后定稿。但宣言的四位签名者之中，唐、牟、徐三人都是熊十力的弟子，而宣言中特别强调'心性之学为中国文化之神髓所在'，也明显地透露出熊十力的基本观点。所以，严格言之，'新儒家'主要即是指熊十力的哲学流派，"（新儒家）海外流行的本义，即熊十力学派中人才是真正的'新儒家'。此外有私淑熊氏之学而又为熊所认可者，如聂双江之于王阳明，当然也可以居'新儒家'之名而不疑。"（余英时：《钱穆与中国文化》，上海：远东出版社，1994年，第54-55页）余的这个说法与刘述先对《宣言》的评论相呼应，刘氏说："（熊先生）成为当代新儒家哲学的发端人。《宣言》中的思想正可以说是由他所开启的方向所作的进一步发展。"（《当代新儒家思想的批评的回顾与检讨》，载《大陆与海外》，台北：允晨文化有限公司，1989年，第240页）。在刘氏对"当代新儒家"的观察中，他特别提到"港、台、海外另有一条狭义的'当代新儒家'的线索"，"此以一九五八年元旦发表的《中国文化与世界》宣言为基准，由张君劢、唐君毅、牟宗三、徐复观四位学者签署，强调'心性之学'为了解中国文化传统的基础，上溯到唐、牟、徐三位之师熊十力，而下开港、台、海外新儒家的线索。"（《现代新儒学研究之省察》，第371页）

这个用法是有一定道理的，因为1958年那个宣言被普遍视为海外新儒学的宣言。

介于广义与狭义之间的用法，无论大陆还是台湾，都可以看到。如，1982年10月，台湾的《中国论坛》以"当代新儒家与现代化"为题举行座谈会，随后又出了专刊，他们所说的"当代新儒家"，就不限于熊十力学派（熊十力、唐君毅、徐复观、牟宗三），也包括梁漱溟、钱穆、张君劢。李泽厚发表于1987年的《略论现代新儒家》一文，主要研究了4个人：熊十力、梁漱溟、冯友兰、牟宗三。黄克剑等人1993年编了一套"当代新儒学八大家集"（北京：群言出版社），大陆三家：梁漱溟、熊十力、冯友兰，港台五家：张君劢、方东美、唐君毅、牟宗三、徐复观。

笔者在考虑"香港新儒家"时，不取广义用法，因为这种用法把"现代新儒家"或"当代新儒家"这个概念稀释到了一种"无色无味"的地步[1]；也不取狭义用法，因为符合那个标准的人太少，而且，更重要的是，笔者关注"香港新儒家"本来就不是为了追踪那种意义的"现代新儒家"。那么，剩下来的就是中间用法。但具体标准还是颇费踌躇。最后，参考前人有关"现代新儒家"的讨论，对于"香港新儒家"，笔者确立了这样几条标准：

一、当然是香港的学者；

二、是当代的学者，因此，像钱穆、唐君毅、牟宗三以及余英时、刘述先这些，就不在所论之列，读者如有兴趣了解，以往介绍已多，可自行查考；

三、是认同儒学基本价值，但又并非简单地回到传统儒学，而是在

---

[1] 余英时对于这种广义用法即评论说："这样的用法似乎已扩大到没什么意义的地步了"，"这一用法，空洞无意义"。（《钱穆与"新儒家"》，第55页）

哲学或思想上对儒学有新的阐释与发展，能够成一家之言者。[1]按照这条标准，一个学者尽管研究儒学很有成绩，但如果并不以儒学作为自己的认同，就不能算。[2]又或者，一个人积极宣传儒学，为儒学复兴做了很多实际的工作，但在思想或理论上仅仅重复传统或师说，没有形成属于其个人特色者，亦没有资格。[3]当然，创造性有大小，这里只能相对而言。

　　本书介绍的3位学者，就是按照这样的标准选出的。陈祖为与郑宗义都是土生土长的香港人，范瑞平是大陆人，2000年从美国取得博士学位后到香港教书至今。虽然各自的学术领域不同，陈祖为是政治学，郑宗义是中国哲学，范瑞平是生命伦理学，但他们共同的地方是：第一，都自觉认同儒家；第二，都通过自己的学术工作对儒学做出了新的阐释与发展。陈祖为融合西方古典政治哲学推出"儒家致善主义（Confucian

---

[1] 笔者在确立这条标准时，受启于李泽厚对"现代新儒家"的看法。李泽厚曾经提到"现代新儒家"有以下特征：首先，从时间上看，是20世纪以来；其次，是以儒学为中国哲学或中国思想的根本精神，以继承发扬儒学为己任；再次，以儒学为主体来吸收、接受和改造西方近代思想（如民主和科学）和西方哲学（如博格森、罗素、康德、怀特海等人），以寻求当代中国社会、政治、文化等方面的现实出路。（参见李泽厚：《略论现代新儒家》，收入其所著：《中国现代思想史论》，北京：东方出版社，1987年，第265-266页）虽然李泽厚没有特别提出"现代新儒家"必须是哲学家，但他所选的，几乎无一例外都是哲学家。我想这是很自然的，如果"新儒家"要成为历史上的一个思想流派，而不是一般意义上的学派（学术流派），就必需在思想上有所建树，而哲学是思想的浓缩或精华。需要指出的是，一个人是不是哲学家，与他是否以哲学家自居无关。事实上，由于"哲学"（philosophy）这一名词是从西方过来，一些中国哲学家，如梁漱溟，往往喜欢强调中国有思想而无"哲学"。

[2] 刘述先在讨论一些著名的儒学研究者为什么没有被纳入"当代新儒家"范围时，也特别提到"认同"的问题。比如，他谈到，傅伟勋"主要研究范围在大乘佛学，又对新儒家采取批判的态度，所以没有人把他归入新儒学的范围"；陈荣捷"以汉学的方法研究宋学，他虽然秉持许多儒家的观念与价值，但他的认同明白是基督徒，故无人把他归在儒家的范围以内"；秦家懿（Julia Ching）"是天主教徒，情形也相仿佛"；劳思光"做中国哲学史的研究，但对宋明理学，特别针对其形上学与宇宙论的面相，取十分严厉的批判态度。他也从不自承为新儒家"，所以"就被遗留在范围以外了，大概他自己也不会以此为憾"。（《现代新儒学研究之省察》，第371-372页）刘述先关于劳思光的这个说法亦为冯耀明所证实："劳思光先生自始即不以'新儒家'或'儒家'自居，亦不喜他人对他作这样的称谓。"（冯耀明：《劳思光与新儒家》，收入刘国英、张灿辉主编：《无涯理境：劳思光先生的学问与思想》，香港：中文大学出版社，2003年，第88页）

[3] 李泽厚在确定现代新儒家人选时，哲学上的创造性是一条重要标准，他说："钱穆、徐复观基本上是历史学家。张君劢、唐君毅虽属哲学家，但他们的思想及体系相对来说庞杂无章，创获不多。熊、梁、冯、牟却各有某种创造性，且思辨清晰、条理井然。"（《略论现代新儒家》，第267页）刘述先在他提出的有关"现代新儒家""三代四群"的架构中，没有给蔡仁厚留下一席之地，主要的解释也与创造性（个人特色）有关，他说，因为方克立向他指出，蔡仁厚的著述"大多以阐发牟先生的思想为主，比较缺少自己的特色"，乃未包含在内。（《现代新儒学研究之省察》，第375页）

Perfectionism）"，范瑞平将儒学接引到自己的生命伦理学研究当中，提出了一种"重构主义儒学"（Reconstructionist Confucianism），受业于刘述先的郑宗义是狭义"现代新儒家"的正宗传人，但他从明清儒学转型开始自己的学术研究，对所谓"气性一路"给予更多关注，一开始就非熊—牟"心性"一系所能范围[1]，近年他更致力于思考儒学如何"合乎时宜""合哲学、道德、宗教为一体"就是他综合新儒家前辈之说而断以己意的回答。更多精彩，留给读者自己去发现，我在这里不多说，以免剥夺了读者探索的乐趣。

为什么关注"香港新儒家"？"香港新儒家"与"大陆新儒家""台湾新儒家"（如果有的话）相比有什么特别之处而值得介绍？依笔者之见，相对于大陆与台湾，香港新儒家的优势在于没有政治包袱，从而向人们充分展现了儒学在一个多元社会自由竞争的面貌，它更接近置身于百家争鸣之中的原始儒家的样子，而这个状态下的儒家，在我看来，也许是最富有思想活力的。如果我们相信或希望，人类社会都应该朝着一种多元和谐共生共荣的局面发展，那么，香港新儒家可能是儒家在任何一个正常的未来社会的一种常态。这也是香港新儒家最吸引我之处。

由于历史的原因，海峡两岸的儒学衍化受政治或意识形态的影响至深至大，虽然两者正好呈相反之势。当大陆轰轰烈烈进行"文化大革命"之时，台岛掀起了一个所谓"中华文化复兴运动"，儒学的基本教义被写进教科书。三十年河东三十年河西，现在情况颠倒过来：在大陆，儒学否极泰来，地位蒸蒸日上。一个典型的例子就是，曾几何时，"大陆新儒家"还是一顶带有政治不正确意味的"帽子"，现在却变成

---

[1] 众所周知，牟宗三有关宋明理学的名著《心体与性体》《从陆象山到刘蕺山》，写到刘宗周（蕺山）为止。不仅如此，1978年他在台湾大学讲中国哲学史，也是讲到明代为止，他说，"我们这个课程只讲到这里，明亡以后，经过干嘉年间，一直到民国以来的思潮，处处令人丧气，因为中国哲学早已消失了。"（《中国哲学十九讲》，《牟宗三先生全集》29，上海古籍出版社，1997年，第447页）

很多人争相认领的荣誉。[1] 而在台岛，刚刚完成第二次政党轮替，台湾本土意识强烈的民进党再度执政，由于儒学与中国（文化）、与国民党的密切关系[2]，政治社会生活中的"去中国化"措施，不可避免地，会波及儒学，波及中国文化。[3]意识形态左右台湾文化与教育政策，在高中"课纲"问题上体现得非常明显。[4]

1949年以来，大陆与台湾，政治或意识形态上的每一次换场，几乎都会给儒家的命运造成震荡，其幅度之大，完全称得上戏剧性的。在这种情况下，无论是大陆还是台湾，儒家学者不知不觉都养成了对政治或意识形态的路径依赖。就在最近，台湾围绕高中课纲的争议尚未平息，大陆这边又爆出部分儒家学者联合倡议国家将儒学设立为一级学科的新闻。[5]人们似乎不能想象，如果得不到国家或政府的支持，如果不能体现于文教制度乃至上升为意识形态，儒学究竟怎么发展？那还算不算儒学？

必须说，这种认识由来已久，笔者自己也是最近才省悟，它在理论上存在着一个我称之为"历史决定论"的误区。所谓"历史决定论"，是指：通过儒家（儒学）的历史来对它做出定义。易言之，由于儒家（儒

---

[1] 这个变化过程，可参看李明辉：《关于"新儒家"的争论》一文（载《思想》第29期，台北：联经出版事业公司，2015年）。
[2] 关于儒学与战后台湾国民党政权之间千丝万缕的关联，详拙文：《试论儒学在战后台湾的迁变》（《哲学分析》2016年第2期）。
[3] 据李明辉描述，近年台湾出现了所谓"文化台独"，即与中国文化自觉划清界限，比如，一些"文化台独"主张者只承认闽南语属于台湾本土文化，但汉字和儒家思想则不是。对于这种"文化台独"，李明辉深表忧虑，对当局发出警告："台湾正在用文革的方式输掉长久以来在中国传统文化上的优势"。（中评社台北6月8日电，记者蒋永佑报道。资料来源：中国评论新闻网）李明辉在描述儒家在对岸的走红、吃香（他本人最近因此在大陆也颇享受了一回上宾待遇），其"羡慕嫉妒恨"的复杂心情溢于言表，而在对台湾当局发出"台湾将失去长久以来在中国传统文化上的优势"的警告时，其"撒娇""邀宠"之意也昭然若揭。这不禁让人感到，儒家在当下的台湾，俨然一副"弃妇""怨妇"形象。
[4] 由于课纲对于相关历史的描述涉及到族群认同，因此成为"统""独"两派角力的一个战场。陈水扁执政时，对国民党时期的高中语文与社会课程的课纲做了修改，被批评者认为是"去中国化"。马英九上台后，对陈水扁时代的课纲做了微调，被批评者认为是"去台湾化"。蔡英文于2016年5月20日就任总统，5月31日新政府就废止了马英九时代的"微调课纲"。关于台湾高中课纲争议的由来及详细过程，可参考维基百科"台湾高中课程纲要微调案"词条。
[5] 据凤凰国学报道，2016年6月11日，四川大学国际儒学研究院召开了"中国儒学学科建设暨儒学教材编纂"座谈会，会上刘学智、朱汉民、王钧林、舒大刚、颜炳罡等学者联合倡议在中国高等院校设立儒学一级学科。参见：澎湃新闻对此事的报道（http://www.thepaper.cn/newsDetail_forward_1487753）。

学)历史上是这样,所以,儒家(儒学)的性质就是这样。其中有一个版本是余英时提供的。在1988年写成的那篇争议之作《现代儒学的困境》中,作为历史学者的余英时,基于他对中国历史的观察,雄辩地给出了他对儒学性质或特色的看法:"儒学不只是一种单纯的哲学或宗教,而是一套全面安排人间秩序的思想系统,从一个人自生至死的整个历程,到家、国、天下的构成,都在儒学的范围之内,在两千多年中,通过政治、社会、经济、教育种种制度的建立,儒学已一步步进入国人的日常生活的每一角落","传统儒学的特色在于它全面安排人间秩序,因此只有通过制度化才能落实","传统的儒学诚然不能和传统的制度画等号,但前者确托身于后者"。[1]他在后面对现代儒学困境做出的令人印象深刻的刻画正是建立在对于儒学性质的这个认识之上:在现代,制度化的儒学已死,儒学和制度之间的联系中断了,因此,儒学成了一个"游魂"。[2]

传统儒学与制度的关联,这是不容否认的事实。但不能说,失去了制度依托,除非"借尸还魂",儒学就从此成为"游魂"。那样说,就意味着:只有一种儒学,那就是制度化的儒学,而完全否定了儒学以不同于传统面目(制度化儒学)的形式存在的可能。[3]

---

[1] 余英时:《现代儒学的困境》,载其所著:《现代儒学论》,上海:人民出版社,1998年,第230-231页。
[2] 余英时自己也承认,他指出儒学通过制度化而在很大的程度上支配着传统文化这个事实,正是为了说明儒学的现代困境的根源所在。(《现代儒学的困境》,的230-231页)对余英时《现代儒学论》的详细讨论,参见笔者早先写的书评,载《中国学术》第四辑,商务印书馆,2000年。
[3] 余英时对儒学在当代如何发展提出了很多有意义的问题,但说到最后,他对儒学发展的种种疑虑还是来自这些新形式不合乎他对儒学的认识或想象,比如,他说:"没有社会实践的儒学似乎是难以想象的。即使在道德领域内,儒学的真正试金石也只能是在实践中所造成的人格,即古人所说的'气象'或'风范'。如果儒学仅仅发展出一套崭新而有说服力的道德推理,足以与西方最高明的道德哲学相抗衡,然而这套推理并不能造就一个活生生的人格典范,那么这套东西究竟还算不算儒学恐怕总不能说不是一个问题。"(第233页)姑不论为什么一套崭新而有说服力的道德推理为什么就不能造就一个活生生的人格典范,即便真有这个问题,发展出一套崭新而有说服力的道德推理足以与西方最高明的道德哲学相抗衡,这本身就是非常有意义的工作,就是对儒学的发展,这没有任何问题。他之所以认为成问题,我想,跟他作为历史学者,对思辨性质的哲学工作抱有某种学科偏见有关。无论如何,即便是强调事实、强调历史的余英时,讨论儒学最后也还是以他心目中真正的儒学作为标准。也就是说,最终还是回到了"儒学的理想类型"上来。"儒学的理想类型"是一个有关应然的规范性问题,而"儒学的历史面目"则是一个有关事实的描述性问题。从"是"中推不出"应当"。同样,从"儒学的历史面目"推不出"儒学的理想类型",更推不出"未来儒学的应然"。

儒学是什么？我想，不应该有任何本质主义的答案，因为，儒学在不断发展之中，用黄宗羲的话来说，"心无本体，工夫所至，即其本体"（《明儒学案·自序》）。每个儒家学者对"儒学是什么"的问题所做的认真探索，都将丰富儒学的含义。即便发生两个关于儒学的认识完全没有一致性可言的情况，只要本着荀子所说的"以仁心说，以学心听，以公心辩"（《荀子·正名》），我想，也不会出现太糟糕的状况。

事实上，正如孔子死后，"儒分为八"（《韩非子·显学篇》），儒学内部的多元恰恰是儒学充满活力的一个标志。"定于一尊"，奉为圣《经》，其结果只会钳制思想，造成窒息。本书所选的三位香港新儒家，除了都认同儒家，都在不同程度上对儒学做出了新的阐释与发展，在很多方面则是所同不胜其异：不仅各自的学术背景不同，具体观点更是相去甚远，甚至彼此对反，比如，关于蒋庆的政治儒学，范瑞平就给予很高评价，而陈祖为和郑宗义均有所批评。笔者对于3位香港新儒家的看法也并不完全赞成，无论是在刊出的访谈还是私下谈话中，我跟他们都时有切磋、辩论。但这不妨碍我对他们意见加以倾听与尊重，整体上，我感觉，可能是因为生活在自由环境，香港新儒家都给人一种"讲理"的印象，对于自己的主张从来不是"自说自话"，更不存在某种"良知的傲慢"，而是注意到不同意见，从事实与逻辑上展现己方观点的优越。关于这一点，本书收录了3位学者自选的代表作，读者可以自己品味。值得一提的是，这3位学者都是1960代生人，正当思想与学术的盛年，其将来所造之境，未可限量。

最后，交代一下成书经过。书中的访谈，进行于去年春季笔者在香港学术访问期间，这里我要感谢汉语基督教文化研究所与香港中文大学中国哲学与文化研究中心的邀请。之后，作为"香港儒家专访系列"，六、七月间陆续刊登在电子媒体澎湃新闻（www.thepaper.cn），责任编辑张博及其团队为录音整理、编辑配图付出了辛勤劳动，谨此致谢。刊出之后，从读者反馈来看，评价甚好。为方便读者，同时也为了弥补初版时因新闻审查与版面限制未能全貌示人的遗憾,笔者在征得3位学者同意后,决定将访谈结集为纸本出版。上海文艺出版社慧眼远识,接受了这个选题。考虑到这是"香港新儒家"首次在国内集体亮相,仅有访谈,略嫌单薄,因此,笔者又请3位学者各选出一篇自己的代表作附在访谈后面,同时,还配上多幅照片。庶几使读者能够"读其书,观其像,想见其为人"。

(作者单位:华东师范大学哲学系)

学术会议综述

"西学东渐与儒家经典翻译"国际学术会议综述

黄志鹏　杨　杰

2015年11月7—8日,由中山大学西学东渐文献馆主办的"西学东渐与儒家经典翻译"国际学术研讨会在广州举行。这是该文献馆为推动"西学东渐"与"东学西传"研究而举办的第6次专题国际学术会议。此次会议得到了法国驻广州总领事馆、比利时驻广州总领事馆和殷铎泽基金会的部分资助,邀请到法、比、意、日以及两岸三地(中国内地和澳台)30余位学者参加。法国驻广州总领事馆总领事Bertrand Furno先生、比利时驻广州总领事De Lannoy先生、殷铎泽基金会主席Giuseppe Portogallo先生出席了此次会议。

本次会议以中文、英文为工作语言,设有评论人点评每篇发表论文。会议以明清之际儒家经典的翻译为中心,共发表论文15篇,其中中文12篇,英文3篇,都涉及文本诠释与翻译、人物研究、文化比较、宗教间对话等内容,异质文化如何展开交流的主题始终贯穿其间。

一、明清时期"四书"的西文翻译及其在欧洲的传播

在人类的各种交流活动中,思想文化是最深层次的交流。经典作为思想文化的主要载体,其互译与传播无疑在中西交流中起着举足轻重的作用。明清时期,当西方来华传教士带来西方的科学技术和神、哲学

的同时,也向欧洲传播中国文化。而就当时而言,朱熹的"四书"系统为官方意识形态,因此翻译"四书"就成为介绍中国传统文化顺理成章的选择,如罗明坚的"四书"翻译,柏应理主编的拉丁语儒家文献汇编《中国的哲学家孔夫子》(*Confucius Sinarum Philosophus*,1687年出版,包括了除《孟子》外的其他"四书"经典,为行文方便,以下简称《孔夫子》——笔者)等。他们的译介让欧洲人对遥远的东方文化逐渐走向理性的认识,并直接影响到欧洲乃至世界对中国的认识。由于这种影响带有深远的意义,因此对西译"四书"进行研究便极为必要。这也是本次会议的中心,提交的论文既有对"四书"翻译的整体把握,又有就其中某部经典的翻译的个案探讨。现简介如下:

罗马外国语大学的陆商隐(Luisa M. Paternicò)教授发表了论文《殷铎泽对〈孔夫子〉的贡献》,介绍了参与编撰《孔夫子》的耶稣会士殷铎泽(Prospero Intorcetta,1625—1696)对该书的贡献。在文中,她用翔实的史实介绍了殷铎泽的生平,再现了殷氏由华返欧寻求出版《孔夫子》及努力玉成其事的经过,并列表对比了殷铎泽对"四书"和《孔夫子》中儒家思想的理解与再译,最后展现了殷铎泽对翻译儒家经典术语的贡献。

台湾辅仁大学的黄渼婷教授发表了论文《初探早期来华耶稣会传教士经典中对"至善"的理解与诠释》,探讨了早期(罗明坚、利玛窦)以及其后的传教士(柏应理)在理解中国经典中"善"的概念时,尝试将其与西方的"善"(bonum)相结合,进而突出天主"全善"之至高地位。虽然传教士们对这个概念的理解十分类似,但是阐释的进路有所不同。柏应理的《孔夫子》对儒家"善"的翻译和阐释,具有自然宗教的特性,并且隐含着超越性的层面。北京外国语大学的张西平教授发表了论文《罗明坚:儒家经典西传的开拓者》,也考察了耶稣会士翻译的《大学》拉丁语版本。他指出,耶稣会士罗明坚(Michele Ruggieri,1543—1607)实际上是儒家经典西译的开创者、儒家文化西传之第一人,也是西方汉学的奠基人之一,从而力图纠正学界忽视罗明坚(较利玛窦而言)的贡献之现状。张教授对欧洲首次出版的拉丁语《大学》作了详细的考证,明确指出罗明坚就是该文献的作者,并对该文献的部分译文进行研究,强调罗明坚在儒家经典西译中的卓越贡献及重要地位。

中山大学哲学系博士生王慧宇所提交的论文,主要从罗明坚所翻译的另外一部儒家经典《中庸》之手稿入手,介绍了罗氏在儒家经典诠释方面所具有的独特视角。她考证了罗明坚从华返欧时所带回的"四书"翻译手稿乃是其本人的作品。她也对罗明坚《中庸》手稿的总体结构、儒家概念的翻译等方面进行考察,认为罗明坚对儒家概念和内容的把握、翻译都有充分考虑,而且并不逊色于后世的翻译。此文与张西平教授的论文相呼应,让我们对罗明坚在儒家经典翻译中的贡献有更为深刻的认识。日本筑波大学的井川义次教授在他发表的论文中,也重点介绍了拉丁文《孔夫子》中的《中庸》译本。通过"鬼神"概念的分析,井川教授证明传教士对作为翻译"参考书"的张居正《四书直解》中的宇宙观和宗教观(集中在中国的鬼神观和灵魂观)有较大的容纳和调适,而他们的译本,也直接影响了欧洲启蒙主义者对中国哲学的认识,后者似乎可以在遥远的东方文化中找到理性主义的回响。事实上,耶稣会士所采用的独特的诠释学方法,目的是为了建构一个可供彼此对话的平台。

对《论语》的西译研究也得到了重视。中山大学梅谦立教授提交的论文,将耶稣会士早期的《论语》3个拉丁文译本(罗马手稿、1662年《中国的智慧》(*Sapientia Sinica*)所录版本以及1687年《孔夫子》中的版本)进行文本解析与对堪,并且以"鬼神"这一儒家概念的翻译为切入,考察在不同的版本中,耶稣会译者对此概念的不同理解和表达。梅教授肯定了罗明坚与利玛窦在"四书"拉丁文翻译中的贡献,他还认为罗马手稿并非由利玛窦所作,但在后来的《论语》翻译中,基本上延续着利玛窦对于儒家经典的解释学原则。北京大学王格博士的论文《耶稣会〈论语〉翻译中的"古学"倾向》,考察了1687年版拉丁语《论语》

译注本的翻译问题。他从耶稣会士的翻译与中国思想史的关联之角度出发，指出《论语》翻译中的经典诠释，其学问取径与17—18世纪东亚儒学中两位最著名的"古学"代表人物伊藤仁斋（1627—1705）和戴震（1724—1777）所极力贯彻的方法若合符节。

著名的"礼仪之争"既是耶稣会内部的争论，也是耶稣会与其他修会就中国礼仪持有不同观点的结果。澳门《号角报》副主编叶家祺博士发表的论文是关于1667至1668年耶稣会士"广州会议"条文的内容翻译（拉丁文、英文和中文三文互译）和分析。他指出，由于在此会议中耶稣会传教士所关注的问题涉及传教过程的许多方面，因此学界一般将"广州会议"化约为礼仪之争为主的讨论是不准确的。安徽大学哲学系的汪聂才博士撰写的《哲学家与"印迹"——〈孔夫子〉与〈天儒印〉对"四书"的诠释》，通过传教士编撰的两种不同文本入手，分析其中不同修会的传教士对待儒家学说的态度。譬如，耶稣会士柏应理主编的《孔夫子》和方济各会士利安当（Antonio a Santa Maria Caballero, 1602—1669）于1664年出版的汉文著作《天儒印》。汪博士通过比较研究指出，虽然两种文本都具有"补儒"的目的和诉求，但是在形式和方法上都大异其趣，前者较为尊重儒家本来的面目，后者则将基督宗教神学与儒家思想进行穿凿附会。他认为其中的原因反映了两种文本的读者对象不同，不同修会传统所采用的诠释方法，以及神学知识背景不同。他的研究为理解"礼仪之争"提供一个不同的视角。

与汪聂才博士相同，华南师范大学历史文化学院的代国庆博士也关注到耶稣会之外的其他修会在中西文化交流中的作用。他提交的论文名为《"大帆船航海线"上的儒学外传——以门多萨〈中华大帝国史〉为中心的考察》。一般来说，"西学东渐"在儒家经典翻译方面的研究，关注的对象主要为耶稣会士，对于其他修会传教士的贡献，相关的研究较少。代国庆博士提交的论文，对弥补这一不足做出了很大的努力和贡献。他考察了"东洋—大帆船航海线"所得以形成的历史进程，梳理西班牙传教士(以奥古斯丁会、方济各会、多明我会为主)在儒学初传的过程中所扮演的重要角色和贡献。他在论文中归纳了"东洋"航线的儒学初传所经历的三个阶段;分析了门多萨(Juan Gonzalez De Mendoza,1545—1618)的《中华大帝国史》(1585)对中华文化的认识,指出该书作为"东洋—大帆船航海线"上中西文化交流第一阶段的集成之作,提供了其后西方人进一步了解中国的视角和方式,而且也塑造了儒学在西方社会中最初的模糊身影。

虽然说"礼仪之争"在历史上造成了负面的后果,尤其是对传教士所付出过的努力来说,或许是摧毁性的。但是另一方面,却也由于此种争论不下的局面,促成了《孔夫子》在欧洲的出版,为儒学的传播起到很大的作用。耶稣会士在此书中,将中国传统思想(主要是儒家)描述为欧洲人理解的"哲学",将孔子描述为理性的"哲学家",这影响着后来近一个世纪欧洲人对中国的印象。法国社会科学高等研究院(EHESS)的蓝莉(Isabelle Landry-Deron)教授提交了《〈中国哲学家孔夫子〉及对汉字的初步关注》的论文,给我们展示了在17世纪的欧洲,孔子及其思想传入时的图景;同时,也简要地梳理了引介儒学入欧的传教士们迻译的历史线索。她着力介绍了孔子思想在17世纪的法国的传播历程及产生的社会影响,其中不乏生动有趣的事件。从这些资料看来,17世纪时的法国对孔子及儒学经典(以四书五经为主)的了解已有一定的基础。

二、西学汉译中的术语及译名研究

与会学者除了关注中学西译之外,也非常关注西学汉译问题。尤其关注的是异质文化间的概念互译,以及有着不同内涵的"相同"概念该如何翻译的问题。

中国人民大学的雷立柏(Leo Leeb)教授提交的论文《利类思和汉

语中的法律》,探讨的是耶稣会传教士利类思在翻译托马斯《神学大全》时所创造的一系列法学术语。雷教授通过前述考察指出,汉语经典很少重视法律,其"法律"概念具有很大的局限性,因此无法形成与西方一样的重视法律精神的传统。造成此现象的原因仍然是文化基因的不同:西方信仰一个"超然立法者",而中国则缺乏之。雷教授的见解以及生动形象的举例,引起学者们的热烈讨论,也为本次纯粹的学术研讨会注入了关注当下的热情。复旦大学邹振环教授提交的论文《音译与意译的竞逐:"麒麟""恶那西约"与"长颈鹿"译名本土化历程》,文章以明清间"长颈鹿"这一动物词汇的译名为研究对象,展现了该译名从音译到意译再到本土化的演变历程,阐释了语词翻译背后深刻的文化意蕴。它不仅表达了中国人对异域文化的丰富想象,反映了想象过程中音译的"异化"和意译"归化"的表达,也融合了文化环境中不可分化的意义或概念整体,传达了不同的文化思想、形象和感情。由此,我们亦可以窥见,不同翻译主体(包括传教士)对中国文化的适应和理解,以及西方动物知识的中国本土化历程。

"灵魂"作为基督宗教的核心概念之一,是传教士向中国人传播福音的过程中所不可回避的重点。北京师范大学的田书峰博士所发表的论文,从耶稣会士毕方济(Francesco Sambiasi,1582—1649)与徐光启合著的《灵言蠡勺》文本出发,探讨基督宗教对亚里士多德《论灵魂》的解读。他的论文关注《灵言蠡勺》文本的来源,梳理了中世纪的《论灵魂》注疏之思想史背景,并探讨了"灵魂的定义""理性灵魂"以及"灵魂的目的论"。田博士认为,《灵言蠡勺》所用的亚里士多德的概念是具有合理性,其文本来源为"科因布拉平论"。文本上下卷虽然从结构上和内容上差别甚大,但却符合理性与信仰内在互补之必然要求,具有其内在逻辑的一致性。

上述所有与会者提交的论文,虽然主题各异,但从文化交流的层面来说,都可以统称之为"耶儒对话"。但是,除了耶儒之间的互动,耶佛之间的对话也是极为重要的部分。澳门利氏学社刘晶晶研究员发表的论文，从宗教间、宗教内部的对话出发，反思了明清之际基督宗教与佛教的相遇。"明清"的时间跨度并不小，在这一时间段内，耶儒形态、地位等也并非是一成不变的。刘研究员的论文一反耶儒比较研究的传统模式，转而从宗教内的对话之角度来审视明清时的耶佛相遇，立意新颖。刘研究员认为耶佛相遇的整个过程实际上包含着外在的宗教对话和内在的宗教对话，属于广义的宗教对话。

本次会议所关注的重点，是明清之际儒家经典的翻译及其在欧洲的传播，展现了一幅异质文化交织互动的图景。借助传教士的翻译，中国传统文化第一次较具规模、较为系统地向欧洲传播和展现自己。与会学者普遍赞同，随着对明清之际儒家经典翻译这一主题的深入研究，可以对当下文化互动与对话的模式之建构提供更多有益的资鉴。

（作者单位：中山大学哲学系）

儒学与欧洲文明的对话：国际儒学论坛威尼斯会议综述

杨慧玲

  2015年9月19号，威尼斯国际大学隆重召开了"国际儒学论坛"之"儒学与当代欧洲文化的对话：全球化时代儒学衰退还是发展？"的国际学术会议，此次会议由国际儒学联合会发起，与威尼斯国际大学与北京外国语大学共同举办。会议的缘起是在2014年国际儒联召开"纪念孔子诞辰2565周年国际学术研讨会暨国际儒联第五届会员大会"上，习近平主席提出了对待不同文明以及传统文化的四项原则：维护世界文明多样性；尊重各国各民族文明；正确进行文明学习借鉴；科学对待传统文化。国际儒学联合会以此为指导原则，通过举办"国际儒学论坛"系列学术研讨会，推动不同文明以及传统文明与当代文化的对话，促进以儒学为主的中国传统文化与当代世界文明之间的互学互鉴。威尼斯国际大学也是世界上颇为独特的世界性大学，它是由亚洲、美洲、欧洲的著名大学组成的国际大学联盟，以威尼斯San Servolo岛为其核心校园，每年来自威尼斯国际大学联盟校的大学生汇聚在此，共同参加有关全球性议题的课程与研讨。"国际儒学论坛"在意大利威尼斯国际大学首次启动，与威尼斯国际大学注重全球化议题吻合，还因为威尼斯是马可波罗的故乡，意大利是欧洲最早关注中国并开展汉学研究的国度之一。

"儒学与当代欧洲文化的对话：全球化时代儒学衰退还是发展？"定位在小型、高端学术会议，来自意大利、德国、法国、瑞士、斯洛文尼亚、美国、新西兰、新加坡、印度等国的在儒学研究方面颇有造诣的著名学者与来自中国的学者就儒学与欧洲文明为核心进行了研讨。简短开幕式之后，国际儒学联合会滕文生会长首先做了题为"关于历史上亚欧、中欧文明的交流历程与相互影响和儒学的特性、价值与前途"主旨报告，回顾了历史上中国和意大利对亚欧文明、中欧文明交流的贡献，梳理了历史上中欧交流的进程和影响，重点阐述了作为世界文明之一的儒学文明的本质特征、思想价值与发展前途，提出儒学可以为实现各国各地区的共同发展、维护世界和平、建立以合作共赢为核心的世界新秩序、促进和改善全球事务做出应有的贡献。接着，法国法兰西学院院士程艾蓝教授就孔子在启蒙时代欧洲为题作了主旨报告，回顾了历史欧洲学界对以孔子和孔子思想为主的儒学的理解和接受。这两个学术主旨报告都颇具深度和广度，为研讨会的成功奠定了基础。

"国际儒学论坛威尼斯会议"学术视野开阔，内容丰富，议题相对集中，是近年来中国学者和欧洲学者就儒学与欧洲文化关系所做的深入研讨。这次研讨会在学术研究方面体现出以下三个特点：

第一，将中西文化关系放在一个更为宏大的历史背景下加以考察。以往的中欧文明研讨会在断代史和个案研究上往往较为深入，但在长时段的历史中，学科的分割和学者知识的局限使得历史纵深感显得较为薄弱，尤其是从历史哲学的角度对中国和欧洲文明发展与交流做宏观性的总结和探索更为罕见。这次会议上滕文生先生的论文对此有重大突破。他基于历史交流的事实概况了亚欧、中欧文明交流的历史，指出16世纪以前的亚欧交流主要是西亚国家伊斯兰文明与欧洲国家基督教文明的交流为主，16世纪中叶以后，则主要成为中国古代文明与欧洲近代文明交流的舞台，在18世纪则由于双方学者和思想家的参与，其交流的广度和深度前所未有，对双方都产生了重要而有深远的影响。在21世的世界文明交流和冲突的背景下，滕文生会长从更为宏观的角度对世界各种文明的地位、作用及其相互关系做了高屋建瓴的分析。他提出三个基本的观点：一、在人类文明的长河中存在的各种文明所具有的地位都是平等的，各自发挥的作用和做出的贡献都应得到承认与尊重。这样在对待各种不同文明的相互关系上只能是：和而不同，相互依存，一视同仁，平等相待，相互交流，文明互鉴；二、任何一种文明都不可能孤立存在和发展，都需要学习、借鉴别的文明的长处、智慧与经验，以保持和增强自己的生机与活力。三、世界各种文明的发展是不平衡的，而且他们在发展过程中都是波浪式前进的。他以中国文明的发展来说明这一点，中国文明长期居于世界领先地位，但近代以来沉迷于"天朝王国"的自我陶醉之中，结果近代以来国势的危局难以挽回，自身的文明处在危机之中。斯宾格勒认为，世界上"没有任何一个文明可以长久地占据主导地位"。由此反观欧美西方文明，那种认为"欧洲人向外扩张征服东方和中东，同时设计了资本主义的轨道，整个世界沿着这条道路发展，就能够摆脱贫困和悲惨的处境而进入近代化文明"的看法是令人怀疑的。英国学者霍布森认为，这种"欧洲中心论"认为无论是过去还是现在，西方完全应该占据世界历史发展舞台的中心的观点是完全站不住脚的。滕文生认为，一种文明一旦孤芳自赏、固步自封、唯我独尊，并以此轻视甚至排斥和打击别的文明，就将自取衰败之道。只有置身于文明互鉴与交流的更为宏大的历史长河中，我们才能深刻认识到世界文明交流发展的基本规律与特点，对人类命运共同体的认知才会有更为深刻的认识。

第二，注意从学术上认真梳理欧洲对中国文化的接受历史。法兰西学院院士程艾蓝教授和罗马智慧大学史华罗教授（Prof. Paolo Santangelo）从意大利的历史出发，研究了孔子在18世纪意大利的传播和接受。耶稣会士是从传教和基督征服中国的角度来介绍中国文化的，正因为中国是一个贤明的国家，儒家并非宗教而只是一种道德，这样在中国传教才有意义。耶稣会士的文化适应政策只能解释中国文化的一个方面，当方济各修会等本笃修会的传教士来到中国关注到中国民间宗教中国文化的另一面后，教会内部的争论就开始了，这就是有名的"礼仪之争"。史华罗的论文并不将研究的重点放在欧洲教会的争执上，而是从欧洲思想史的角度解释儒家文化在当时欧洲和意大利的接受和理解情况。例如儒家思想的"自然神论"，利玛窦在其著作中这样称呼儒家思想的特征，儒家思想就不被当作一种宗教派别，而只是一种伦理道德，只是关于世俗生活的伦理学。同时，儒家在社会制度上支撑着中国"开明专制"的社会制度，从而形成了中国长期的繁荣。这样看待儒家启发了欧洲启蒙运动的思想家们。欧洲正处在天主教的严格统治之下，他们需要走出中世纪。重农学派对儒家思想给予了极高的评价，伏尔泰和莱布尼茨都从耶稣会士所介绍的儒家著作中汲取了智慧和思想。启蒙运动试图采用一种理性的方式，将欧洲民众从迷信、封建权威，教会和行业的束缚中解放出来，建立世俗的社会秩序，而恰恰中国的社会模式可以取代"无神圣启示即无德性"和"第一和第二等级的特权"等观念。儒学对宗教持宽容态度，同时反对任何形式的原教旨主义。因此，启蒙思想家推崇以儒学为核心的中国社会体系。史华罗教授认为欧洲的启蒙思想家没有注意到他们所理解的儒家或者说他们从耶稣会士介绍的儒家思想与中国儒家思想本原之间存在着的差异，因为启蒙思想家希望从儒家思想中发现个人的自由，而儒家思想在个人与国家之间的关系上更为注重国家，这一差异被启蒙思想家们忽略了。

德国特里尔大学汉学系主任苏费翔（Prof. Christian Soffel）的《有关新儒家主义起源的一些看法》，从西方汉学史的角度梳理了西文"Neo-Confucianism"概念在欧洲历史语境的变迁和不同含义，它是一个浸泡在欧洲学术传统中的词汇，折射出的亦是西方对儒学的偏见或成见。威尼斯大学副校长（Ca'Forscari University of Venice）李集雅教授（Tiziana Lippiello）则从利玛窦《天主实义》文本出发，探讨了利玛窦对"成己"

概念的理解，说明儒家思想的"为己之学"和利玛窦的"成己之学"之间的张力。中国学者在这次会议中也提交了质量很高的论文，中国社科院宗教所所长卓新平的《论利玛窦在儒学与中华传统文化西传中的独特贡献》和北京外国语大学张西平的《罗明坚的学术贡献》，都关注到了藏在意大利国家图书馆的《四书》拉丁文手稿翻译问题。卓新平持这部手稿为利玛窦翻译的观点，而张西平认为这部手稿为罗明坚翻译的可能性较大。这部手稿长期以来未受到西方学者的注意，只有意大利汉学家德礼贤和达仁利（Francesco D'Arelli）有所研究。而中国学者直接利用西文手稿展开研究，从一个侧面反映了中国学者对西方汉学史研究的深度。中国社会科学院的耿昇教授发表的《中国儒家文化通过丝绸之路在法国的传播与影响》，梳理了来华耶稣会士在对欧洲传播儒学的历程，从罗明坚、利玛窦、龙华民、马若瑟、刘应、冯秉正、宋君荣到在法国的杜赫德、郭弼恩等，经过近百年的努力，儒家著作被系统地翻译成欧洲语言，从而影响到法国启蒙运动的思想家。从笛卡尔的弟子培尔和马勒伯郎士两人对待儒学迥异的态度，反证了欧洲启蒙思想家是按照欧洲的哲学传统和政治倾向来解释中国。孟德斯鸠在其《论法的精神》一书中虽然讲中国成为"专制国家"，但同时他高度赞扬中国政府执法严厉，认为要想治理好像中国这样一个幅员辽阔的国家，必须使用法的精神。他特别欣赏中国的税收政策，并积极向法国推荐，此外，还研究中国的文官政府、明经取士、御史制度、礼仪与民族同化等问题。耿昇认为"孟德斯鸠正是在研究了中国和印度以后，才确定了其政府体制理论，在孟德斯鸠的三权分立思想的形成过程中，也受到了中国儒家政府体制的影响"。

儒家思想在欧洲的传播经历了一个漫长的过程，欧洲的思想家们根据自己的理论需求对儒学理论各做了自己的解释，总体来说，在18世纪，儒家是欧洲思想变迁的重要思想来源，对欧洲启蒙运动的形成和发展，发挥了重要的作用。通过学术史地梳理，我们对中国和欧洲之间的思想与文化交流有了更为清晰的认识。

第三，立足当代中国的发展，阐述以儒家为代表的中国传统文化的当代意义。儒家思想在当代世界文明中的地位与意义，也是这次会议研讨的重要内容。从西方对儒家思想的解释和理解来看，国际儒学联合会普及委员会主任王殿卿教授认为，利玛窦对儒学的理解和解释在今天仍有着重要的启示意义，利玛窦寻求文化之间的对话的态度，对异质文化的平等和尊重的态度，都应成为西方重要的文化遗产。他认为，"400年前，利玛窦开创了文明对话，核心是儒耶之间核心价值的对话。对于推动东西文化交流，起了重要历史作用，正如友人所说，哥伦布发现了新大陆，利玛窦发现了中国文化。而今，总结利玛窦传教的历史实践与经验，可以为21世纪的文明对话，找到新的起跑线"。

如何看待外来文化，儒家文化是如何处理外来文化的，在这方面中国有着丰富的历史经验。中国社科院哲学所李存山教授从佛教传入中国时牟子所写的《理惑论》和明末基督教传入中国时利玛窦所写的《天主实义》两篇历史文献入手，说明中国文化所以形成儒、释、道三教并存的多元格局，是与儒家思想重视现实生活的价值取向联系的。现实生活需求的多元性使儒家文化通达的解释各种文化。李存山认为"每一种宗教都有自己的'圣道之淳'，人类文化的发展需要各种不同的'圣道之淳'相互宽容，在对话中加深彼此的而理解，以达到'和而不同'，和平共处，携手建设人类共同居住的地球家园"。新加坡国立大学云茂潮中华文化研究中心的李焯然教授则从更为宽阔的历史视角研究了儒家与伊斯兰教和基督教相互融合与吸收的过程，由此说明，中国文化作为一种接受文化（Receiving Culture）的开放性和包容性，具有很强的吸收和消化能力。他同时指出，一种文化传统要吸收和消融另一种外来文化，绝非一朝一夕可以完成的，"文化上出现分歧时难以避免的，但因为儒家文化的包容性，在过去两千年的历史中经历了多次与外来文明的杰出和融合的机会。其中的关键与儒家文化的本质有密切关系。儒家文化中

'和而不同',存在差异却不失其整体性,甚至使彼此间能够互补,从而消融冲突,达致儒家理想的和谐社会"。

会上有3位学者从比较哲学的角度对儒家思想和西方哲学思想进行了研讨。中国人民大学的温海明教授认为,当今美国学者安乐哲教授对于儒家的解释具有重要的意义,安乐哲的阐释主要是消解"一切与西方超越世界相连的解释中国世界观的诠释进路",为此安乐哲批评了美国学者史华慈(Benjiamin Schwartz)所说的中国哲学超越性观点,认为此观点让西方研究中国文化的学者产生了混乱,还批评新儒家的牟宗三所谓的"内在超越性",安乐哲的核心观点在于:道与人有关,则与天无关,进而基于《论语》的解读提出"儒家非超越性天道观",来反对"西方超越性"。斯洛文尼亚的罗亚娜教授(Prof. Jana Rosker)探讨了康德与牟宗三有关自律与智的直觉对话,沙德亚教授(Prof. Tea Senelj)则对李泽厚的积淀说和荣格学说进行了比较研究。

新西兰坎特伯里大学的伍晓明教授,则从儒学当代的言说所带来的问题入手,讨论了在当代如何解释儒学传统的问题。印度世界事务部的苏丽研究员对中国当代社会出现的留守儿童、环境污染等社会问题较为关注,她认为中国发扬儒家传统可以解决部分当代社会上较为突出的问题,儒学对中国乃至世界仍可以做出更积极的贡献。日内瓦大学的苏费理教授(Prof. Nicolas Zufferey)通过网络文学作品分析当代中国文学中所体现出的儒家价值观与西化问题,以当下流行通俗文学作品中的事例说明儒家在当下中国社会所经历的变迁与遇到的问题。这样的视角颇为新颖。这3位学者的发言从不同的侧面探寻代表中国传统文化的儒学在当代世界的际遇与挑战。

对当下人类社会共同面临的困境,北京外国语大学的田辰山教授介绍了近年来安乐哲关于儒学对世界文化意义的观点,并指出"一场空前的全面危机正向人类袭来,也许它最终没有导致发生整个人类危亡,却也将在根本上逼迫我们改变习惯的生活方式。气候变化、极端天气、人口爆炸、收入不公、粮水短缺、环境恶化、疾病蔓延、能源短缺、恐怖主义、核武扩散等等的窘迫问题，正在对人类围堵。人类的表现如果至今仍是不警醒的，那么命运就会急转而下——这是一幅令人心急如焚的画面：轨道正垂直而下，变化陡然，如迅雷不及掩耳，前面临界点只是咫尺之间，人类要万劫不复！我们不能再讲'这是一些问题'，因为它已不仅是'问题'而是困境"！这样的困境只有当整个全球范围的人类意志、价值与行为发生根本改变，才会得到治理和抑制。他认为，"整个中国文化传统，包括儒、释、道有个共同点：即它们的价值观、意愿和行为，其源头活水都是'关系为本'的自然宇宙论。'关系为本'恰是'无限游戏'的本质特征。儒学思想价值观，对人类摆脱严重危机侵袭的厄运，平安地逃过一劫，恰是可选择的文化资源"。

　　中国已变得强大。她的总体发展及全球影响，引起一系列世界经济与政治形态上的变化。中国在经济、政治支配地位引人注目，对世界的文化秩序会带来怎样的变化？世界文化秩序长期处于强势自由主义的主导之下，传统中国的思想和价值，对世界的新兴文化秩序进化，会担任什么样的角色？学者们研讨后认为，虽然百年来中国以西为师，冷落了自己的传统，但儒学并未消亡，百姓日用而不察，儒学的传统还在；中国社会百年尽管发生了剧烈的变化，但重伦理，求和谐的社会习俗仍有着强大的生命力。滕文生提纲挈领地总结的儒学特性，引起了大家的强烈共鸣："因为儒学具有开放包容的特性，所以它对别的学说能够'兼容并蓄、海纳百川'，能够在相互共存之中取人之长补己之短，也就能不断丰富和发展自己"；"因为儒学具有实事求是的特性，所以，它要求人们'惟是以求，知错必纠'，而不能'知错不改，文过饰非'；"应为儒学具有经世致用的特性，所以它要求人们做到'知行合一、躬行为务'；"因为儒学具有与时俱进的特性，所以它能够'因时达变、推陈出新'"。

　　会议期间，中国和欧洲学者通过深入的研究和对话，对于"全球化时代的儒学是衰退还是发展?"的问题做出了明确的回答,这就是:儒学文化是中国传统文化的精髓所在,它的文化特征赋予了儒学长久不衰的生机与动力,引导和推动着儒学不断地为历史的前进和社会的发展进步贡献智慧与力量。

(作者单位:北京外国语大学国际中国文化研究院)

国外中国传统文化研究前沿目录

密歇根BAS数据库2000年—2014年相关儒教英文书目整理（一）

周 津 编译

一、书目（Books）

1.Shen, Vincent, *Dao companion to classical Confucian philosophy* "道"的古典儒家哲学指南, Dordrecht; New York: Springer, 2014.

2.Angle, Stephen C.; Slote, Michael, *Virtue ethics and Confucianism* 德性伦理学与儒家思想, New York; London: Routledge, 2013.

3.Cheng, Chung-ying; Tiwald, Justin, *Confucian philosophy: innovations and transformations* 儒家哲学：创新与变革, Chichester, West Sussex; Malden, Mass.: John Wiley & Sons, 2012.

4.Yang, Fenggang; Tamney, Joseph B., *Confucianism and spiritual traditions in modern China and beyond* 近代中国和之外的儒家思想和精神传统, Leiden, The Netherlands; Boston, Mass.: Brill, 2012.

5.Kim, Youngmin; Pettid, Michael J., *Women and Confucianism in Chosŏn Korea: new perspective* 女性与儒家思想在朝鲜：新视角, Albany, N.Y.: SUNY Press, 2011.

6.Makeham, John, *Dao companion to neo-Confucian philosophy* "道"的宋明理学哲学指南, Dordrecht, The Netherlands; New York:

Springer, 2011.

7.Olberding, Amy; Ivanhoe, Philip J., *Mortality in traditional Chinese thought* 中国传统思想中的死亡, Albany, N.Y.: State University of New York Press, 2011.

8.Yu, Kam-por; Tao, Julia; Ivanhoe, Philip J., *Taking Confucian ethics seriously: contemporary theories and applications* 重视儒家伦理：当代理论及其应用, Albany, N.Y.: SUNY Press, 2010.

9.New Brunswick, N.J.: Confucius Institute at Rutgers University, *East Asian Confucianisms: interactions and innovations: proceedings of the conference of May 1-2, 2009*, sponsored by Rutgers University, National Taiwan University and Jilin University 东亚儒家：互动和创新：2009年5月1-2日会议论文集，罗格斯大学、国立台湾大学和吉林大学主办, New Brunswick, N.J.: Confucius Institute at Rutgers University, 2010.

10.Chang, Wonsuk; Kalmanson, Leah, *Confucianism in context: classic philosophy and contemporary issues, East Asia and beyond* 东亚及之外儒学语境中的的古代哲学与当代问题, Albany, N.Y.: SUNY Press, 2010.

11.Elman, Benjamin A.; Kern, Martin, *Statecraft and classical learning: the Rituals of Zhou in East Asian history* 治国之道与儒家经典的学习：东亚历史中周代的礼制, Leiden, The Netherlands; Boston, Mass.: Brill, 2010.

12.Meinert, Carmen, *Traces of humanism in China: tradition and modernity* 中国人文主义的痕迹：传统与现代, Bielefeld, Germany: Transcript Verlag, 2010.

13.Huang, Yong, *Rorty, pragmatism, and Confucianism: with responses by Richard Rorty* 罗蒂，实用主义与儒家思想：理查德·罗蒂的访谈, Albany: State University of New York Press, 2009.

14.Shen, Vincent; Shun, Kwong-loi, *Confucian ethics in retrospect and prospect* 儒家伦理的前世今生, Washington, D.C.: Council for Research in Values and Philosophy, 2008.

15.Richey, Jeffrey L., *Teaching Confucianism* 教育儒家思想, Oxford, England; New York; Oxford University Press, 2008.

16.Huang, Chun-chieh; Paul, Gregor; Roetz, Heiner, *The Book of Mencius and its reception in China and beyond* 《孟子》及其在中国与之外的认知与超越, Wiesbaden: Harrassowitz Verlag, 2008.

17.de Bary, Wm. Theodore, *Confucian tradition and global education: the Tang Chun-I lectures for 2005* 儒家传统与全球教育：2005年唐君毅的演讲, Hong Kong: Chinese University Press; New York: Columbia University Press, 2007.

18.Hershock, Peter D.; Ames, Roger T., *Confucian cultures of authority* 儒家文化的权威, Albany, N.Y.: State University of New York Press, 2006.

19.Walker, Alan; Wong, Chack-kie, *East Asian welfare regimes in transition: from Confucianism to globalisation* 从儒家思想到全球一体化看过渡时期的东亚福利制度, Bristol, England: Policy Press, 2005.

20.Shun, Kwong-loi; Wong, David B., *Confucian ethics: a comparative study of self, autonomy, and community* 儒家伦理：自我，自治与集体的比较研究, Cambridge, England; New York: Cambridge University Press, 2004.

21.Yao, Xinzhong, *Routledge Curzon encyclopedia of Confucianism* 儒家思想的百科全书, London; New York: Routledge Curzon, 2003.

22.Makeham, John, *New Confucianism: a critical examination* 宋明理学：一个批判性考察, Houndmills, Basingstoke, Hampshire; New York: Palgrave Macmillan, 2003.

23.Bell, Daniel A.; Hahm, Chaibong, *Confucianism for the modern world* 现代世界中的儒学, Cambridge. England; New York: Cambridge University Press, 2003.

24.Wilson, Thomas A., *On sacred grounds: culture, society, politics, and the formation of the cult of Confucius* 神圣的理由：文化、社会、政治、和孔子崇拜的形成, Cambridge, Mass.; London: Harvard University Asia Center, 2002.

25.Elman, Benjamin A.; Duncan, John B.; Ooms, Herman, *Rethinking Confucianism: past and present in China, Japan, Korea, and Vietnam* 对中国、日本、韩国和越南过去与现在儒学思想的反思, Los Angeles: University of California, 2002.

26.Van Norden, Bryan W., *Confucius and the Analects: new essays* 孔子与《论语》：新论, New York; Oxford, Eng.: Oxford University Press, 2002.

27.Chan, Alan K. L., *Mencius: contexts and interpretations* 《孟子》：全文与翻译, Honolulu: University of Hawaii Press, 2002.

28.Lee, Jeong-kyu, *Korean higher education: a Confucian perspective (collection of articles by the author)*, 以儒家视角看韩国高等教育：儒家的视角［作者文选］, Seoul; Edison, N.J.: Jimoondang, 2002.

29.Liu, Xiusheng; Ivanhoe, Philip J., *Essays on the moral philosophy of Mengzi* 有关《孟子》的道德哲学的文章, Indianapolis: Hackett, 2002.

30.Mann, Susan; Cheng, Yu-Yin, *Under Confucian eyes: writings on gender in Chinese history* 在儒家视角下：有关中国历史上对性别的书写, Berkeley: University of California Press. 2001.

31.Kline, T. C., III; Ivanhoe, Philip J, *Virtue, nature, and moral agency in the Xunzi* 《荀子》中的德、性与道德力, Indianapolis, Ind.: Hackett, 2000.

二、专书论文（Book Chapter）

（一）出自《"道"的古典儒家哲学指南》（Shen, Vincent, ed., *Dao companion to classical Confucian philosophy*, Dordrecht; New York: Springer, 2014. vi, 404p.）的论文如下：

1.Chan, Wing-cheuk, Philosophical thought of Mencius（孟子的哲学思想）, pages 153-178.

2.Cua, Antonio S., Early Confucian virtue ethics: the virtues of junzi（早期儒家的美德伦理学：君子的美德）, pages 291-334.

（二）出自《德性伦理学与儒学思想》（Angle, Stephen C.; Slote, Michael, *Virtue ethics and Confucianism*, New York; London: Routledge, 2013. xiv, 271p.）的论文如下：

1.Angle, Stephen C.; Slote, Michael, Introduction（前言）, pages 1-11.

2.Chen, Lai, Virtue ethics and Confucian ethics（德性伦理与儒家道德）, pages 15-27.

3.Ivanhoe, Philip J., Virtue ethics and the Chinese Confucian tradition（美德伦理与中国儒家传统）, pages 28-46.

4.Lee, Ming-Huei, Confucianism, Kant, and virtue ethics（儒家思想、康德和德性伦理学）, pages 47-55.

5.Norden, Bryan W. van, Toward a synthesis of Confucianism and Aristotelianism（迈向一个儒学与亚里士多德哲学的结合）, pages 56-65.

6.Liu, Liangjian, Virtue ethics and Confucianism: a methodological reflection（德性伦理学与儒家思想：方法论思考）, pages 66-73.

7.Wong, Wai-ying, Confucian ethics and virtue ethics revisited（儒家道德与德性伦理再探）, pages 74-79.

8.Slote, Michael, The impossibility of perfection（完美性的不可

能），pages 83-93.

9. Walker, Matthew D., Structured inclusivism about human flourishing: a Mengzi formulation（有关人类繁荣的结构包容主义：孟子的构想），pages 94-102.

10. Huff, Benjamin I., The target of life in Aristotle and Wang Yangming（亚里士多德和王阳明的人生目标），pages 103-113.

11. Walsh, Sean Drysdale, Varieties of moral luck in ethical and political philosophy for Confucius and Aristotle（孔子与亚里士多德的伦理和政治哲学中的各种道德运气），pages 114-124.

12. Yu, Jiyuan, The practicality of ancient virtue ethics: Greece and China（古代德性伦理的实践性：希腊和中国），pages 127-140.

13. Lo, Ping-Cheung, How virtues provide action guidance: Confucian military virtues at work（军德如何指引行动：对德性伦理学的另一个辩护），pages 141-151.

14. Xiao, Yang, Rationality and virtue in the Mencius.（孟子的理性和德性），pages 152-161.

15. Huang, Yong, Between generalism and particularism: the Cheng Brothers' neo-Confucian virtue ethics（二程的理一分殊：在一般论与特殊论之间的美德伦理学），pages 162-170.

16. Rushing, Sara, What is Confucian humility?（什么是儒家谦逊?），pages 173-181.

17. Angle, Stephen C., Is conscientiousness a virtue? Confucian answers（执着是一种德性吗？孔子学说的回答），pages 182-191.

18. Marchal, Kai, The virtues of justice in Zhu Xi（朱熹论正义的美德），pages 192-200.

19. Terjesen, Andrew, Is empathy the 'one thread' running through Confucianism?（同情，儒学一以贯之的主题?），pages 201-208.

20.Hourdequin, Marion, The limits of empathy（同情的局限）, pages 209-218.

（三）出自《解密中国：中国史新释》（Standen, Naomi, ed., Demystifying China: *new understandings of Chinese history*, Lanham, Md.; Plymouth, England: Rowman & Littlefield, 2013. xvi, 244p.）的论文如下：

1.Barrett, Tim, Confucius: the key to understanding China（孔子：理解中国的关键）, pages 41-47.

（四）出自《中国教育：一部关于中国教育历史、模式和思想的百科全书》（Zha, Qiang, ed., *Education in China: educational history, models, and initiatives*, Great Barrington Mass.: Berkshire, 2013. xiv, 423p. [Berkshire essentials]）的论文如下：

1..Sellman, James D., Confucianism: Kǒngzǐ xuéshuo（儒家思想：孔子学说）, pages 7-11.

2.Sellman, James D., Confucian ethics [Rujia daode]（儒家道德）, pages 12-14.

3.Bell, Daniel A., Confucianism: revival [Ruxue fuxing]（儒学复兴）, pages 15-25.

4.de Bary, Wm. Theodore, Neo-Confucianism [lixue]（新儒学 [宋明理学]）, pages 26-30.

5.Lynn, Richard John, I Ching (Classic of Changes) [Yijing]（《易经》）, pages 65-67.

6.Dass, Nirmal, Zhongyong (Doctrine of the Mean)（《中庸》）, pages 68-70.

7.Sellman, James D., Confucius [Kongzi (551 BCE-479 BCE); Chinese philosopher]（孔子 [551 BCE-479 BCE]，中国哲学家）, pages 72-73.

8.Sellman, James D., Four Books and Five Classics（四书五经）, pages 63-64.

9.Sellman, James D., Mencius［Mengzi（385 BCE-303 / 302 BCE）; Confucian philosopher］（孟子［385 BCE-303 / 302 BCE］; 中国哲学家）, pages 74-76.

10.Dass, Nirmal, Xunzi［（300 BCE-230 BCE）; Confucian philosopher］（荀子［300 BCE-230 BCE］; 儒家哲学家）, pages 79-81.

11.Van Norden, Bryan W., Zhu Xi［（1130-1200）; synthesizer of neo-Confucianism］（朱熹［1130-1200］; 宋明理学的集大成者）, pages 90-91.

12.Hayhoe, Ruth, Wang Yangming［（1472-1529）; neo-Confucian scholar］（王阳明［1472-1529］; 宋明理学大家）, pages 92-95.

13.de Bary, Wm. Theodore, China's contribution to global education（中国对全球教育的贡献）, pages 411-416.

（五）出自《描绘中国与掌控世界：晚清末期的文化、制图学与宇宙学》（Smith, Richard J., *Mapping China and managing the world: culture, cartography and cosmology in late imperial times*［collection of essays］, London; New York: Routledge, 2013. xvii, 270p.）的论文如下：

1.Smith, Richard J., The languages of the *Yijing* and the representation of reality（《易经》的语言与现实的再现）, pages 15-47.

（六）出自《中国思想里的宗教多元化》（chmidt-Leukel, Perry; Gentz, Joachim, eds., *Religious diversity in Chinese thought*, Houndmills, Basingstoke, Hampshire; New York: Palgrave Macmillan, 2013. xiii, 262p.）的论文如下：

1.Yao, Xinzhong, Confucian approaches to religious diversity（儒家对待宗教多元性的方法）, pages 65-79.

（七）出自《中国宗教的批判性阅读》（Goossaert, Vincent, ed., *Critical readings on Chinese religions, Volume one. Leiden*, The Netherlands; Boston, Mass.: Brill, 2013. 1v.）的论文如下：

1.Palmer, David A., Chinese redemptive societies and salvationist religion: historical phenomenon or sociological category（中国救世团体与救世宗教：历史现象还是社会学范畴？）pages v.1, 209-245.（originally published in *Journal of Chinese Ritual, Theatre and Folklore / Minsu quyi*, vol.172, 2011, pp.21-72.）

2.Murray, Julia K., "Idols" in the temple: icons and the cult of Confucius（寺庙中的偶像：奉为偶像的孔子与孔子崇拜）, pages v.2, 571-615.（originally published in Journal of Asian Studies, 68, no.2（Mar 2009）pp.371-411.）

3.Brokaw, Cynthia J., Merit accumulation in the early Chinese tradition（早期中国传统中的积累功德）, pages v.2, 725-760.（originally published in *The Ledgers of Merit and Demerit: Social Change and Moral Order in Late Imperial China*, Princeton, N.J.: Princeton University Press, 1991, chapter 1, pp.28-60.）

（八）出自《东亚的法律与社会》（Antons, Christoph; Tomasic, Roman, eds., *Law and society in East Asia*, Farnham, Surrey, England; Burlington, Vt.: Ashgate, 2013. xxxiii, 626p.）的论文如下：

1.Jones, David., The metamorphosis of tradition: the idea of law and virtue in East Asian political thought（传统的蜕变：东亚政治思想的法律与德性观念）, pages 603-620.（first published in *Southeast Asian Journal of Social Science*, 21, no.1, 1993, 18-35.）

（九）出自《上朝：中国朝廷早期的纳谏模式》（Olberding, Garret P.S., ed., *Facing the monarch: modes of advice in the early Chinese court*, Cambridge, Mass.; London: Harvard University Asia Center, distributed by Harvard University Press, 2013. x, 290p.）的论文如下：

1.Pines, Yuri, From teachers to subjects: ministers speaking to the rulers, from Yan Ying to Li Si（从传教士到臣民：将相与帝王的对话，从晏婴到李斯）[analyzes the changing status of members of the educated elite vis-a-vis the rulers from the late Spring and Autumn period through the Warring States and to the early imperial period, as reflected in their interaction with the rulers.分析从中国春秋晚期到战国早期，以及到清朝前期，在士大夫与统治者互动中的分析与统治者相比士大夫阶层成员地位的转变；以晏婴、孟子和荀子为主要线索。Focuses on Yan Ying（580 BCE-510 BCE）, Mengzi or Mencius, and Xunzi], pages 69-99.

（十）出自《儒家哲学：创新与变革》（Cheng, Chung-ying; Tiwald, Justin, eds., *Confucian philosophy: innovations and transformations*, Chichester, West Sussex; Malden, Mass.: John Wiley & Sons, 2012. 203p. [Supplement to volume 38, 2011. Journal supplement series to the Journal of Chinese Philosophy]）的论文如下：

1.Cheng, Chung-ying, Preface: new Confucianism as a philosophy of humanity and governance（前言：作为官民哲学的宋明理学）, pages 1-2.

2.Tiwald, Justin, Introduction: a Confucian philosophical agenda（引言：一个儒家哲学的议程）, pages 3-6.

3.Tiwald, Justin, Dai Zhen's defense of self-interest（戴震对利己主义的驳斥）, pages 29-45.

4.Bell, Daniel A.; Metz, Thaddeus, Confucianism and ubuntu: reflections on a dialogue between Chinese and African traditions（儒家思想和乌班图：中非传统风俗之间对话的思考）, pages 78-95.

5.Shun, Kwong-Loi, Wang Yang-Ming on self-cultivation in the Daxue（王阳明论《大学》中的"自我修养"）, pages 96-113.

6.Lee, Pauline C., "Spewing jade and spitting pearls": Li Zhi's ethics of genuineness（妙语连珠：李贽的童心说）, pages 114-132.

7.Cheng, Anne, Virtue and politics: some conceptions of sovereignty in ancient China（德性与政治：中国古代的君主理念）, pages 133-145.

8.Chan, Wing-Cheuk, Mou Zongsan on Confucian and Kant's ethics: a critical reflection（牟宗三有关儒学的思想与康德的伦理学：一个批判性反思）, pages 146-164.

9.Angle, Stephen C., A productive dialogue: contemporary moral education and Zhu Xi's neo-Confucian ethics（卓有成效的对话：当代道德教育和朱熹的理学伦理）, pages 183-203.

（十一）出自《现代中国和之外的儒家思想和精神传统》（Yang, Fenggang; Tamney, Joseph B., eds., *Confucianism and spiritual traditions in modern China and beyond*, Leiden, The Netherlands; Boston, Mass.: Brill, 2012. xi, 362p.［Religion in Chinese societies, v.3］）的论文如下：

1.Kang, Xiaoguang, A study of the renaissance of traditional Confucian culture in contemporary China（在当代中国对传统儒家文化复兴的研究）, pages 33-73.

2.Tu, Weiming, Confucian spirituality in contemporary China（当代中国的儒家精神）, pages 75-96.

3.Tamney, Joseph B., The resilience of Confucianism in Chinese societies（儒家思想在中国社会的适应力）, pages 97-129.

4.Berthrong, John, From Beijing to Boston: the future contributions of the globalization of new Confucianism（从北京到波士顿：新儒学全球化之未来贡献）, pages 131-147.

5.Zhuo, Xinping, Spiritual accomplishment in Confucianism and spiritual transcendence in Christianity（儒家思想的精神修养与基督教中精神的超越）, pages 277-292.

6.Neville, Robert Cummings, Confucian humaneness (ren) across social barriers (跨越社会障碍的儒家的"仁"), pages 295-307.

7.Sun, Anna, The revival of Confucian rites in contemporary China (当代中国儒家礼法的复兴), pages 309-328.

(十二)出自《中国的思想控制》(Brady, Anne-Marie, ed., *China's thought management*, London; New York: Routledge, 2012. xi, 209p. [Routledge studies on China in transition, 40])的论文如下:

1.Brady, Anne-Marie, State Confucianism, Chineseness, and tradition in CCP propaganda (中国共产党宣言中的国家儒学思想、中国性、传统), pages 57-75.

(十三)出自《中国成为强国:国家治理的概念》(Lee, Joseph Tse-Hei; Nedilsky, Lida V.; Cheung, Siu-Keung, eds., *China's rise to power: conceptions of state governance*, New York: Palgrave Macmillan, 2012. ix, 248p.)的论文如下:

1.Cheung, Kelvin C.K., Appropriating Confucianism: soft power, primordial sentiment, and authoritarianism [discusses the various strategies through which the state has reinvented Confucianism to project a benevolent image to the outside world, to advance its soft power, to foster a common identity for reunification with Taiwan, and to offer a new principle of governance](儒家思想的挪用:软实力、原始情感与权威主义[讨论国家对儒家的各种再创策略,达到向世界展示一种仁慈形象,提高软实力,以制造一种可与台湾统一的共同身份,奉行一种新施政原则]), pages 31-47.

(十四)出自《宗教和人权:引言》(Witte, John, Jr.; Green, M. Christian, eds., *Religion and human rights: an introduction*, Oxford, England; New York: Oxford University Press, 2012. xviii, 392p.)的论文如下:

1.Chan, Joseph C.W., Confucianism and human rights (儒学与人

权),pages 87-102.

(十五)出自《象牙塔与大理石城堡:有关现代文化互动中的政治哲学论文 [论文集及过去曾发表过的文章]》(Metzger, Thomas A., *The ivory tower and the marble citadel: essays on political philosophy in our modern era of interacting cultures* [collection of essays and previously published articles], Hong Kong: Chinese University Press, 2012. xxiii, 795p.)的论文如下:

1.Metzger, Thomas A., The problem of factual and normative continuity with the Confucian tradition in modern Chinese thought(在中国近现代思想中事实和规范的连续性与儒家传统的问题[2005年12月9-11日在哈佛大学费正清东亚研究中心成立十五周年纪念会上发表的论文]),pages 225-273.

2.Metzger, Thomas A., Selfhood and authority in neo-Confucian political culture(新儒家政治文化中的自我与权威),pages 275-303.

3.Metzger, Thomas A., Confucian thought and the modern Chinese quest for moral autonomy(儒家思想和现代中国人对道德自律的的寻求),pages 305-346.

4.Metzger, Thomas A., Mou Zong-san and the four premises: putting his political philosophy into critical perspective(牟宗三的四个前提:从批判视角看待他的政治哲学),pages 445-508.

5.Metzger, Thomas A., Limited distrust of reason as a prerequisite of cultural convergence: weighing Professor Lao Sze-kwang's concept of the divergence between "the Confucian intellectual tradition" and "modern culture"(以"对信任理性的保留"为中西方文化会通的先决条件:对劳思光教授"儒有关家知识分子传统"和"现代文化"概念分歧的考量),pages 609-666.

(十六)出自《"道"的宋明理学哲学指南》(Makeham, John, ed.,

Dao companion to neo-Confucian philosophy，Dordrecht，The Netherlands；New York：Springer，2011. xliii，488p.）的论文如下：

1.Makeham，John，Introduction（引言），pages ix-xliii.

2.Hon，Tze-ki，Zhou Dunyi's philosophy of the supreme polarity（周敦颐"太极图说"中的哲学Makeham），pages 1-16.

3.Wyatt，Don J.，Shao Yong's numerological-cosmological system（邵雍的"先天学"系统），pages 17-37.

4.Wang，Robin R.；Ding，Weixiang，Zhang Zai's theory of vital energy（张载的"为天地立心"论），pages 39-57.

5.Huang，Yong，Cheng Yi's moral philosophy（程颐的道德哲学），pages 59-87.

6.Wong，Wai-ying，The thesis of single-rootedness in the thought of Cheng Hao（程颢思想中的"万物一体"），pages 89-104.

7.Ess，Hans van，Hu Hong's philosophy（胡宏的哲学思想），pages 105-123.

8.Tillman，Hoyt Cleveland；Soffel，Christian，Zhang Shi's philosophical perspectives on human nature，heart/mind，humaneness，and the Supreme Ultimate（张栻有关人性、思想、人文情怀和太极的哲学视角），pages 125-151.

9.Berthrong，John，Zhu Xi's cosmology（朱熹的宇宙），pages 153-175.

10.Shun，Kwong-loi，Zhu Xi's moral psychology（朱熹的道德哲学），pages 177-195.

11.Marchal，Kai，Lü Zuqian's political philosophy（吕祖谦的政治哲学），pages 197-222.

12.De Weerdt，Hilde，Neo-Confucian philosophy and genre：the philosophical writings of Chen Chun and Zhen Dexiu（新儒家哲学及其流

派：陈淳和真德秀的哲学著作），pages 223-248.

13.Ivanhoe，Philip J.，Lu Xiangshan's ethical philosophy（陆九渊的伦理哲学），pages 249-266.

14.Walton，Linda，"The four masters of Mingzhou"：transmission and innovation among the disciplines of Lu Jiuyuan（Xiangshan）［Yang Jian（1141-1226），Yuan Xie（1144-1224），Shu Lin（1136-1199）and Shen Huan（1139-1191）］（明州四大家：陆九渊学派的传播与创新，杨简［1141-1226］，袁燮［1144-1224］，舒璘［1136-1199］和沈焕［1139-1191］），pages 267-293.

15.Tien，David W.，Metaphysics and the basis of morality in the philosophy of Wang Yangming（形而上学与王阳明哲学思想中道德的基础），pages 295-314.

16.Angle，Stephen C.，Wang Yangming as a virtue ethicist（王阳明作为德性伦理学家），pages 315-337.

17.Liu，JeeLoo，Wang Fuzhi's philosophy of principle（li）inherent in qi（王夫之"理在气中"的哲学思想），pages 355-379.

18.Ng，On-cho，Li Guangdi and the philosophy of human nature（李光地与人性哲学），pages 381-398.

19.Tiwald，Justin，Dai Zhen on human nature and moral cultivation（戴震关于人性与道德培养的观点），pages 399-422.

（十七）出自《一个人应该怎样活着？比较古代中国与古希腊罗马的伦理学》（King，R.A.H.；Schilling，Dennis，eds.，*How should one live? Comparing ethics in ancient China and Greco-Roman antiquity*，Berlin；Boston，Mass.：De Gruyter，2011. viii，343p.）的论文如下：

1.Chan，Alan K.L.，Harmony as a contested metaphor and conceptions of rightness（yi）in early Confucian ethics（"和谐"作为一个有争议性的隐喻与早期儒学伦理思想中"义"的概念），pages 37-62.

(十八)出自《日本哲学：一份原始资料》(Heisig, James W.; Kasulis, Thomas P.; Maraldo, John C., eds. *Japanese philosophy: a sourcebook*, Honolulu: University of Hawaii Press, 2011. xviii, 1341p. [Nanzan library of Asian religion and culture])的论文如下：

1.Tucker, John A., Confucian traditions: overview（儒家传统：概述）, pages 289-297.

2.Fujiwara Seika; Heisig, James W., Cleansing the mind [Fujiwara Seika (1561-1619)]（净化心灵[藤原惺窝, 1561-1619]）, pages 298-299.

3.Fujiwara Seika; Tucker, John A., Human nature and principle [Fujiwara Seika (1561-1619)]（人性与人本原则[藤原惺窝, 1561-1619]）, pages 299-303.

4.Fujiwara Seika; Boot, Willem J., The nature of trade [Fujiwara Seika (1561-1619)]（贸易的性质[藤原惺窝, 1561-1619]）, pages 303.

5.Yamazaki Ansai; de Bary, William Theodore, Reverence and education [Yamazaki Ansai (1618-1682)]（敬与育[山崎暗斋, 1618-1682]）, pages 324-325.

6.Yamazaki Ansai; Tsunoda, Ryūsaku, The three pleasures [Yamazaki Ansai (1618-1682)]（三种快乐[山崎暗斋, 1618-1682]）, pages 325-326.

7.Kumazawa Banzan; McMullen, Ian James, Buddhist and Daoist ideas [Kumazawa Banzan (1619-1691)]（佛家思想与道家思想[熊沢蕃山, 1619-1691]）, pages 330-332.

8.Kumazawa Banzan; Fisher, Galen M., The virtues of governance [Kumazawa Banzan (1619-1691)]（治理的优点[熊沢蕃山, 1619-1691]）, pages 332-333.

9.Kumazawa Banzan; McMullen, Ian James, The Tale of Genji (《源氏物语》), pages 334.

10.Yamaga Sokō; Tucker, John A., The essence of the sages [Yamaga Sokō (1622-1685)].圣教要录[山鹿素行(1622-1685)] Heisig, James W.; Kasulis, Thomas P.; Maraldo, John C., eds. *Japanese philosophy: a sourcebook.*日本哲学:一份原始资料Honolulu: University of Hawaii Press, 2011. xviii, 1341p. (Nanzan library of Asian religion and culture), pages 336-346.

11.Arai Hakuseki; Tucker, John A., Era names [Arai Hakuseki (1657-1725)](年号[新井白石,1657-1725]), pages 387-388.

12.Arai Hakuseki; Tucker, John A., Against Christianity [Arai Hakuseki (1657-1725)](反对基督教[新井白石,1657-1725]), pages 388-389.

13.Ogyū Sorai; Tucker, John A., The way and the names [Ogyū Sorai (1666-1728)](弁道与弁名[荻生徂徕,1666-1728]), pages 393-408.

14.Ogyū Sorai; Yamashita, Samuel Hideo, Answers to questions [Ogyū Sorai (1666-1728)](问题的解答[荻生徂徕,1666-1728]), pages 408-410.

15.Andō Shōeki; Yasunaga, Toshinobu, Living nature's truth [Andō Shōeki (1703-1762)](生物界的真相[安藤昌益,1703-1762]), pages 417-419.

16.Andō Shōeki; Yasunaga, Toshinobu, A symposium on changing the world [Andō Shōeki (1703-1762)](有关改变世界的专题论文集[安藤昌,1703-1762]), pages 419-425.

17.Andō Shōeki; Yasunaga, Toshinobu, A metaphysics of mutual natures [Andō Shōeki (1703-1762)](形而上学的共同性质[安藤昌

益,1703-1762〕),pages 425-429.

18.Tominaga Nakamoto; Katō, Shūichi, The writings of an old man 〔Tominaga Nakamoto (1715-1746)〕(一位前辈的著作〔富永仲基,1715-1746〕),pages 430-434.

19.Tominaga Nakamoto; Pye, Michael, Words after meditation 〔Tominaga Nakamoto (1715-1746)〕(出定后语〔富永仲基,1715-1746〕),pages 434-435.

20.Miura Baien; Mercer, Rosemary D., Errors in the old yin-yang theories 〔Miura Baien (1723-1789)〕(旧阴阳理论中的错误〔三浦梅园,1723-1789〕),pages 441-442.

21.Miura Baien; Mercer, Rosemary D., Deep words 〔Miura Baien (1723-1789)〕(玄语〔三浦梅园,1723-1789〕),pages 443-446.

22.Ninomiya Sontoku; Tucker, John A., The good life 〔Ninomiya Sontoku (1787-1856)〕(美好生活〔二宫尊德,1787-1856〕),pages 447-449.

23.Ninomiya Sontoku; Tucker, John A., Buddhism, Daoism, and Confucianism 〔Ninomiya Sontoku (1787-1856)〕(佛家思想、道家思想与儒家思想〔二宫金次郎,1787-1856〕),pages 449-453.

(十九)出自《中国古代思想和现代中国的力量》(Yan, Xuetong; Bell, Daniel A.; Sun, Zhe, eds.; Ryden, Edmund, tr., *Ancient Chinese thought, modern Chinese power*, Princeton, N.J.; Oxford, England: Princeton University Press, 2011. viii, 300p. 〔Princeton-China series〕)的论文如下:

1.Xu, Jin; Ryden, Edmund, The two poles of Confucianism: a comparison of the interstate political philosophies of Mencius and Xunzi 〔synthesizes and compares the similarities and differences of Mencius and Xunzi〕(儒家思想的两极:孟子与荀子的跨国政治哲学的比较〔《孟

子》与《荀子》的综合与二者异同的比较]），pages 161-180.

（二十）出自《世界听从中国的意志：标准化的软实力外交政策》（Callahan, William A.; Barabantseva, Elena, eds.*China orders the world: normative soft power and foreign policy*, Washington, D.C.: Woodrow Wilson Center Press; Baltimore, Md.: Johns Hopkins University Press, 2011. xiv, 280p.）的论文如下：

1.Yan, Xuetong阎学通, Xunzi's thoughts on international politics and their implications [argues that China needs to employ a combination of hard and soft power to build a hierarchical world system where submission is voluntary rather than coerced]（荀子的国际政治思想及启示[提出中国需要运用硬实力与软实力结合建立一个等级世界体系，使得服从是发自内心而不是被迫的]），pages 54-88.

2.Billioud, Sébastien, Confucianism, "cultural tradition," and official discourse in China at the start of the new century（在新世纪之始中国的儒家思想、"文化传统"及官方话语），pages 215-248.

（二十一）出自《中国的高等教育改革与其国际化》（Ryan, Janette, ed. *China's higher education reform and internationalisation*, London; New York: Routledge, 2011. xvii, 262p. [Routledge contemporary China series]）的论文如下：

1.Welch, Anthony; Cai, Hongxing, Enter the dragon: the internationalisation of China's higher education system（龙争虎斗：中国高等教育体系的国际化），pages 9-33.

（二十二）出自《重塑合法性：中外经验》（Deng, Zhenglai; Guo, Sujian, eds., *Reviving legitimacy: lessons for and from China*, Lanham, Md.; Toronto: Lexington Books, 2011. xv, 218p. [Challenges facing Chinese political development挑战遇到中国政治的发展]）的论文如下：

1.Moody, Peter R., Confucianism as a legitimizing ideology［a historical and broadly empirical essay］（作为合法意识形态的儒家思想［一篇兼具历史性与实证性的文章］），pages 111-130.

（二十三）出自《传统中国思想的死亡》（Olberding, Amy; Ivanhoe, Philip J., eds., *Mortality in traditional Chinese thought*, Albany, N.Y.: State University of New York Press, 2011. ix, 313p.［SUNY series in Chinese philosophy and culture］）的论文如下：

1.Olberding, Amy; Ivanhoe, Philip J., Introduction（引言），pages 1-11.

2.Olberding, Amy, I know not "seems": grief for parents in the Analects（我知道不是"好像"：《论语》中对父母的哀思），pages 153-175.

3.Csikszentmihalyi, Mark, Allotment and death in early China（中国早期的分配与死亡），pages 177-190.

（二十四）出自《重视儒家伦理：当代理论及其应用》（Yu, Kam-por; Tao, Julia; Ivanhoe, Philip J., eds., *Taking Confucian ethics seriously: contemporary theories and applications*, Albany, N.Y.: SUNY Press, 2010. vii, 225p.［SUNY series in Chinese philosophy and culture］）的论文如下：

1.Harris, Eirik Lang, The nature of the virtues in light of the early Confucian tradition（根据早期儒家传统美德的本质），pages 163-182.

2.Ivanhoe, Philip J., The values of spontaneity［ "uncultivated" versus "cultivated" spontaneity］（自发性的价值［非修得与修得之自发性］），pages 183-207.

（二十五）出自《中国学生的学习文化研究：技巧、意识和跨文化适应》（Jin, Lixian; Cortazzi, Martin, eds., *Researching Chinese learners: skills, perceptions and intercultural adaptations*, Houndmills,

Basingstoke, Hampshire; New York: Palgrave Macmillan, 2011. xix, 321p.)的论文如下:

  1.Li, Xiuping; Cutting, Joan, Rote learning in Chinese culture: reflecting active Confucian-based memory strategies [investigates Chinese learners of English as a foreign language](中国文化中国的死记硬背:基于儒学的灵活记忆策略的思考[对中国学习者有关英语作为外语学习的调查]), pages 21-42.

  (二十六)出自《中国人文主义的痕迹:传统与现代》(Meinert, Carmen, ed., Traces of humanism in China: tradition and modernity, Bielefeld, Germany: Transcript Verlag, 2010. 207p. [Being human: caught in the web of cultures, humanism in the age of globalization我欲为人:深陷于全球化时代下的文化网与人文主义])的论文如下:

  1.Zhu, Weizheng; McKay, Trever, Confucian statecraft in early imperial China(早期中华帝国儒家治国之道), pages 19-47.

  2.Mittag, Achim, Reconsidering ren as a basic concept(对作为一个基本概念"仁"的反思), pages 69-81.

  3.Schilling, Dennis, Human equality in modern Chinese political thought(在中国近代政治思想中的人类平等), pages 103-130.

  (二十七)出自《治国之道与儒家经典的学习:东亚历史中周代的礼制》(Elman, Benjamin A.; Kern, Martin, eds., Statecraft and classical learning: the Rituals of Zhou in East Asian history, Leiden, The Netherlands; Boston, Mass.: Brill, 2010. vi, 444p.)的论文如下:

  1.Schaberg, David, The Zhouli as constitutional text(作为宪法文本的《周礼》), pages 33-63.

  2.Kern, Martin, Offices of writing and reading in the Rituals of Zhou(周礼之中负责撰文与诵读的机构), pages 64-93.

  3.Plaks, Andrew H., Zheng Xuan's commentary on the Zhouli(郑玄

有关《周礼》的评论),pages 155-178.

4.McMullen, David, The role of the Zhouli in seventh-and eighth-century civil administrative traditions(《周礼》在七八世纪民间行政传统中的作用),pages 181-228.

5.Bol, Peter K., Wang Anshi and the Zhouli(王安石与周礼),pages 229-251.

6.Nakai, Kate Wildman, Tokugawa approaches to the Rituals of Zhou: the late Mito school and 'feudalism'(德川幕府对中国周朝仪式的看法:晚期水户学派和"封建主义"),pages 279-308.

7.Wagner, Rudolf G., Denouement: some conclusions about the Zhouli(结局:关于《周礼》的一些结论),pages 388-396.

(二十八)出自《中国改革开放时期的文化和社会变革》(Cao, Tian Yu; Zhong, Xueping; Liao, Kebin, eds., *Culture and social transformations in reform era China*, Leiden, The Netherlands; Boston, Mass.: Brill, 2010. xii, 447p. [Ideas, history, and modern China, v.2])的论文如下:

1.Chen, Lai; Zhu, Ping; Thieret, Adrian, 'Consider the other more important than the self': Liang Shuming's view of Confucian ethics ("以对方为重":梁漱溟的儒家伦理观),pages 21-44.

2.Liao, Kebin; Garcia-Roberts, Chloe; Thieret, Adrian, The basic form, actual form, and potential form of neo-Confucianism: considering the historical function and practical significance of neo-Confucianism(宋明理学的基本形式,实际形式和潜在形式:对宋明理学历史功能及实际意义的考量),pages 45-64.

3.Liu, Dong; Garcia-Roberts, Chloe; Thieret, Adrian, Individual identification and the realm of moral character(个体认同与道德品质的),pages 65-74.

4.Shih, Yuan-Kang; Chen, Dandan; Thieret, Adrian, The isomorphism of family and state and the integration of church and state: on the differences between the Confucian political tradition and democratic politics（家庭和国家的同构和教会和国家的整合：儒家政治传统和民主政治之间的差异）, pages 97-11.

（二十九）出自《林语堂双语文选》（Qian, Suoqiao, comp. and ed., *Selected bilingual essays of Lin Yutang*, Sha Tin, N.T., Hong Kong: Chinese University Press, 2010. xliii, 234p.）的论文如下：

1.Lin, Yutang, The other side of Confucius（孔子的另一面）, pages 17-28.

（三十）出自《在东亚与之外语境中的儒家思想：古典哲学与当代问题》（Chang, Wonsuk; Kalmanson, Leah, eds., *Confucianism in context: classic philosophy and contemporary issues*, East Asia and beyond, Albany, N.Y.: SUNY Press, 2010. xi, 243p.［SUNY series in Chinese philosophy and culture］）的论文如下：

1.Choi, Youngjin; Chang, Wonsuk, The history of Confucianism in Korea（韩国儒家思想的历史）, pages 33-52.

2.Ames, Roger T., What is Confucianism?（什么是儒家思想？）, pages 67-85.

（三十一）出自《作为主体的女性：日本近代早期的阅读与写作》（Kornicki, P.F.; Patessio, Mara; Rowley, G.G., eds., *The female as subject: reading and writing in early modern Japan*, Ann Arbor: Center for Japanese Studies, University of Michigan, 2010. ix, 279p.［Michigan monograph series in Japanese studies, no.70］）的论文如下：

1.Gramlich-Oka, Bettina, A father's advice: Confucian cultivation for women in the late eighteenth century（一个父亲的忠告：18世纪晚期女性的儒家修养）, pages 123-139.

（三十二）出自《中国的环境危机：国内外政治的影响和回应》

(Kassiola, Joel Jay; Guo, Sujian, eds., *China's environmental crisis: domestic and global political impacts and responses*, New York: Palgrave Macmillan, 2010. xi, 227p.〔Environmental politics and theory〕)的论文如下:

1.Kassiola, Joel Jay; Guo, Sujian, Introduction: China's environmental crisis-a global crisis with Chinese characteristics: from Confucius to cell phones(引言:中国环境危机到具有中国特色的全球危机:从孔子到手机), pages 1-10.

2.Kassiola, Joel Jay, Confucianizing modernity and 'modernizing' Confucianism: environmentalism and the need for a Confucian positive argument for social change(儒家化的现代性与儒家思想的现代化:环保主义与对社会变革一个积极地儒家态度的寻求), pages 195-218.

(三十三)出自《中国与国际关系:王赓武的中国视角及其贡献》(Zheng, Yongnian, ed., *China and international relations: the Chinese view and the contribution of Wang Gungwu*, London; New York: Routledge, 2010. xviii, 351p.〔China policy series, 15〕)的论文如下:

1.Hsiung, James C., A re-appraisal of Abrahamic values and neorealist IR theory: from a Confucian-Asian perspective〔international relations〕(重新评价亚布拉罕价值观与新现实主义国际关系理论:东亚儒家视角〔国际关系〕), pages 17-41.

(三十四)出自《中国与国际关系:王赓武的中国视角及其贡献》(Chang, Wonsuk; Kalmanson, Leah, eds., *China and international relations: the Chinese view and the contribution of Wang Gungwu*, Albany, N.Y.: SUNY Press, 2010. xi, 243p.〔SUNY series in Chinese philosophy and culture〕)的论文如下:

1.Chang, Wonsuk; Kalmanson, Leah, Introduction: the Confucian tradition: an evolving narrative(引言:儒家传统:一个展开的故事),

pages 1-7.

2.Berthrong, John, Transmitting the Dao: Chinese Confucianism（道的传播：中国儒家思想）, pages 9-31.

3.Chang, Wonsuk, Confucian person in the making（儒者正在形成中）, pages 87-101.

4.Tan, Sor-hoon, Confucianism and democracy（儒家思想和民主主义）, pages 103-120.

5.Neville, Robert, The short happy life of Boston Confucianism ［Confucianism and Confucian studies in Boston, Massachusetts］（波士顿儒学的昙花一现［马萨诸塞州波士顿儒学和儒家的研究］）, pages 145-173.

6.Rosenlee, Li-Hsiang Lisa, A feminist appropriation of Confucianism ［focuses on key Confucian ethical concepts, especially the relational personhood of ren, the virtue of filial piety or xiao as the beginning of humanity, and the complementary correlation of yin-yang and nei-wai］（女权主义对儒家思想的利用［重点讨论关键儒家伦理观念，尤其是仁的关系人格，孝德或孝作为人之本以及相辅相成的阴阳与内外相互关系］）, pages 175-190.

（三十五）出自《重视儒家伦理：当代理论及其应用》（Yu, Kam-por; Tao, Julia; Ivanhoe, Philip J., eds., *Taking Confucian ethics seriously: contemporary theories and applications*, Albany, N.Y.: SUNY Press, 2010. vii, 225p. ［SUNY series in Chinese philosophy and culture］）的论文如下：

1.Yu, Kam-por; Tao, Julia; Ivanhoe, Philip J., Introduction: why take Confucian ethics seriously?（引言：为什么要重视儒家伦理？）, pages 1-11.

2.Yu, Kam-por, The handling of multiple values in Confucian ethics（在儒家伦理中多元价值的处理）, pages 27-51.

3.Zhang, Qianfan, Humanity or benevolence? The interpretation of

Confucian ren and its modern implications(人道与仁慈？儒家"仁"的阐释及其现代含义），pages 53-72.

4.Huang, Chun-chieh, East Asian conceptions of the public and private realms（东亚人公共和私人领域的概念），pages 73-97.

5.Tao, Julia, Trust within democracy: a reconstructed Confucian perspective（在民主之内的信任：一种重建儒家的观点），pages 99-122.

6.Luo, Shirong, A defense of ren-based interpretation of early Confucian ethics（早期儒家伦理对基于"仁"阐释的辩护），pages 123-143.

7.Tiwald, Justin, Is sympathy naive? Dai Zhen on the use of shu to track well-being [mid-Qing philosopher（1724-1777）]（同情天真吗？戴震有关"以数求福"的思想［清代中叶哲学家，1724-1777］），pages 145-162.

（三十六）出自《国际治理，制度，与全球化：从北京和台北的案例研究》（Yu, Peter Kien-hong; Chow, W. Emily; Kao, Shawn S.F., eds., *International governance, regimes, and globalization: case studies from Beijing and Taipei*, Lanham, Md.; Plymouth, England: Lexington Books, 2010. xii, 212p.）的论文如下：

1.Hsiung, James C., Universality claims and 'failures' across cultures: liberalism vs. Asian values（跨文化普遍性主张与"不足"：自由主义对亚洲价值观），pages 181-204.

（三十七）出自《道德和历史：章学诚的随笔和信件》（Zhang Xuecheng [auhor]; Ivanhoe, Philip J., tr., *On ethics and history: essays and letters of Zhang Xuecheng*, Stanford, Calif.: Stanford University Press, 2010. xi, 195p.）的论文如下：

1.Zhang Xuecheng; Ivanhoe, Philip J., On the Dao [essay]（原道［随笔］），pages 25-44.

（三十八）出自《心理与想法：北方、南方、东方与西方》（Durst-

Andersen, Per; Lange, Elsebeth F., eds. , *Mentality and thought: north, south, east and west* , Copenhagen, Denmark: Copenhagen Business School Press, 2010. 247p.）的论文如下：

1.Worm, Verner, Chinese personality: a center in a network ［highlights some key elements of Chinese thinking described from a cultural and philosophical perspective］.（中国人的"人格"：一个网络的中心［从一个文化和哲学的角度强调了中国思维中的一些关键因素］），pages 215-231.

（三十九）出自《迈向一个翻译的历史:纪念香港中文大学翻译研究中心成立40周年》（Wong, Lawrence Wang-chi; Wong, Stephanie Cheuk, eds., *Towards a history of translating: in commemoration of the 40th anniversary of the Research Centre for Translation, the Chinese University of Hong Kong, Volume 2: on Chinese literature*, Hong Kong: Research Centre for Translation, Chinese University of Hong Kong, 2013. 314p.）的论文如下：

1.Shih, Vincent Y.C.; Hsu, C.Y., Literature and art in '*The Analects*' ［first published in Renditions no.8, Fall 1977］（《论语》中的文学与艺术），pages 113-156.

（四十）出自《东亚儒家：互动和创新：2009年5月1-2日会议论文集，罗格斯大学、"国立"台湾大学和吉林大学主办》（sponsored by Rutgers University, National Taiwan University and Jilin University, *East Asian Confucianisms: interactions and innovations: proceedings of the conference of May 1-2, 2009, New Brunswick, N.J.*: Confucius Institute at Rutgers University, 2010. x, 312p.）的论文如下：

1.Huang, Chun-Chieh, The Confucian world of thought in eighteenth-century East Asia: a comparative perspective ［Chinese, Japanese and Korean Confucianism］（18世纪东亚儒家的思想世界：用一个比较的视

域看待中国、日本和韩国的儒家思想），pages 1-24.

2.Tucker, John A., Philosophical dictionaries, skepticism, and the Hundred Schools of Confucianism in early-modern Japan: a study in semantic proliferation（日本近代早期的哲学词典、怀疑论和儒家思想的多种流派：一项语义扩散的研究），pages 25-38.

3.Wang, Yong, Silk Road to book road: features of Japanese Confucianism（丝绸之路到古籍之路：日本儒学的特点），pages 39-43.

4.Chen, Kuang-Yu, Analysis of Zixia's role in developing Confucianism and in bridging Confucianism and Legalism ［Bu Zixia, 507-420 B.C.E.］（分析儒学在发展和连接法家思想中的卜子夏作用［卜子夏（公元前507年—约公元前420年）］），pages 47-68.

5.Yang, Jun, The early spread of Confucianism on the Korean peninsula（朝鲜半岛儒家思想的早期传播），pages 69-84.

6.Thompson, Kirill O., Zhu Xi's transformation of the Zhongyong ［Doctrine of the Mean; focuses on chapter one of the Zhongyong in which Zhu Xi's moral transformation of the text is particularly discernible］（朱熹对《中庸》思想的转换［中庸之道：针对《中庸》其中一章中文本内容表现出的朱熹道德转型是特别明显的］），pages 87-105.

7.Chi, Wan-Hsien, A neo-Confucian approach to texts: Wang Yang-ming's exegeses and teachings（宋明理学家通往文本的方法：王阳明的注释和教导），pages 145-152.

8.Xu, Zhaochang, On the context of the Confucian idea of using music to train people's virtue（有关用音乐去培养人类美德的儒家思想的语境），pages 169-192.

9.Sun, Anna, Counting the Confucians in East Asia: a sociological investigation ［China, Taiwan, Japan and South Korea］（细数东亚的儒者：一项社会学调查），pages 249-263.

10.Chow, William Cheong-Loong, The intellectual structure and Confucian expression of Liang Qichao against the background of Eastern and Western teachings［analyzes the transformation of Liang Qichao's（1873-1929）Confucianism expressions and his consistent inner values］（与东西方教育背景相违背的梁启超的知识结构和儒家表述［分析了梁启超{1873-1929}儒家表述和他一贯内在的价值观的转换］），pages 267-290.

11.Huang, Alexander, Confucian Hamlet? Locality, aesthetic truth, and history［1942 performance of Shakespeare's Hamlet at a Confucius temple in Sichuan］（儒家的哈姆雷特？位置、审美真理、历史［1942年在四川一座孔庙莎士比亚的《哈姆雷特》演出］），pages 291-298.

12.Ning, Xin, Picking the blossoms of the apricot: Ezra Pound's ideogramic thinking and his vision of Confucius［case study of the images of Confucius as reflected in the poems and translations by Ezra Pound（1885-1972）, an American poet］（采摘杏花：庞德意象理论思考和他对孔子的构想［通过在美国诗人庞德{1885-1972}诗歌和翻译中反映出孔子形象的案例研究］），pages 299-312.

（作者单位：北京外国语大学国际中国文化研究院）

《国际儒学研究通讯》征稿启事

　　为及时反映和沟通世界各国以儒学为核心的中国传统文化研究的基本状况、最新进展和动向，联络和介绍世界各国儒学研究机构、研究者的情况及活动，更好地为儒学在世界的研究与传播提供服务，国际儒学联合会与北京外国语大学联合创办了《国际儒学研究通讯》。《通讯》由北外中国海外汉学研究中心承办，以辑刊的形式出版，每年4期，涉及的领域包括儒学及与儒学相关的历史、哲学、文学等。

　　《通讯》目前设置的栏目有：

　　一、学术研究

　　以儒学为核心的中国传统文化研究的学术性论文或综述，包括对于整体研究状况和趋势的评论、对于最新理论和研究方法的讨论、对于重大问题及热点、难点问题的分析。

　　二、以儒学为核心的中国传统文化经典翻译

　　以儒家典籍为主体的中国传统文化经典翻译的介绍和述评。

　　三、以儒学为核心的中国传统文化研究学者及研究机构、儒学教育情况介绍对各国以儒学为核心的中国传统文化研究者、研究机构的成就及特点进行推介，对各国儒学教育进行报道。

四、学术动态

对世界范围内召开的儒学相关学术会议进行介绍；对各国学者主持的儒学研究项目进行追踪；对与儒学相关的最新研究成果进行评述；对知名学者、儒联成员、儒联各国分支机构重要活动进行报道。

五、儒学研究年度进展目录

按国家和地区编辑年度儒学研究著作、论文目录索引。

本刊反对一稿多投，来稿一律不退，请作者自留底稿，2个月内未接到采用通知，稿件请自行处理。来稿请附作者简介、工作单位、通讯地址及联系方式。本刊不收取版面费，来稿一经采用，即致酬。

来稿请寄：北京外国语大学国际中国文化研究院《国际儒学研究通讯》编辑部收

邮编：100089

电话：010-88818289

投稿邮箱：gjrxyjtx@163.com

《国际儒学研究通讯》撰稿体例

本刊鼓励撰稿人撰写中文稿件。中文研究性论文稿件的撰文体例如下：

一、论文或报告结构

论文基本内容应包括：题名、作者、摘要（中、英文）、关键词（中、英文）、正文、注释。

标题一般不超过3行。题注用星号（*）表示。

作者按署名顺序排列，姓前名后。作者非中国籍时，其中文名（或译名）后用括号附上其外文名（非西文的外文名要罗马化），名和姓的首字母大写。

中、英文摘要一般均不超过200字，应能概述全文内容（研究目的、过程、方法、结论）；不能含有参考文献；如用缩略语，应用括号加以说明。

中、英文关键词以3—8个为宜。英文关键词除专有名词大写外，全部小写；英文关键词之间用","分隔。

正文后附作（译）者单位，放在括号内。

插图、表格等均需按其在正文中被引用的先后顺序，用阿拉伯数字统一编号。

二、正文体例

1. 正文中的各级标题采用三级标题，第一级用"一、""二、"……；第二级用"（一）""（二）""（三）"……，第三级用"1""2"……。第一级标题用宋体小四号字，加粗；第二级标题用宋体五号字，加粗；第三级用宋体五号字。

2. 正文使用五号宋体字，单倍行距。

3. 首次出现的非中国籍人名、非中文书名需在括号内标明原文，非中国籍人有通用的中文名者应以其中文名称谓。如：美国汉学家费正清的英文名是John King Fairbank；美国传教士丁韪良的英文名是W.A.P. Martin。非英文人名的翻译，应采用其固定的英文拼写方式，如日本作家大桥健三郎英文名为作Ohhashi Kenzaburou；俄罗斯汉学家比丘林英文名为Iakinf Bichurin。非中文书名，如黄仁宇的《万历十五年》，英文版书名是*1587, A Year of No Significance*. 对于英文原著的作者，包括华裔作者，要使用原署名，不必加拼音。如黄仁宇的英文署名是Ray Huang。

4. 非英语国家的地名，在提供原文名称的同时，应尽量查找相关的工具书进行翻译。

5. 英文之外的外文文献，用该文献通行的拼写方式。如日文《東洋史研究》的表示法是Tōyōshikenkyū。非英文文献的出版机构，也要查找其拉丁化的拼写名称。如日本东洋文库的拼写规范是Toyobunko。

6. 正文中的引文，若独立成段，请用五号楷体字，并且左右各缩进2字符。

7. 正文中如有英、法、拉丁文等外文词句，保留外文词、句段，并在其后加括号附上中文译文。外文句段较长的，正文中使用中文译文，页下脚注附上外文原文。

三、注释体例

1.请用页下脚注①②③……，编号方式采取每页重新编号。

2.所涉参考书第一次出现时注明作者、出版地、出版社、出版时间和页码。

3.引用中国古典文献材料一般只须注明书名和篇名。注释方法如下：《论语·学而》。

4.引用现代汉语著作及文章或现代翻译的著作及文章，注释方法如下：

王瑶：《中古文学史论》，北京：北京大学出版社，1985年，第87页；

〔美〕格里德著，鲁奇译：《胡适与中国的文艺复兴》，南京：江苏人民出版社，1996年，第67页；

〔德〕海德格尔：《走向语言之途》，载《文化与艺术论坛》，香港：艺术潮流杂志社，1992年，第166页。

5.同一著作及文章的第二次出注，请省略出版社、出版年代、版本，只标注作者、书名或文章名以及页码，如：王瑶：《中古文学史论》，第88页。

6.引用外文著作与文章应保留原文书名、作者等内容。

如〔美〕爱德华·W.赛义德《东方学》注出：Edward W. Said, *Orientalism*. Random House，1979，p.2，即可。

〔美〕温迪·马丁：《安娜·布莱特斯惴特》（Wendy Martin, "Anne Bradstreet"），载艾默利·艾利特《文学传记词典·第24卷·北美殖民地作家1606—1734》（Emory Elliott, *Dictionary of Literary Biography*, Volume 24, *American Colonial Writers*, *1606-1734*. Gale Research Company，1984，pp.29-30.）。

注意，英语原文书名请用斜体，如：*Orientalism*；文章名请用双引号，如："Anne Bradstreet"。引文跨两页以上者用双"p"，如：pp.29-30。

四、参考文献

本刊不设"参考文献",请把相关信息融入注解中。

《国际儒学研究通讯》编辑部

2016年3月

《国际儒学研究通讯》目录撰稿体例

《国际儒学研究通讯》设有"中国传统文化研究年度进展目录"栏目，按国家和地区编辑中国传统文化研究的著作、论文年度目录，其具体格式如下：

一、整理者序言

在正式目录前，整理者应对所整理目录进行简要的介绍，内容包括目录来源、范围、整理方法等。

二、目录语言

目录采用双语形式，以论著产生国的语言为主体。如果是著作，将著作名翻译成中文（全书已译成中文正式出版的，使用中文版译名；如果还未经出版，则由整理者译成中文），空一格附在原文名后面；如果是论文，将论文名翻译成中文（文章已经译成中文在国内期刊发表的，使用中文版译名；如果还未译成中文发表，则由整理者译成中文），空一格附在原文名后面，期刊名不必翻译。

三、目录字体与行距

西文采用calibri五号字，中文采用宋体五号字，单倍行距。

四、目录具体条目格式

1. 书籍：作者姓名（姓在前，名在后，中间用逗号隔开，空一格），书名（斜体，空一格附中文译名），出版地，出版社，出版年。

例：Chan, Alan K.L., *Mencius: contexts and interpretations* 孟子：语境和文本解释.Honolulu: University of Hawaii Press, 2002.

2.专书论文：书籍中文译名（书籍作者姓名［姓在前，名在后，中间用逗号隔开］，书籍英文名［斜体］，出版地，出版社，出版年，总页数）。出自该书的文章或章节作者名（姓在前，名在后，中间用逗号隔开，空一格），文章或章节名（中文译名），章节页码。

例：出自《"道"的古典儒家哲学指南》（Shen, Vincent, ed., *Dao companion to classical Confucian philosophy*, Dordrecht; New York: Springer, 2014. vi, 404p.）的论文如下：

1.Chan, Wing-cheuk, Philosophical thought of Mencius（孟子的哲学思想）, pages 153-178.

2.Cua, Antonio S., Early Confucian virtue ethics: the virtues of junzi（早期儒家的美德伦理学：君子的美德）, pages 291-334.

3. 期刊论文：作者姓名（姓在前，名在后，中间用逗号隔开，空一格），论文名（空一格附中文译名），期刊名（斜体），刊次，页码。

例：Deeg, Max, From scholarly object to religious text-the story of the Lotus-su, train the West 从学术对象到宗教文本——《莲华经》故事在西方的传播, *Journal of Oriental Studies 22*（Aug 2012）, pp. 133-153.

4. 论文集论文：作者姓名（姓在前，名在后，中间用逗号隔开，空一格），论文名（空一格附中文译名），论文集编者姓名，论文集名称（斜体，空一格附中文译名），出版地，出版社，出版年，论文所在页码。

例：Terjesen, Andrew, Is empathy the 'one thread' running through Confucianism? 移情是贯穿儒家思想的一个线索吗？Angle, Stephen C., Slote, Michael, eds. *Virtue ethics and Confucianism* 美德伦理与儒家思想 New York; London: Routledge, 2013, pp. 201-208.